THEATERBIBLIOTHEK

Botho Strauß

Versuch, ästhetische und politische Ereignisse zusammenzudenken

Texte über Theater
1967-1986

Verlag der Autoren

CIP-Kurztitelaufnahme der Deutschen Bibliothek

Strauß, Botho:
Versuch, ästhetische und politische Ereignisse zusammenzudenken: Texte über Theater; 1967-1986 / Botho Strauß. — 1. Aufl. — Frankfurt am Main: Verlag der Autoren, 1987.
(Theaterbibliothek)
ISBN 3-88661-080-2

Theaterbibliothek
Erste Auflage 1987

Druck: Beltz Offsetdruck, Hemsbach an der Bergstraße
Satz: Fotosatz Hoheisel, Dortmund
Printed in Germany
ISBN 3-88661-080-2

INHALT

I

Aber so ist wohl das Theater: ein gewundenes Instrument, in das man seine ganze Seele hineinblasen muß, um am Ende wenigstens einen kleinen geziemenden Ton herauszubringen. Mehr nicht, aber schon dafür braucht man eine große Puste. Der junge Mann

Anschauung oder Erster Versuch, neue Spielweisen und Darstellungsformen zu rezipieren

Experimente sind ein überfälliges Wort geworden in dem Moment, da es unwahrscheinlich wurde, daß wirkliche Fortschritte sich von einem bestehenden Ordnungssystem an dessen Rändern noch lizensieren ließen, von einer politischen Herrschaft, von einem funktionierenden Kunstbetrieb. Sich keine Experimente mehr zu wünschen, könnte nun selber eine CDU nicht wieder zum Wahlleitwort erheben, denn sogar im reaktionären politischen Sprachgebrauch sind Wörter wie »Offenheit«, »Beweglichkeit« und »Experiment« mittlerweile beliebt und haben sich im taktischen Propagandavokabular bewährt.

Andererseits lehnen diejenigen, die seit einiger Zeit Veränderungen systematischer Art ins Auge gefaßt haben, es ab, sich zu irgendeiner Mitte hin bloß »exzentrisch« zu verhalten. Außenseiter wurden sie nicht, um es zu bleiben. Experimente treiben sie gewiß keine, sondern arbeiten an Gegenvorschlägen, ändern die Maßstäbe und die Methoden, aber so, daß sie zum Modell für alle anderen gültig werden — und das ist ein integraler Vorgang geworden, wir erfahren und praktizieren ihn in den verschiedensten Bereichen unseres Denkens, unserer Tätigkeit, auch, und zuweilen vor-bildlich, in ästhetischen Zusammenhängen.

So ist auf den Theaterfestivals in Nancy und Frankfurt kaum mehr das von Wert gewesen, was sich als Experiment im technischen Sinne verstand, die hochgegriffene Versuchsanordnung, die aus dem Bestehenden die allerletzten Neuigkeiten raffinieren will, sondern das, was, zum Teil in ganz anderen Herkünften begründet, im Spiel auf der Straße, in der Bildenden Kunst, ganz unmittelbar und sozusagen auf der Stelle überzeugt als Ersatz für unsere alten, deprimierenden Erfahrungen von Theater. Es zählten die Experimente nicht mehr, sondern nur noch die Auswege, die Alternativen oder zumindest die Ansätze zu beidem. Das »Anregende« wird dabei zu einer vorläufigen Kategorie, und das »Stumpfsinnige« als deren Gegensatz bezeichnet im Wortsinn ein Theater, das seine natürlichen Eigenschaften zu verlieren oder zu verkennen droht.

Beides kommt auf den Festivals vor wie in der regulären Theaterproduktion. Das dokumentierten die Veranstalter der Frankfurter »experimenta«, indem sie Beispiele außerinstitutionellen, auf Truppen und Kollektive gestützten Theaters neben Produktionen auswählten, die durchaus fürs normale Repertoire bestimmt sind: Bazon Brocks *Unterstzuoberst* wurde mit Hilfe eines umfangreichen Regieteams für die Städtischen Bühnen Frankfurt produziert, Gerhard Rühms *Ophelia und die Wörter* für das Berliner Forum-Theater, und der *Tasso* des Bremer Theaters war zumindest als einmaliges Gastspiel auch eine »experimenta«-Veranstaltung.
Das Experimentelle aus dem Getto des Einmaligen, Außenseiterischen, Untergrundhaften zu entlassen, ist zugleich eine Herausforderung an die Theaterleute, diese Anregungen nutzbar zu machen, in ihrer zukünftigen Arbeit zu substantialisieren, denn ebenso haben diese Anregungen unsere Sehweisen neuorientiert, so daß sie auf die schlechten Gewohnheiten des Theaters noch empfindlicher reagieren werden.
Grenzverwischungen auch in Nancy, beim 7. »Festival Mondial du Théâtre«, dem ehemals größten internationalen Studententheater-Treffen, das nun, seit zwei Jahren, ganz von selbst in ein generelles Festival des neuen, anderen Theaters sich erweitert hat. Spielformen, wie sie das New Yorker Bread and Puppet-Theatre, das kalifornische Teatro Campesino, das Stockholmer Pistolteatern entwickelt haben, spotten aller Unterscheidung von amateurhaft oder professionell, denn sie kopieren nicht auf halbgekonnte Weise das Schauspieltheater herkömmlichen Schlags, sie haben ihre eigenen mehr oder minder originellen Ausdrucksweisen erarbeitet, die aufs engste verbunden sind mit einem nicht nur als Kunstform in Erscheinung tretenden Truppenwesen — création collective stand nicht bloß als schickes Beiwort nahezu jeden zweiten Abend auf dem Programmzettel —, mit örtlicher Mobilität (ihre Vorstellungen sind nicht an einen Theaterraum gebunden) und mit einem — selbstverständlich auf die kontroverseste Weise verteilten — linken Engagement.

Nancy und Frankfurt — Spielorte und Publikum

Die schauspielmethodische Praxis und die theaterästhetische Reflexion sind fast durchweg beeinflußt von Antonin Artaud, Julian

Beck und Jerzy Grotowski, von Lehrern also, deren Theorien nicht eben auf politische Nutzanwendung reflektieren; von Brechts Theater nur noch Spuren, von irgendwelchem Realismus- und Dokumentartheaterprinzip kein Schimmer mehr. Die Aura, die diese Art Theater sich renoviert, verdankt sich zunächst all den Versäumnissen, Unterdrückungen, Verschlampungen des bürgerlichen Theaterbetriebs, der von alledem, was nicht als fertiges Literaturprodukt ins Haus kam, keine Notiz nahm, aber auch der Überzeugung, daß, um gegen das technisch Reproduzierte sich zu behaupten, Theater sich so leibhaftig und sinnlich zu zeigen habe, wie irgendmöglich, wenn nötig in Exzeß und Terror, um den Kampf des »nackten« Menschen gegen eine barbarisch ihn verstümmelnde Technokratie zu repräsentieren. Keine Frage, daß — gerade aufgrund solch zweischneidiger Glaubenshaltungen — gut die Hälfte der vierzig in Nancy gezeigten Produktionen eher aus zweiter Hand aufgetischt erschienen, aber noch im nutzlosen Schund bleibt die Struktur des Nancy-Festivals legitim: hemmungslos einmal neun Tage lang anzuhäufen, was an spielenden Truppen aus der ganzen Welt herbeizuschaffen war, ausgewählt nicht nach vorgefaßten Qualitätsstandpunkten und ohne politische Animositäten. Die Fülle hatte obendrein eine schlaue Wirkung: die Ratlosigkeit, in der man seine zwei, drei und mehr Produktionen am Tag absolvierte, vermittelte das Gefühl, als sei die Erlebniszeit für Theater auf einmal zu knapp, wo wir es doch gewohnt sind, sie als bei weitem zu lang zu empfinden.
Es ist dies Schwemme-Prinzip, das in Nancy einen Beweis für die Auferstehung des Theaters erbringen wollte — wenn man dessen Tod auf den Mai 68 datieren will. Dieser Mai übrigens spielte keineswegs die erwartete vorherrschende Rolle auf diesem Theaterfestival (das zwar auch von extrem links als bourgeois beschimpft, aber nicht aktiv bekämpft wurde), offenbar war den jungen Franzosen die lateinamerikanische Revolution, für die Luis Valdez und sein Teatro Campesino die Fäuste erhoben, näher und sympathischer als die Reminiszenz an den eigenen Aufstand, wie sie in ein paar französischen Produktionen, nicht sehr kräftig, auflebte, und zwar stets in Form einer Auseinandersetzung über die Unvereinbarkeit der inneren, von Drogen beförderten Revolution des einzelnen und jener äußeren, sozialen — ein Ausdruck auch für die Schwierigkeit, mit Artaudschen Mitteln auf dem Theater marxistische Probleme zu lösen. Nancy und Frankfurt: turbulente Überwältigung, sich aufbrau-

chen lassen, dort und hier Augenblicks-Erregungen und das Gefühl, von allen Spielen verwiesen zu sein auf sich selbst und an den Rand der Anteilnahme. Die Städte, zeitweilig verspannt in eine Theater-Topographie; zwölf Spielorte in Nancy, neben dem Grand Théâtre an der Place Stanislas wird in Gemeindesälen, Studenten- und Arbeiterheimen, in einem Zelt gespielt, auch draußen in Laxou, einem Arbeiter- und Angestellten-Vorort, nicht ohne ideologischen Vorbedacht ausgewählt. Obgleich zwei oder drei Vorstellungen jeweils gleichzeitig stattfinden, sind die Zuschauerräume fast immer überfüllt. An einem Abend spielt das Bread and Puppet-Theatre, seit zwei Jahren der Favorit des Festivals, im Chapiteau, dem Zelt, vor 3000 Zuschauern, weitere 1000 müssen zu gleicher Zeit über die anderen Spielorte verteilt gewesen sein. Es versteht sich, daß es sich ausschließlich um ein junges Publikum handelt, Studenten, Schüler, junge Arbeiter und viele, die selbst Theater machen, die Truppen und ihre Begleitung.

In Frankfurt, wo vornehmlich in kleinen Theatern gespielt wird, im Theater am Turm, in den Kammerspielen der Städtischen Bühnen, sind die Veranstalter Peter Iden und Karlheinz Braun zu permanentem Verstoß gegen die Polizeivorschriften gezwungen: der Andrang, im besonderen noch von linken Schülern, die keine Karten besitzen und gegen das privilegistische Verfahren des Kartengeschäfts protestieren und schließlich freien Eintritt erwirken, ist imponierend: Theater findet ganz von selbst sein Publikum zur Stelle, sowie es ein bißchen aus seinem verstaubten Rahmen fällt.

Nancy und Frankfurt, Ende des vergleichenden Erlebnisberichtes.

Die meiste Zeit bringen wir zu, gelassen etwas wahrzunehmen. Es kommt selten vor, daß dies Beobachten von sich aus zerstört wird, so wie es Roquentin in Sartres *Ekel* beim Anblick der Wurzelknolle im Jardin du Luxembourg geschieht. Es ist, als ob Artauds Ästhetik davon nicht weit entfernt begründet liegt: der physische Ekel, den ein überreiztes Denken verursacht und der einen am Physischen gefangenhält. Artaud wurde übel beim Denken, und er hoffte, daß der Körper das Denken erledigen würde. Sein Ekel vor Sprache, die apathisch funktioniert wie die Beobachtung, zwingt ihn dazu, Sprache in seinen Schriften so dithyrambisch aufzuputschen und später, im Schrei, zu annullieren. Bei weitem hat er überschätzt, was Theater an unmittelbarem Ausdruck für diesen Ekel zu Gebote steht. Es ist wahrhaftig wenig, im letzten nicht viel mehr als der

Schrei, ein paar Körperhaltungen. Dort, wo die Strukturierung dieses neuen Theaters zur Sprache kommen müßte, entsinnt sich Artaud der Zeichensprache balinesischen Tanztheaters, die keinesfalls übertragbar wäre in unsere Bedeutungssysteme. Die Form, zu der Theater zwingt, kommt bei Artaud nur als exotische Arabeske vor.

Und was fangen sie nun an, mit Antonin Artaud?

Die kollektiven Spieltruppen verachten die Literatur der Stücke, die von einzelnen produzierte Fertigware, und arbeiten sich eigene Szenarien zurecht, fixieren den Ablauf von »Ausdrucks«-Nummern, montieren allenfalls Passagen aus Stücken mit freien Materialien zusammen. Die kollektiven Spieltruppen versichern immer wieder, daß sie nicht eigentlich Theater spielen, vielmehr theatralische Formen in Gebrauch nehmen, um sich zu politischen Zwecken überzeugender zu äußern, als sie es in der Debatte und in der öffentlichen Rede vermöchten — oder aber um diese Mittel als Instrument zur Selbstbefreiung, Selbsterkenntnis zu nutzen. In der Binnenstruktur der Kollektive findet sich durchwegs eine kräftige Portion Irrationalität, und dies hat unter anderem möglicherweise einen dialektischen Grund. Das Kollektiv, im und als Theater vorgespielt, nimmt eine Gemeinschaftsform voraus, die in unserer Gesellschaft realiter noch nicht funktioniert, als deren poetisch-utopische Metapher das spielende Kollektiv aber in Erscheinung tritt; mit den Mitteln der Darstellungskunst, die nicht die der revolutionären Strategie sind, vermag es keinen anderen Weg dorthin ins Bild zu fassen als den des schönsten Anarchismus.
»Wir wollen alle versuchen, mit unserem Körper, unserer Stimme und unserem ganzen Sein an der Erbauung der Welt von morgen teilzunehmen, weil wir der Meinung sind, daß die von heute im Zustand der fortgeschrittenen Verrottung sich befindet.« Die Entfremdung werde abgeschafft: »Der Ware muß ihre ursprüngliche Qualität zurückerstattet werden: die der Manufaktur.« Sätze aus dem Glaubensbekenntnis der Schweizer Kollektivtruppe Trêteaux Libres de Genève, die in Nancy einiges Aufsehen erregte, obschon sie nur eine etwas aggressivere, mehr auf Publikumsaktivierung gezielte Version der Living Theatre-Art bot.

Sie führte sich ein durch eine unvorhergesehene Pausenveranstaltung, mit der sie geradezu überfallartig im klassizistischen Foyer des Grand Théâtre das nichtsahnende Publikum, das da sich drängte, in helle Verstörung versetzte. Ein paar Meter vor mir stieß plötzlich ein Typ in hippie-indianischer Tracht einen gellenden, schreckverzerrten Schrei aus sich heraus, streckte starr zitternd die Arme von sich und glotzte mich so entseelt an, daß ich mir als Erscheinung des Urbösen vorkam und entsprechend auch vom blanken Entsetzen gepackt wurde. Dann aber dachte ich mir, daß dem Armen womöglich sein Stoff in den falschen Kanal gestiegen sei, und empfand etwas von dieser aufgeregten Übelkeit, die der plötzliche Einbruch von etwas »Unzivilisiertem«, Unbewußtem in unser Nervensystem besorgt, wenn neben einem sich jemand erbricht oder überfahren wird. Artaud-Empfindungen, für einen Augenblick, bis das Ritual durchschaut wird. Der Schreiende bewegt sich rückwärts durch das Publikum, das sich noch nicht rührt. Er lockt herbei zu vier, fünf seinesgleichen, darunter auch Mädchen, die ebenfalls frenetische Laute des Entsetzens, der tierischen Angst von sich geben. Dann geht das Brüllen über in ein keuchendes, stöhnendes Kehlkopfgerassel, in Tonmalereien der sexuellen Lust. Zwei Männer streifen sich die Hemden, die Jeans und die Unterhosen ab und umfassen zärtlich, aber dann auch mit sadistischer Gewalt, ihre nackten Leiber. Das Publikum drängelt sich gierig um den sensationellen Entreacte, für das es so rasch kein linderndes Kunstverständnis aufbringen mag, im Gegenteil, »jener Einbruch des Unzivilisierten« schockiert und terrorisiert die Voyeure, so daß einer der Regelverletzer, der in seiner starren Verzückung einen besonders brutalisierten Gesichtsausdruck bekommt, von Umstehenden geschlagen wird; er wehrt sich nicht, sondern versucht mit brünstigem Geröhre den Schläger zu umfassen, zur Liebe einzuladen. Auf die Nummern Angst, Liebe (einschließlich einer Geburtsszene) folgt im kursorisch-elementaren Lebensbericht, den die Truppe demonstriert, die Nummer »Arbeit«, und zwar genau in jener unvergeßlichen Figuration, die das Living Theatre in *The Brig* dafür gefunden hat und die inzwischen schon etwas wie ein Ausdrucks-Topos, eine laufende Redensart des wortkargen Artaud-Theaters geworden ist: das kurzgetretene, in monotonem Rhythmus stampfende Laufen, das zur Chiffre des durch Maschinenarbeit entfremdeten, selbst mechanisierten Körpers wurde. Die Pausenveranstaltung, die auch den zweiten Teil der offiziellen

Vorstellung überdauerte und ihr die meisten Zuschauer entzog, endete damit, daß die Schuftenden irgendwo auf ihrem Arbeitsweg zusammenbrachen und reglos liegenblieben.
Die Truppe, hervorgegangen aus einem Genfer Café-Theater, machte also Reklame für ihre création collective mit dem Titel *Quo vadis*, die Tage darauf im Saal des katholischen Studentenvereins zelebriert wurde. Dabei ging es natürlich weniger aufregend zu, weil es kaum möglich ist, auf ein Publikum, das in seiner neugierigen Erwartungshaltung stets auf alles gefaßt ist, einen wirksamen Überfall zu verüben. In diesem Rahmen beträgt sich der Zuschauer auf die Provokation des Ausgefallenen hin parodistisch überlegen, zumindest solange er sich in der Anonymität des Publikums geschützt weiß; er ahmt veralbernd die Schreie nach, als gäbe er damit die gehörige Replik seines gesunden Menschenverstands. Dann kann es sogar passieren, daß derselbe Spieler, der in der Pausenveranstaltung geprügelt wurde, bei seinem Angebot, ihm mit seinem Ledergürtel den nackten Oberkörper zu malträtieren, auf einen Zuschauer trifft, der, voll bei ironischem Bewußtsein, es sich nicht gefallen läßt, daß man ihn als verklemmten Sadisten anspricht, und der also zupackt und mit ein paar sanften Hieben die Mache, das Theater wieder ins Recht setzt. Die Regeln des Theaters entwickeln innerhalb des Theaters ihre eigene Magie: sie sind unverletzbar. Selbst wenn zum Schluß der Vorstellung die Hälfte der Zuschauer auf die Bühne abwandert, sich verbrüdernd um die Schultern faßt und sich zusammenfindet in einem wiegenden, in stiller Versenkung summenden Kreis. Dann ist, in einer erweiterten Anonymität, das Spiel eben aufgehoben, und das Ritual erweist sich, bei Licht besehen, nur als vorübergehende Sympathiegeste wie sonst der Schlußapplaus.

»Das gibts nur einmal« — die Zuschauer lassen sich nicht denunzieren

In Frankfurt wurde ein simples Reizspiel mit dem Zuschauer erfunden: bei der unwiederholbaren Aufführung des »Boulevardstücks« *Das gibts nur einmal* übernahmen, da auf der Bühne durchaus nichts passieren wollte, Zuschauer die Aktion; einer begab sich auf ein Telefonklingeln hin in die Dekoration des kleinbürgerlichen Wohnzimmers und blieb auch dort, richtete es sich, trank Bier und fand

bald aus dem Parkett hochströmende Gesellschaft in schließlich kaum mehr überschaubarer Zahl. Das Publikum stellte dar, was das ungeschriebene und unverabredete Libretto der Veranstalter vorsah: es entdeckte eine Bühnenumwelt und Requisiten als handgreifliche Objekte und nicht wie sonst als Vehikel einer Dramaturgie, es verwendete Kleider, Bücher, Malstifte und Sprühdose in Ansätzen zu eigenem erfinderischen Spiel, aber bald, sich seiner anarchischen Selbstüberlassenheit bewußt werdend, begann es, die Objekte zu zerstören. Jedoch: die dort, betont in Grenzen, eine Demolierung vornahmen, spielten diese Demolierung auch, wenngleich dramaturgielos, aber mit dem Bewußtsein der Exhibition ihrer zur Beobachtung ausgestellten Tätigkeit; bewußt und spielerisch haben sie die Regeln akzeptiert, die von ihren Erfindern zur Kompromittierung gewisser Verhaltensweisen ausgedacht worden sind; indem sie sie aber akzeptierten, und nicht die Veranstaltung kurzerhand kritisch umfunktionierten (wozu dieses Experiment geradezu aufzufordern schien), haben sie mit den Veranstaltern ihr Spiel getrieben und die heimlichen Denunziatoren heimlich denunziert.
In dem Maße, wie auch im Theater die Rezeptionsvorgänge an Bedeutung gewinnen, wird, bislang noch schlagwortartig, mit so etwas wie einer Psychologie der ästhetischen Wahrnehmungen operiert. Diese Psychologie muß die Grenze achten, an der eine gewisse Autonomie beginnt, die eintritt, wenn Spiel-Regeln von beiden Seiten eingegangen werden: Sie kann nicht fortwährend über Erwartungen des Zuschauers befinden, weil der für sich vielleicht einmal das gleiche Recht auf ein IDENTISCHES Verhalten in Anspruch nimmt wie die Katze in Handkes *Mündel*, die tut, was sie tut: nämlich zu sehen, was er zu sehen bekommt. Zu den tönernsten Hypothesen der »didaktischen Schule« (Brock und auch Handke) gehörte in Frankfurt das Geschwätz über die Erwartungshaltung des Zuschauers, die man entweder täuscht oder entlarvt oder bestätigt.
Nicht die Entfesselung und nicht das auswendige Exerzitium, nicht die Verpfropfung von »Medien«: die behelfsmäßige, schwindelhafte Technifizierung des derben Apparats, dessen Theater sich bedient, nicht die Attrappen, zu denen die auf die Bühne verpflanzten Anleihen der Bildenden Künste depravieren: all das nicht hat Theater in diesem Jahr am eindringlichsten bei denen ins Gedächtnis gerufen, die ihm kaum mehr zutrauen möchten, die eigenen Extreme zu finden.

Sondern dieser Auswüchse blankes Gegenteil: die Askese, die Konzentration, die Disziplinierung innerhalb eines Mediums; die Verarmung und Reduzierung des äußeren Materials und, demzufolge, die Intensivierung der Beobachtungsweise, die als komplementäre Leistung an der Produktion beteiligt wird. Drei, vier Erlebnisse, die dazu bewegen, gegen das »reiche«, das Zauber-Theater, wie wir es nennen wollen, empfindlich zu werden: Joseph Beuys tritt in Frankfurt vor einem Schimmel zu einer Textcollage von *Titus Andronicus* und *Iphigenie* auf; das Studium der Schriften des Jerzy Grotowski; Jean-Marie Straubs Film *Chronik der Anna Magdalena Bach*, der zur »experimenta«-Zeit in Frankfurt lief und der, ohne ausdrücklich hier besprochen zu werden, mancherlei Einzelheiten zu interpretieren half und anregte; das Bread and Puppet-Theatre aus New York, das ich sowohl in Nancy wie in Frankfurt gesehen habe.

Teatro Orsolino: reiches, kapitalistisches Zaubertheater

Ein paar Bemerkungen zum technizistischen Zaubertheater zunächst. Darunter fallen zunächst die Ausläufer und die Falsifikate der amerikanischen »New Theatre-Bewegung«, die Allan Kaprow vor gut zehn Jahren einleitete mit dem Begriff »Happening«. Das Theater der »mixed media«, der vermischten oder auch nur neben- und gegeneinander arrangierten Mittel der verschiedenen Kunstarten. Derlei Techniken haben sich unterdessen, schon durch ihre alltägliche Verwendung in Beatschuppen, aufgebraucht oder zumindest wirken sie, ins Theater getragen, als ein wenig schäbige, oberflächliche Utensilien der Zeitgenossenschaft. Es scheint jedenfalls nicht danach zu sein, als ließe sich noch mit lightshow-Effekten, mit Zerhackerlicht, Dia- und Filmprojektionen, mit psychedelischen Stroboskopen, mit Op-, Pop-, Minimal-Art-Imitationen die wahre neobarocke Sinnenlust im Theater entfesseln.
Daß Mario Ricci ein römischer Kapitalist ist, muß einem gar nicht erst gesagt werden, man sieht es seinem Teatro Orsolino an, das in Frankfurt mit der Produktion *James Joyce* zu Gast war. Der Überfluß, den dieses Theater produziert, besteht in einer Reihe zusammenhanglos addierter, unverwerteter Einzelvorgänge, stets berechnet auf eine oberflächliche optische Reizwirkung. Das Bildhafte daran ist konfektioniert, herausgelöst aus jeder Dramaturgie, es ist

die Ware selbst. Im Lautsprecher wird aus *Ulysses* rezitiert, dazwischen Beat und Bach, Mozarts G-moll-Sinfonie, Zarah Leander, dazu auf der Bühne Anschauungsmaterial in einzelnen Nummern, deren Abfolgestruktur nichts mit der des Joyceschen Erzählens zu tun haben dürfte. Auf einen hängenden Wald von mattdurchsichtigen Papierstreifen wird ein Film projiziert, in dem — undeutlich, flimmrig zu erkennen — ein nacktes Paar sich jagt, während zu gleicher Zeit »live« ein Paar durch die Streifen läuft, sich mit Taschenlampen verfolgt; schließlich wird der Wald hochgezogen, jemand dreht sich in der Mitte der Bühne, behängt mit einer Leuchtskulptur aus farbigen Birnen. Rufe, Befehle, einsilbige Antworten, kein Dialog. Längere und kürzere Nummern: zwei Mädchen schaukeln auf einer Wippe, springen Seil, man achtet auf ihre engen Pullis in Farben italienischer Zuckerwaren, glänzende Lederröcke. In einer Zeitlupen-Szene schlägt einer mit knallroten Boxhandschuhen auf einen imaginären Gegner ein, nur der Schiedsrichter ist anwesend und regelt den zäh zerdehnten Kampf. Erinnerungen aus der Bildenden Kunst: der Pop-Torso eines Frauenleibs, die einzelnen Teile von dahinter versteckten Mädchen bewegt, übereinander geschoben, zum Schluß die Emballage der gesamten Truppe, die sich einwickelt in weißes Papier; der das Papier von der Rolle dreht, trägt zu seinen schwarzen Haaren einen weißen Flanellpullover, weiße Hosen — alle Überproduktion ist sauber, schick und aseptisch. Was gezeigt wurde, hat nichts mit Formalismus zu tun, es ist die kapitalistische, luxuriöse Ausbeute von Erfahrungen mit zeitgenössischer Kunst; man kann feststellen, was diese Kunst für Kapitalisten bedeutet. (Formalistisch, im Sinne eines undialektischen Geschichtsverständnisses, war eher schon das Verfahren von *Futur/Realtá*, einer Produktion des Tecnoteatro Turin, die hübsch anschaulich restaurierte, was der italienische Futurismus mit dem Theater anfing, aber mehr oder weniger seinen Pakt mit dem Faschismus verschwieg und auch nicht zu ermitteln suchte, ob futuristische Gedanken sich nicht in ästhetischen Überlegungen bis heute überlebt haben, ob unser Verhältnis zu diesem Stil bereits mit der einfachen, belehrenden Rekonstruktion, historisch keimfrei unter einem aufblasbaren Plastikzelt vorgeführt, hinreichend aufgeklärt sei.)

»Figura« im Pistolteatern: Konflikte zwischen Apparaten und Physis

Einmal freilich, in Nancy, hat sich das Zaubertheater selbst durchleuchtet, da wurde der technische Apparat ganz im Sinne des kontroversen Themas von Leib und Maschine bedient und geregelt; da traten in bedrohliche, geheimnisvolle Beziehung zueinander leblose, an unsichtbaren Drähten über den Boden gezogene Holzfiguren und stumme, langsam — unter der unausweichlichen Beobachtung der künstlichen Wächter — sich ebenfalls mechanisch regende Menschenkörper. Ich denke an die Produktion *Figura*, die das Stockholmer Pistolteatern (Gruppe Paket) im Bürgermeistersaal von Laxou zeigte, vor nie mehr als 90 Zuschauern, die sich zusammendrängten auf einer schmalen, niedrigen Tribüne oberhalb der Spielfläche, einem etwa 20 Meter langen Podest, das sich über den ganzen übrigen Raum entlangzog. 25 dieser Figuren stehen hinter einer Leinwand aufgereiht oder hängen von der Decke: jede für sich ein eigenes, jugendstilig-surreales Schnitzwerk, schlank und flach; sie zeigen Körperteile nur als arabeske Andeutung, in schwungvoller Verzerrung der natürlichen Gliedmaßen, und in sich tragen sie Leucht- und Räderwerke; überall, wenn sie in Fahrt kommen, blinken bunte Lichter auf im Gehirn und in den Hoden; der einen schwirrt der winzige Kopf im unaufhörlichen Kreislauf durch den Magen, einer liegenden Figur läuft er in einer Bahn um den Körper. Eine andere Figur hat nur ein großes Auge als Kopf und einmal, in einem beeindruckenden Bild, wird gleichsam das tote Auge zum Sehen gebracht, wenn die Augen-Figur auf die Leinwand zurollt und dort, im Film, wie im Spiegel sich auf sich zurollen sieht. Ein andermal sitzt ein Mädchen auf den Hüften eines Jungen und zieht ihn aus, währenddessen steht die Augen-Figur im Hintergrund, und auf einem Monitor, der in ihrem Bauch eingebaut ist, erscheinen im bläulich schimmernden Fernsehlicht gierige Voyeursgesichter. (Außer den Lichtquellen, die die Figuren selber transportieren, gibt es meist nur eine schummrige, diffuse Szenenbeleuchtung oder völlige Dunkelheit.) Das Technische wird animiert, das Fleischliche leblos; zum Schluß neben der Puppe, deren Kopf sich immer noch durch den Bauch dreht, wird vom Boden ein weißes Tuch weggerafft, darunter hängt, in einer Wassermulde, ein nackter Menschenkörper.

Auch diese Truppe beruft sich auf Artaud und die Grausamkeit. Aber weit eindringlicher als der brachiale Freistil der meisten Artaudianer es vermag, analysiert sie Angst, Gewalt und psychische Deformation im Konflikt zwischen Physis und Apparat, in den Übergängen von der erlöschenden Sinnlichkeit des Körperlichen zu der erwachenden Sinnlichkeit der Technik, in den Beziehungen schließlich, die unsere natürliche Sensitivität zum Artefakt, zum Künstlichen unterhält. Dies Thema der bedrohten, zumindest von den technisch reproduzierenden Medien zur Veränderung gezwungenen Sinnlichkeit richtet eine Frage ganz grundlegender Art an das Prinzip Theater. Denn wird dieses Theater — anders als seine unerschrockenen Apologeten immer wieder versichern, wenn sie als scheinbar unumstößlichstes Argument für seine Unersetzbarkeit das der natürlichen Sinnlichkeit der Szene anführen — nicht zuletzt auch herausgefordert von einer Krise, einer Veränderung unserer sinnlichen Wahrnehmungsbedürfnisse? Nicht das Thema und schon gar nicht das Bausystem eines Ibsen-Stückes zum Beispiel sind heutzutage ungenießbar veraltet, sondern meist veralteter, verkommener sind die Usancen der Darstellung von leibhaftigen Menschen in solchen Stücken.

Peter Handkes *Mündel*: Pointenhafte Einzelheiten?

Theater konnte im vergangenen Bühnenjahr dort am spannendsten sein, wo es seine Sinnlichkeit als veränderbar zeigte. Peter Handkes *Das Mündel will Vormund sein* gehört hier genannt, obgleich mir, in der Erinnerung, nach konzentrierteren Erfahrungen dieser Art, scheint, als werde darin noch zu sehr in pointenhaften Einzelheiten fabuliert, nicht ein System erschlossen, sondern eine Zeige-Methode ausprobiert, betont orientiert am Rezipienten. Jerzy Grotowski — nach allem, was ich über seine Arbeit erfahren kann, ohne je etwas davon gesehen zu haben — hat eine SYSTEMIMMANENZ der schauspielerischen Tätigkeit geschaffen, die nahezu unabhängig ist vom Betrachter. Zwar kommt bei ihm weder Rampe noch Guckkasten vor, und die wenigen Zuschauer, die zur Vorstellung zugelassen sind, werden in den Spielort hineingruppiert (der Marlowesche *Faust*, wie man auf Bildern sieht, wurde auf einer langen Bankett-Tafel gespielt, um die herum das Publikum saß und sich verköstigte),

aber verpönt sind, auch bei unmittelbarer Körpernähe, Kontaktnahmen und Wechselbeziehungen, die nicht ausschließlich im Unbewußten sich vollziehen.
Da es aber dem Schauspieler, der allein das »arme« Theater repräsentiert, in allererster Linie um eine extreme, geradezu therapeutische Durchdringung und Verwirklichung seiner selbst zu tun ist, wozu ihm die Trainingsmethoden Grotowskis ein ungleich reichhaltigeres Ausdrucksinstrumentarium zur Hand geben, als er es für gewöhnlich erlernt, scheint dies Theater — im Grenzfall — eines zu sein, das ohne den Zuschauer auskommt. Das ist nicht narzißtische Isolierung, sondern der Grenzfall: mit wissenschaftlicher Gründlichkeit, mit hoher Disziplinierung der Kunstmittel, in laboratoriumshafter Keimfreiheit das Schauspielerische zum autonomen System des Theaters zu entwickeln, tendiert im letzten zur Grenzenlosigkeit: das Schauspielerische als Existenzprogramm zu leben oder zumindest darin eine existentielle Ausdrucksweise zu verspüren. Peter Brook über Grotowski: »Sich derart dem Schauspielerischen zu verschreiben, heißt nicht, darin ein Endresultat zu zeitigen. Im Gegenteil. Für Grotowski ist das Schauspielerische ein Hilfsmittel. Wie soll man das ausdrücken? Das Theater ist kein Fluchtweg, kein Refugium. A way of life, is a way to life.«

Joseph Beuys: Die Identität um Form und Zeit

Der dialektische Zusammenhang von streng formaler Disziplin im künstlerischen Handeln und dem theoretischen Horizont einer grenzenlosen ästhetischen Praxis ist auch bei Joseph Beuys zu bemerken, von dem bekannt ist, wie sehr ihm an einer ästhetischen Erziehung des Menschengeschlechts liegt und daß er aus diesem Grunde Kunst zuweilen zum »Alleralltäglichsten« erklärt. Dies nur als Bezugssystem zu dem, was Beuys, der Fluxus-Mann, innerhalb einer Theaterinszenierung gemacht hat, und das trägt zunächst einmal seine Maßstäbe in sich, im Sinne jener neuen Immanenz, auf die schon angespielt wurde.
Zunächst einmal stellt diese Aufführung eine Konfrontation her, so etwa wie Grotowski die Konfrontation eines alten Stücks mit dem Bewußtsein des Schauspielers beschreibt, nur daß in diesem Fall das Schauspielerische selbst als permanent verweigerte Leistung, als

Negation in Erscheinung tritt. Beuys spielt nichts. Er tritt verlarvt auf: umhüllt von einem Pelzumhang springt er auf die Bühne, wächst aus einer geduckten Haltung empor, wirft den Mantel ab und legt das Orchesterbecken, das er in Händen hält, nieder. Er geht zum Mikrofon in der Mitte der Bühne und beginnt, den Text, den Szenenverschnitt von Goethes *Iphigenie* und Shakespeares *Titus Andronicus*, von Claus Peymann und Wolfgang Wiens gebaut und vom Tonband verlesen, synchron- und nachzusprechen. Ein paar Meter hinter ihm steht in einer Koppel ein herrlicher Schimmel, der Heu frißt und seine Hufe auf eine blecherne Unterlage schlägt, die ebenfalls von Mikrofonen abgetastet wird, welche die unregelmäßigen Tritte in die Lautsprecheranlage übertragen. Beuys, konfrontiert mit dem Bildhaften: das Pferd ist seine persönliche Epiphanie; als er die Texte las, stand es ihm ununterbrochen vor Augen. Im Pferd materialisiert sich eine Interpretation und ein Medium zwischen den Stücken und Beuys. Der Text läuft ab als Sprech-Band, ein unplastisches, indifferentes Klang-Kontinuum, offenbar aus größerer Entfernung ins Mikrofon gelesen; man empfindet vor allem das Tempo, mit dem die Dramaturgie des Doppelstücks zum Ende vortreibt. Von den Inhalten der Collage weiß man schon, wenn man sich an die beiden Stücke erinnert, sie auf den Begriff bringt, Barbarei und Beherrschung als Thema und als Form. Beuys deutet den Text nicht und illustriert ihn nicht, er ist keine Reiz-Partitur für ihn, der Text gängelt und manipuliert sein Verhalten nicht; und doch ist er akustisches Material, Fertigpräparat, dem Beuys sich aussetzt, mit dem er sich auf verschiedene Weise beschäftigt, das er nicht verinnern kann. Er bringt den Text durch Nachsprechen in seine Sphäre hinüber, in den Bereich einer so untheaterhaften Spontaneität, einer so gelassenen Verlegenheit auch, wie sie auf einer Bühne kaum sonst sich zu behaupten wüßte. Er setzt gegen das Theater, gegen den traditionellen Raum und die literarische Phantasie seine fiktionslose Kunst durch. Seine Handflächen liegen auf der Hüfte, er geht schlendernd vor dem Mikrofon auf und ab, zeichnet Bewegungen als ihm eigene Stereotypen aus: der Versuch, einen Vogelflug nachzuahmen; emblematische Gesten: er geht in die Hocke und hält, an indische Tempeltänzerinnen oder so etwas gemahnend, die verkehrten Handflächen vor die Stirn und ans Kinn. Alles, was er unternimmt, scheint ihm planlos, intuitiv einzufallen. Dann kommt seinen locker aufeinanderfolgenden, aber in sich beherrschten Aktionen gegenüber dem

konservierten Text, dessen eintönigem Ablauf, die Eigenschaft von Kontrast-Spielen, auch von Widerstand zu.
Beuys also wird beileibe nicht zur Kunstfigur der Szene, aber er ist auch nicht das anonyme Opfer eines Experiments, er verbreitet um sich seinen Ruf: der in der weißen Jeansjacke, der mit dem nie gelüpften Hut, der mit den Fettecken, sein Material, an das er gleichsam traumatisch fixiert zu sein scheint. Er beißt in einen Margarinekloß und spuckt das halbflüssige Zeug auf die Bretter.
Natürlich gibt es in dieser Inszenierung, in der Text, Pferd und Beuys nicht in einen Bedeutungszusammenhang integriert, sondern einander assoziiert werden, zunächst einmal die pure Erscheinung und keine vermittelnden Verbildlichungen. Aber dennoch habe ich, die Konsistenz des zergehenden Fetts nachempfindend, einen sinnlichen Eindruck gewonnen vom blutrünstigen *Titus Andronicus*, dennoch durch den Kupfersteg, den Beuys einen Moment lang auf seinem Hut balanciert, einen Eindruck von den Verhältnissen in *Iphigenie* — vielleicht auch nur, weil das verbildete Unterbewußtsein seine Sucht nach Evidenz nicht unterdrücken konnte. Die beherrschte, doch nie zwanghafte Aussparung in seinen Handlungen, die Immanenz und nicht die Plakatierung all dessen, was er vorzeigt, führen Beuys' ästhetische Verhaltensweise näher an die Klassizität der *Iphigenie* heran als an die renaissancehafte Hemmungslosigkeit der *Titus*-Dramaturgie.
Über den Beuys-Abend berichtend, gerät so manches aus der Fasson. Gerade auch das, was als »Beschreibungskritik« in so günstigem Ansehen steht. Sie kann hier, ab einem gewissen Punkt, nichts mehr leisten, weil sie die Kapazität nicht besitzt, Dauer, das vorrangige Element einer derartigen Darbietung, angemessen zu vermitteln — es sei denn, sie verstiege sich zur Beuysschen Methode der Sekunden-Spiele, die ebenso lange dauern wie er sie aufsagt, meist nur, mit einem heftigen Beckenschlag angekündigt, aus einem Satz mit schlechter Nonsenspoesie bestehen: »Der warme Kuchen wird auf die Bühne gestellt« (wobei »warm« ein in seinem ästhetischen System fixiertes Wort ist): — die zeitliche Identität der Beschreibung mit dem Vorgang, das wäre absurd. Ohne Spaß aber: die Beschreibung, die gegenüber der Askese des Vorgangs sich zuviel Aufwand gönnt, gefährdet ebenfalls die wahrheitsgetreue Berichterstattung. Wenn Victor Vasarely für seine bildnerische Arbeit die Identität von Form und Farbe feststellt: im Theater lernen wir mehr und

mehr die Identität von Form und Zeit kennen. Peter Schumanns Bread and Puppet-Theatre entfaltet sein Spiel in skulpturierter Zeit. Und das heißt auch: Theater weigert sich nicht nur, dem äußeren Anschein nach Wirklichkeit nachzubilden, es verzichtet auch darauf, die »natürlichen«, also: die gesellschaftlich bestimmten, getimeten Zeitverhältnisse zu imitieren.

Bread and Puppet-Theatre oder das Verhältnis von Größe, Langsamkeit und Entfernung

Vom Rang her, im Grand Théâtre von Nancy, vielleicht 200 Meter von der Bühne entfernt, habe ich empfunden, daß die GRÖSSE der Figuren etwa von Mutter Erde und Vater Uranus (in Gestalt des Uncle Sam), die an die Schwellköpfe der deutschen Rosenmontagsumzüge erinnern, und die LANGSAMKEIT der Bewegungen und die ENTFERNUNG gemeinsam in eine empfindliche Funktion treten, die in einem vergleichsweise winzigen Theater wie dem TAT, in dem die Truppe in Frankfurt spielte, weitgehend außer Kraft gesetzt wird: die Größe der Puppen wirkte eher grotesk, und die Bewegungen gingen viel schneller vor sich, bzw. wurden bei knapper Distanz als nicht mehr so langsam empfunden. Das Tempo, damit auch die Intensität des Spiels, hängt vom Raum ab, in dem das Bread and Puppet-Theatre auftritt, zumeist ja auf Straßen, in Kirchen und Universitäten; und es ist, wenn wir das richtig beurteilen können, das bislang einzige Straßentheater, das eine neue Öffentlichkeit sich auch mit entsprechend veränderten Darstellungsformen erschließt, nicht mit aus dem Theater herausgetragenen, ein bißchen verrohten Commedia dell'arte-Späßen. Konstituierend für diese Formen wirkt die Gegen-Zeit, die zu der der gesellschaftlichen Öffentlichkeit kontrovers verläuft, zu der der kapitalistischen Geschäftshetze sowohl wie auch zu der des revolutionären Überschwangs. Die Ruhe des Bread and Puppet-Theatres ist die Provokation des Pazifismus. Freilich: für viele in Amerika und viele auch unter uns ist der Pazifismus mit den politisch absolut folgenlosen Selbstverbrennungen buddhistischer Mönche oder jener sieben amerikanischen Soldaten, denen Peter Schumann seine Produktion *Fire* gewidmet hat, ein für allemal erloschen und die revolutionäre Gewalt an seine Stelle getreten. Die aber formuliert das Bread and Puppet-Theatre nicht, und es ist wohl auch so, daß revolutionäre Gewalt, die sich nicht durch sich selbst ausdrückt, sondern zu ästhetischen Umschreibungen greift, stets eher scherzhaft als bannend wirkt. Kritische Destruktion, Anarchismus oder Pazifismus, mit ihrem Bodensatz von unpolitischer Praxis und Irrationalität, scheinen doch die extremsten politischen Haltungen zu sein, die durch Kunst sich noch vermitteln lassen.

Dennoch: das Stück *The Cry of the People for Meat* ist ganz unmittelbar auf den Krieg in Vietnam bezogen. In die mythische Zeit des erzählten Stoffs, der mit der Zeugung und Geburt des Kronos (Chronos war für die späteren Griechen auch »Vater Zeit«, Herrscher über ein Goldenes Zeitalter) beginnt und mit der Kreuzigung Christi endet, ist hineinverwoben die Episode von der vietnamesischen Bäuerin, deren Mann »fischgestaltete« Wesen über seine Felder fliegen sah und, nicht wissend, daß es sich dabei um amerikanische Kampfflugzeuge handelte, hinauslief und niedergeschossen wurde. Die biblische Geschichte nimmt diese Episode ganz wörtlich in sich auf: Maria auf der Flucht aus Ägypten wird zur »einzelnen Frau mit Kind«, die zu den »grauen Damen von Bethlehem« stößt. Vor deren Haus marschiert, mit vorangetragenem Gewehr, eine martialische Gestalt, deren Kopf mit einer Art Spitzhaube verwachsen ist; sie versucht mit dem Gewehr, die Tür einzuschlagen, eine freistehende Tür (denn es gibt selbstverständlich keine geschlossene Dekoration), gegen die von der anderen Seite sich jemand mit aller Kraft stemmt. Dann taucht hinter den Frauen der Schnabel des Fisch-Flugzeugs auf und schiebt sich, sie unter einem großen grauen Tuch begrabend, über sie weg. Die Szene läuft sprachlos ab, der Hergang der Geschichte wird von Schumann ins Mikrofon erzählt. Das Flugzeug-Symbol kehrt zum Schluß wieder: die denkmalshohe Christus-Figur zerbricht, und aus ihrem Körper steigt das Schnabeltier empor, ausgebreitet zum Golgatha-Kreuz. Es ist nun wahrhaftig nicht so, als wolle Peter Schumann dem Vietnam-Krieg mit der christlichen Heilsbotschaft zu Leibe rücken. Jedoch, dieser Krieg hat in ihm wie in vielen anderen Menschen einen Erkenntnisschauder ausgelöst, der die Mythengeschichte der abendländischen Kultur ins Bewußtsein fördert und an eine apokalyptische Grenze hinführt.

Bread and Puppet-Theatre: Dialektik von Anbetung und Verhöhnung

Vor allem der judaische und der christliche Mythos gehen in *The Cry of the People for Meat* jene Konfrontation mit der Vietnam-Erfahrung ein, die im Inneren belebt ist durch die »Dialektik von Anbetung und Verhöhnung« (Grotowski). Zugleich formuliert das arme Theater des Peter Schumann seinen Protest gegen das Bündnis von Kapitalismus und Technokratie, indem es sich ausdrücklich als autarken, vorindustriellen Manufakturbetrieb zu erkennen gibt: Handwerksarbeit ist nicht nur in der Ausstattung, den Masken und dem Material (Tüchern und Papier), sondern eigentlich in jedem szenischen Bild zu spüren. Peter Schumann hat Bildhauerei erlernt, in Hannover, seiner Geburtsstadt, pittoreske Ausdruckstänze einstudiert und in München Puppentheater gespielt, bevor er 1962 in die Vereinigten Staaten ging, im ärmsten und kriminellsten Viertel des New Yorker Ostens sein Studio begründete.
Peter Schumann ist in den Aufführungen der stage manager, er hat das Mikrofon in der Hand, er ist der einzige, der Sprache gebraucht: erzählend, in der gleichen Funktion wie der Text in einem Bilderbuch, kommentiert er manche Szenen, in anderen arbeiten er und das Mikrofon mit. In der ersten Szene des Stücks übernimmt er den Part des Schöpfers. Unter einem roten Vorhang, der »Himmel« beschildert ist, rollen zwei Körper, eingehüllt in durchsichtiges Plastikmaterial, hervor. Schumann strahlt sie an mit einer altertümlichen Foto-Lampe, die er in der Hand hält, die einzige Lichtquelle auf der Bühne; er haucht den Körpern seinen Atem ein, sie regen sich, stehen auf und nagen sich einander aus der Plastikhülle. Dies geschieht lautlos, langsam, es ist ein sehr zärtlicher Vorgang. Ein einzelner kurzer Schrei verkündet die »Geburt der Völker der Erde«: alle Spieler der Truppe brechen aus dem Himmel hervor, laufen in die hintere Bühne und bilden einen sich umarmendes, übereinanderrollendes, auflebendes und verreckendes Kreaturen-Gewimmel, das sich langsam wieder zum Himmel hin wälzt. Dieser Bewegung schreibt Peter Schumann eine mythische Zeit vor, indem er dazu in monotoner Getragenheit Noahs Genealogie ins Mikrofon liest: »Menod aber zeugte Jrad, Jrad zeugte Mahujael, Mahujael zeugte Lamisch...«, dazu wird die Aufzählung skandiert mit einem Geräusch, das man als Kind mit einem blechernen Knackfrosch erzeugt hat. Dieses

Geräusch ist ein Zeit-Zeichen. Ein anderer Ausdruck des Unaufhörlichen, von mythischer Dauer wird bei der zweiten Genealogie, der Josephs, darin gefunden, daß in einer endlosen Folge einzelne Spieler vor die mit großen Grashalmen bemalte Stellwand »Erde« treten und vor dem Publikum in jeweils anderer Haltung oder Miene sich verbeugen.

Anderswo wird Zeit nicht in gleichförmiger Dauer, sondern in sich steigernder Spannung dargestellt. Während vor dem Himmel die Gestalt der Maria als Heiligenfigur drapiert wird mit einer Fülle von bunten, ornamentierten Tüchern, steht vor der »Erde« ein Mädchen mit rundem Kindergesicht (das später die Rolle der wirklichen Maria übernimmt) und stößt in gewissen Abständen Schreie aus, unterschiedlich lang ausgehaltene, unterschiedlich geformte Schreie, die schließlich in Gesang, in eine einfache Dreiklang-Umkehrung übergehen. Dieser Gesang wird von der Menge, die den Einzug der Mariengestalt vorbereitet, aufgenommen und zur Hymne von der Geburt des Herrn, welche dann erfolgt: unter dem »Himmel« schiebt sich ein schlangenartiges Fabelwesen hervor, das in seinem geöffneten Maul die Puppe des Jesuskinds trägt und sie dem Mädchen mit dem runden Kindergesicht darbringt. Das Mädchen hebt die Puppe auf und hält sie mit Scheu und Freude weit von sich — währenddessen auf der Bühne nun erstmal Ordnung geschafft wird, die Papierschnitzel weggefegt, die Mikrofonkabel aufgerollt werden.

Maria und ihr Kind bleiben ruhig stehen, als verklingende Fermate, die überleitet zur nächsten Szene, in der die Heiligen Drei Könige den Herodes von der Geburt Christi benachrichtigen. Das ist eine musikalische Dramaturgie der Metamorphosen, der nahtlosen Übergänge, der nie unterbrochenen Kontinuität — andernfalls zerfiele das Ganze in Einzelteile, in eine Bildergeschichte. Selbst die Pause, in der die Spieler sich auf den Boden setzen und auf präparierten oder selbst zurechtgebauten Blas- und Streich-Instrumenten exotische Weisen musizieren, in denen Sketchs mit politischen Pointen, etwa die spektakuläre Verbrennung eines Einberufungsbefehls, gezeigt werden, wurde, in Nancy deutlicher als in Frankfurt, zum Aufbau der Jesusfigur im Rahmen eines Opferfestes benutzt.

Die letzten beiden Szenen, Abendmahl und Kreuzigung, gingen in Frankfurt an der räumlichen Enge zugrunde. In Nancy leert sich die weite, tiefe Bühne bis auf die hohe Jesusgestalt und ein Mädchen,

das Jesus wäscht; minutenlang, mit huldvollen, ruhigen Bewegungen streicht sie ihm über die Hände, über das Gesicht, das er schwerfällig langsam zu ihr herunter beugt.
Dann kommen ganz weit von hinten oder aus den Seitengassen, einzeln oder in Zweiergruppen, die Jünger mit ihren verformten Schwellköpfen und entstellten Gesichtszügen (im Gegensatz zum ebenmäßigen, byzantinisch schmalen Antlitz der Christus-Figur). Mit ihrem Auftritt setzt ein leises, hohes, kaum vernehmbares Summen ein, das sich zunächst als äußerste Verfeinerung eines getuschelten Gesprächs anhört. Dieses Geräusch, von allen Spielern erzeugt, ist der musikalische Spannungsbogen der letzten Szene. Es wächst allmählich; während die Jünger sich setzen, während jedem einzelnen Brot und Wein kredenzt werden, schwillt das Summen bedrohlich an, explodiert schließlich in einen entsetzlichen Schrei, die Figuren springen auf, die Spieler werfen die Puppenköpfe von sich weg, der Tisch wird umgestoßen, und die Jesus-Figur zerbricht.

Bread and Puppet-Theatre: Irrationalität als Parteinahme gegen die Diktatur des technokratischen Denkens

Eines ist zum Bread and Puppet-Theatre noch anzumerken: die Faszination, die von den formalen Einzelheiten und von der naiven und doch von höchst artifiziellem Geschick abhängigen Sinnlichkeit ausgeht, dürfte sich nicht selbst genügen. Man sollte überprüfen, was alles man mit dem Wort »Form« hier zu rationalisieren versucht — doch zumindest auch den Genuß an der Mystifikation, die Erregung, die die Konfrontation mit unserem eigenen mythischen Bewußtsein verursacht, alles das, was nach Grotowski und Brook das »Heilige« solcherart Theater ausmacht. Wir gestehen uns das ungern nur ein, und doch wird unter anderem sich unser Theater fürs nächste auch in dem Maße verändern, wie es uns gelingt, ein etwas aufgeklärteres Verhältnis zu den irrationalen Strukturen unseres Denkens zu entwickeln. Und all diejenigen, die sich mit dem Gedanken tragen, Theater außerhalb der Institutionen zu beginnen, müßten sich darüber im klaren sein, daß die beiden Truppen, die dafür die künstlerisch überzeugendsten Vorbilder abgeben, das Living Theatre und, seit neuestem, das Bread and Puppet-Theatre, eine sehr direkte Beziehung zur Irrationalität unterhalten. Nicht für die

Errichtung einer Herrschaft von Unvernunft, sondern gegen die Diktatur des technokratischen Denkens, gegen die Selbstentfremdung der Vernunft zur verwertbaren Intelligenz nimmt dies Theater der Kollektive Partei.

Teatro Campesino: »We are the future of the United States«

Regressives Denken, das im letzten darauf abzielt, die komplizierten arbeitsteiligen Produktionsprozesse wieder zu vereinheitlichen, gehört in der lateinamerikanischen Revolutionstheorie zum Kampfmittel gegen den technischen Fortschritt und die Industrialisierung, die in der Agrarwirtschaft zu Rationalisierung, Arbeitslosigkeit, Verelendung führt. Luis Valdez, der Leiter des Teatro Campesino, das sich als Sprachrohr der kalifornischen Landarbeiter versteht, hat auf einer Diskussion in Nancy über die Dialektik von regressivem Denken und sozialer Revolution in ein paar eindrucksvollen Sätzen Bescheid gegeben: »Amerika ist ein kompliziertes Land, aber es gibt eine einfache Tatsache: es gibt dort Unterdrücker und Unterdrückte«, und dann mit feurigem Stolz: »We are not the United States, we are the future of the United States.« Ein Unterschied zwischen künstlerischer und politischer Tätigkeit bestehe im übrigen für ihn nicht, der wahrhafte Partisan wechsle die Rollen, je nachdem, wo er gerade am meisten bewirkt: er arbeitet als Gewerkschaftssekretär genauso politisch wie als Schauspieler des Straßentheaters.
Die Gründung des Teatro Campesino 1968 hatte denn auch einen unmittelbaren politischen Anlaß: es unterstützte in kurzen, improvisierten Szenen, »actos«, einen Streik, zu der die Gewerkschaft der Weinbauarbeiter in Delano/Californien aufgerufen hatte. Gespielt wurden von streikenden Arbeitern die Gründe, weshalb andere, zusehende Arbeiter sich dem Streik anschließen sollten. Valdez ist Mexiko-Amerikaner, 26 Jahre alt, und hat bis zu seinem 18. Lebensjahr in den Feldern von Delano gearbeitet; aber er hat auch das Handwerk des Theaters erlernt, als Student der Theaterwissenschaft und zeitweilig als Miglied der San Francisco Mime-Troupe. Sein »Teatro« gehörte zu den populärsten Gästen in Nancy und wurde, weil es ein so ungebrochenes Verhältnis zur revolutionären Praxis zeigte und dabei doch ein Original-Arbeitertheater war, von allen Linken außerordentlich geschätzt.

Ich habe zwei Produktionen des »Teatro« gesehen, einmal eine Serie von »actos«, die allesamt nach wie vor das Thema des Streiks behandeln, und Luis Valdez' eigenes Stück *Der Schrumpfkopf des Pancho Villa*, ein fünfaktiger Revolutions-Schwank, an dessen gleichnishaftem Schluß der Kopf des großen mexikanischen Freiheitshelden Pancho Villa, der bei seiner Enthauptung auf sagenhafte Weise verlorenging und in diesem Stück als mißgebildeter Sohn in einer kalifornischen Proletarierfamilie auftaucht, auf den enthaupteten Leib seines Bruders trifft und in absehbarer Zeit mit ihm zusammenzuwachsen gedenkt, um die Stunde der Befreiung einzuleiten. Anders als die »actos«, die draußen auf der Straße vor einem schwarzen Vorhang gespielt werden, gab es den *Schrumpfkopf* nur im Theater zu sehen, vor einer auseinanderklappbaren Zimmerdekoration, an deren Wänden dauernd Nachbildungen von Käfern und Insekten herumkrabbelten. Die Spielweise ist draußen wie drinnen die gleiche; schwungvolle, kurzentschlossene Bewegtheit, emphatischer Gestenwurf, rasante Suaden im mexikanisch akzentuierten Englisch. Für die »actos« beruft sich Valdez, der immer auch selber mitspielt (meist die untersetzten Unternehmer, weil er dabei die Zigarre weiterrauchen kann), auf Commedia dell'arte-Traditionen, allerdings auch auf BRECHT, was möglicherweise auf einem Mißverständnis beruht. Hier steht im Mittelpunkt eine Arlecchino-Type — der gewitzte Arbeiter, der seinen Ausbeuter überlistet, indem er ihm seine Kapitalisten-Maske abluchst, sich selber vorhängt, Herr spielt; oder der — in einem anderen Sketch — von der Arbeitsvermittlung, die mit dem Unternehmer Hand in Hand arbeitet, düpiert wird und ein Jahr lang ohne Bezahlung schuftet. Der Darsteller des Arbeiters darf sich ein paar zotige Faxen erlauben, aber richtig spaßig will das alles bei dieser überdrehten, rastlosen Betriebsamkeit nicht werden. Nur die Kinder, die wir in einem gemeinsamen Umzug mit der Truppe durch die Siedlungsblöcke von Laxou herbeigelockt haben, statt der Arbeiter wie beabsichtigt, jauchzten vor Vergnügen. Ich verspürte die Sympathie zur Sache, um die es da ging, doch zu wenig an mitfühlendem Temperament. Das »Teatro Campesino« erbot einen fremden Gruß von einer fernen, innigeren Einheit von praktischer Politik und unverstörter Theaterleidenschaft, als ich sie nachzuempfinden imstande bin.

Grenier de Bourgogne: Das demiurgische Prinzip Theater

Nach Valdez' *Schrumpfkopf*-Stück fuhren wir abgespannt wieder hinaus in den Vorort, um die allerletzte Produktion auf diesem Festival zu sehen: die kaum renommierte Truppe Le Grenier de Bourgogne de Dijon zeigte eine Studie über *Caligula* von Albert Camus, bereichert um Texte von Artaud, Barthes und Pichette. Caligula, bei dem das Schauspielerische und das Paranoische ununterscheidbar zusammenfallen, in einer überreizten Selbstreflexion des Theaters, der wird als Schlüsselfigur willkommen sein. Ein offenes, leeres Spielpodest, in zwei Ebenen gestuft, mit dem steril abstrakten Zierart von drei großen Metallscheiben im Hintergrund. Gespielt wird nicht kontinuierlich, sondern in einzelnen, mitunter sehr artifiziell zugerichteten Sequenzen, so etwa, daß ein Dialog in seine Silbenmelodie zerlegt wird, untermalt von Mozarts Oboenkonzert, oder daß Caligula mordet, während ein Mädchen hinter ihm einen Striptease tanzt. Aber dazwischen: immer wieder Theatertheorie, vom Tonband gespielte Zitate und Diskussionen, Farbfilmprojektionen, in denen die Akteure auftreten als Seminaristen in einem Kolleg über Theater, Tore und Wände beschmieren wie die Rebellen, allerdings mit artaudhaften Aphorismen: »Ein Theater, das sich einem Text unterwirft, ist idiotisch«, und auf ein verschlossenes Tor schreibt einer: »La tragédie est un cri devant une porte qui se ferme.« Und es wird treffend diagnostiziert: »Das Theater steckt in einer Krise, die sich nur durch den Tod oder eine Heilung überwinden läßt.« Zur Heilung freilich hat diese Aufführung wenig unternommen, sie hat die Krise nicht einmal zu analysieren versucht, sie hat sie, ganz reizvoll, nur dargestellt und sich ihrer versichert.

Immerhin mit Hilfe einer Methode, die Interesse verdient. Die Inszenierung versucht, das Stück auf seinen Mythos zu bringen: das Demiurgische, die Zerstörung der Vernunft, die Bewußtseinsspaltung einer Person durch das Prinzip Theater, nach der sie lebt.

Dies läßt sich nicht im linearen, geschlossenen Ablauf eines Stücks darstellen, die Reflexion, das Zitat übernimmt in der aufgelösten Struktur des Stücks, im Spaltungsprozeß, den die Aufführung selber bewußt erleidet, einen eigenwertigen Part gegenüber dem Anschaulichen, das in einzelnen Gesten und Bildern sich zurückzieht. Zu Beginn des Stücks die Begegnung Drusilla—Caligula: sie richten auf Tafeln zwei Farben an, Rot und Blau, legen sie ihren Gesichtern auf und berühren einander, und auf den Gesichtern vermischen sich die Farben. Nicht nur dies Ritual, in dem das Schminken des Schauspielers, die Vereinigung zweier Menschen und ihre Todesbemalung in einem Zeichen assoziiert sind, erinnert an Godard, an *Pierrot le Fou*, wo Belmondo, bevor er sich den Minengürtel umlegt, sich das Gesicht mit Farbe beschmiert. Die strukturalistische Technik von Godards Filmen wurde, versuchsweise, in dieser Produktion dem Theater anverwandelt, freilich noch so, daß von dieser heimlichen Nachbarschaft ein größerer Reiz ausging als von der Inszenierung selber. Aber es hat sich dazu eine Ahnung eingestellt, als ob wir andere Verfahrensweisen im Umgang mit alten Stücken erproben müßten als die zuletzt gebrauchten, etwa die Collage, den Verschnitt oder alles, was unter dem Vorsatz betrieben wurde, Stücke zu »entlarven«. Das Verfahren wäre zunächst eines der Dissoziation, der Auflösung der vorgefundenen Systeme von Stücken in ihre Bestandteile — »die Trennung der Elemente«, die Brecht zwischen Bühnenbild, Musik und Darstellung vorsah, weiter verfolgt ins Innere der Elemente, vor allem das der Darstellung. Es hat sich gezeigt, daß bei unerbittlichem Theatermachen Reflexionen, methodische und interpretatorische Überlegungen entstehen, die nicht symbolisiert, nicht in Bildern abgesetzt werden können. Was derart nicht symbolisierbar, nicht sinnlich darstellbar ist, müßte aufbewahrt bleiben, sich durch sich selber ausdrücken, auch wenn das auf eine erhebliche Strapazierung der schönen Kunst hinausliefe — sicher ist nur, daß die sich Bequemlichkeit und Schwindel und intellektuelle Laxheit nicht länger mehr wird leisten können. An eine unverbindliche Aufreihung von Einzelheiten ist dabei nicht zu denken, die Inszenierung erarbeitet ihr eigenes System, die Struktur einer syntaktischen Gliederung von poetischer, theoretischer und bildhafter Sprache.

Französische Strukturalisten, Lévi-Strauss, Althusser, Barthes, interpretieren Mythen, Ideologien, Irrationalismen — das »Archivierte«, wie Foucault alles, was im menschlichen Denken und Wissen aufbewahrt ist, einmal bezeichnete. Statt der Psychologie und der oberflächlichen Soziologie der Figuren und ihrem Kontext sind wir mehr und mehr dazu geneigt, auf dem Theater die Ideologien und Mythen der Stücke zu entziffern — und über Steins *Tasso*-Inszenierung sind manche Leute nur deswegen in Rage gekommen, weil sie eine ideologiekritische und nicht bloß ästhetische oder individualpsychologische Interpretation des Stücks vornahm.

Gerhard Rühm, *Ophelia* — keine neuen Bedeutungen

Die Dissoziation, die etwa Gerhard Rühm am *Hamlet* ausprobiert, führt zum Beispiel nicht auf wirkliche Strukturen hin, sondern bleibt an der Oberfläche ihrer experimentellen Anordnung. In *Ophelia und die Wörter*, einer Produktion des Berliner Forum-Theaters für die »experimenta«, spricht und, schlimmer, spielt in Andeutungen, aus dem Sitzen heraus eine sogenannte konventionelle Ophelia-Darstellerin den kompletten, von Rühm herauspräparierten Ophelia-Text als Monolog, an einem Stück. Auf einer zweiten Ebene läuft der Text, nun reduziert auf Haupt- und Zeitwörter, im Krebs über Tonband ab. Auf der dritten Ebene schließlich werden die Wörter auf zweierlei Weise konkretisiert: durch Projektionen der Wörter selbst oder deren Assoziationsbilder und die lasziven Körperbegegnungen zwischen einer Indonesierin und einer Negerin (ganz im Stile des ekelhaften Farbigen-Sex von *Twen*), die offenbar das latente Lesbiertum der mit sich alleingelassenen Ophelia illustrieren sollen. Gezeigt werden soll, so Rühm, wie Ophelia in ihrer »hermetischen Begriffswelt« sich verstrickt. Diese Interpretation aber leistet, recht und schlecht, schließlich doch allein die Schauspielerin, die Ophelias Wahnsinn ausdrückt, — zwischen ihrer und den anderen Ebenen gibt es nur eine veranlassende, aber keine reaktive Beziehung. Wörter sind in einem Verfahren der absoluten Musik verwendet worden, als Abstraktionen, damit kann man keine neuen Bedeutungen zusammensetzen und vermitteln.

Bazon Brocks *Unterstzuoberst*: der blamabel reflexionslose Apparat

Die »Trennung der Elemente« sieht in Bazon Brocks zweiteiligem Stück *Unterstzuoberst* so aus: ein Diapositiv zeigt das Bild eines wunderschönen, sonnendurchstrahlten Waldstücks. Ein Band fährt dazu Geräusche von Straßenlärm ein. Zum Bild einer Meeresbrandung ertönen Kuckucksrufe. In einem Film über einen verkehrsregelnden Polizisten vor den Frankfurter Städtischen Bühnen erscheinen, in Nahaufnahme, antiautoritäre Gesichter von Schauspielern dieses Hauses. Am Ende des Streifens laufen die Schauspieler frohgelaunt zu dem Polizisten und umarmen ihn. Die meisten Beispiele dafür, daß man Erwartungen enttäuschen kann, stammen aus solchen

Filmen. Auf der Bühne in einer dramaturgielosen Sequenz — etwa wenn nacheinander drei Schauspielerinnen auf die Bühne laufen und verschiedene Ausdrucksweisen des Entsetzens mimen, die dritte schließlich auf ihre Wade schaut und über eine Laufmasche klagt — fällt es schon schwerer, in einer Erwartung sich düpiert zu fühlen. Anders als in manchen Filmen, wo der Zuschauer perfekten, uneingreifbaren Verläufen, einer Vergangenheitsform gegenüber sich tatsächlich gereizt verhält, kann er im Theater gelassen die identische Gegenwart von Spiel und Zuschauen auch bewußt erleben. Das hängt von dem Spannungssystem des Stücks ab, und von sehr vielen Stücken und Aufführungen fühlt sich der Zuschauer, so könnte man ebenso pauschal behaupten, eher angeregt, seinen eigenen Gedanken nachzugehen und das Sehen zu vernachlässigen. Warhol und andere haben nicht umsonst diese unaufhörlichen Filme gemacht, und damit ein anderes Rezeptionsverhalten ERZWUNGEN, das selbstverständlich auch eine Reflexion dieses Verhaltens herausforderte. Brock aber will nur aufmerksam machen auf die bestehenden Rezeptionsvorgänge und benutzt das Theater als Medium für diese Lernprozesse. Aber so, wie er das anfängt, bringt es nur propädeutische Kindereien hervor, es zeigt dauernd nur Ätschgesten, die als Analyse gemeint sind.

Die Dramaturgie der Einzelvorgänge, wie sie Peter Handke zunächst in einigen Leerstellen des *Kaspar* und dann prinzipieller im *Mündel* angelegt hat, hat Brock sich, sie ideologisierend, zunutze gemacht, vier sogenannte »Spieleinheiten« lang. Wäre es mal dabei geblieben, aber das induktive Lehrverfahren sieht am Ende die Synthese vor: die findet in einer sechsten und letzten Spieleinheit statt und zeigt, basierend auf einer Bemerkung Kurt Schwitters', die Raoul Hausmann kolportiert, eine »Oben und Unten«-Gesellschaft in emsiger Bestätigung der Verhältnisse. Schwitters malte sich offenbar aus, die Zustände der Verhältnisse in ein Theater-Bild von unbegrenzbarer Dauer zu fassen: die Bühne sollte in zwei Hälften aufgeteilt werden, oben lägen die faulen Regierenden, während unten die Masse der Arbeitenden schuftete, und ab und an einige, die Klassen wechselnd, auf- oder abstiegen. Brock hat zwar auch ein Zustands-Bild organisieren lassen, aber in seinen Rahmen eine notwendigerweise albern ausfallende Allegorie der sozialen Menschheitsgeschichte hineinbewegt. Und hierbei blamiert sich die ganze Theorie durch den reflexions- und sprachlosen szenischen Apparat, der sie illustrie-

ren soll. Das eben scheint fürs Theater ein nicht länger genügendes Verfahren zu sein: vorweg zu denken und auf der Szene nur noch die Bebilderung übrig zu lassen, ohne die geringsten dialektischen Komplikationen zwischen beidem auszudrücken, als ginge das alles ganz sauber ineinander auf.
Jedenfalls: aus einer riesigen Kiste bricht die Menschheitsschar heraus und findet sich in allerlei Gerümpel zunächst in anarchischem Entzücken. Mit der Entdeckung der Dingwelt freilich entsteht die Lust am Besitz und die Vereinzelung. Die Vorgänge unter den Schauspielern beruhen auf Zuschauen und Nachahmen, daraus entstehen Fortschritt, Zivilisation, Reglementierung, der Aufbau einer sozialen Pyramide aus den Teilen der zerbrochenen Kiste mit an die Soffitten stoßenden Oben-Leuten, mit Oten-Leuten, der mittelständischen Ordonnanz, und Unten-Leuten, der arbeitenden Klasse, die sich abrackert und dauernd in hektischer Bewegung ist oder in ihrer Freizeit Andacht übt, auch mal ein Kunstwerk, eine Schaumgummiwand erbaut oder sich zu einem Revolutions-Bild gruppiert, schließlich die Oten-Schicht wegräumt, um dann von der Oben-Schicht die Puppe der Marilyn Monroe beschert zu bekommen. Von unten aus der Bühne kommt zu gleicher Zeit eine ebenso große Mao-Figur hervor, die sich zur Marilyn begibt und sich mit ihr vereinigt. Ein Jalousie-Vorhang von Thomas Bayrle geht herunter, der auf der einen Seite einen Mao-Kopf, auf der anderen das Warholsche Marilyn-Gesicht zeigt. In ihren Idolen neutralisieren sich hier die sozialen Gegensätze der Gesellschaft; so ist das also mit den Fetischen und mit dem ganzen Überbau. Den drei Schichten ist an Sprache nur ein einziges Wort vergönnt: das, welches ihren Standort angibt: Oben, unten und oten. Diese Wörter werden in den verschiedensten Rhythmisierungen und Artikulationen dauernd im Munde geführt, alles übrige ist Aktion und bleibt der Erfindungsgabe der Regie überlassen (Dieter Reible unter Mitarbeit der Brock-Vertrauten Frieder W. Anders und Wieland Schultz-Keil). Sie muß ein sehr pauschal beschreibendes Treatment Brocks in Szene setzen, weit mehr als sonst Erfüllungsgehilfe des Autors sein, der hier nicht einmal einen Text liefert, mit dem die Regie sich auseinandersetzen könnte, sondern nur ein paar großgerahmte Vorstellungsbilder produziert, an deren Konkretisierung sie sich zu machen hat. Daraus mag dieser Einlage-Charakter resultieren, den die ganze Darbietung besitzt, die Action-Pantomime, die eindeutige, eindimensionale Vor-

gänge in einer geschichtslosen, zufälligen Anhäufung und Revue von sozialen Allegorien versammelt, ausdrucksgeladen, aber völlig motivlos.

Das Unfruchtbare dieser Unternehmung liegt vielleicht schon in der Brockschen Theoriearbeit begründet; in einem Denken, das sich scheinbar nach vorwärts bewegt und verändert, in Wirklichkeit aber nur die säuberliche Komplettierung seiner Anlagen verfolgt: »Seit 1963 hat Brock bisher jedes Jahr einen formalen und thematischen Komplex in größerem Umfang theatralisch realisiert«, gibt er zu seiner Biografie im Programmheft an. Natürlich, das kann in jeder wissenschaftlichen oder künstlerischen Produktion so sein, es werden Probleme erledigt, hinter sich gebracht, aufgedacht. Auf einer Diskussion über *Unterstzuoberst* sagt Brock den Satz: man habe nun seit sechs Jahren darüber nachgedacht, in einer bürgerlichen Gesellschaft sei ein anderes als bürgerliches Theater einfach nicht auszudenken. Wobei weniger der Inhalt des Satzes, als die Geste der Endgültigkeitserklärung, der abgeschlossenen Empirie, in der er sich vorträgt, so deprimierend wirkt, der blitzschnelle Kurzschluß auf Marx, nur der Apodiktik halber, denn von dessen utopischem Denken nimmt Brock, der Gegenwartsbejaher, keine Notiz. Darin steckt etwas, das paralysiert, durchaus nicht anregend ist und sich entsprechend in der künstlerischen Produktion äußert.

Im übrigen schreibt Bazon Brock im Programmheft, daß Kunst sich heute entschiedener denn je als solche zu deklarieren habe (und wohl dann auch lieber nicht mehr, es inszenierend, ins Leben übergreifen sollte). Dafür gibt es, noch ehe Brock es forderte, in diesem Jahr auf dem Theater einige Beispiele, von denen hier die Rede war. Die Künstlichkeit, zu der Kunst dabei potenziert, drückt aber unter anderem die Verschärfung der Distanz aus, deren wir uns ihr gegenüber zusehends bewußter werden. Und nur aus dieser Distanz heraus werden ästhetische Angelegenheiten eine aufklärende Funktion übernehmen, genau in dem Sinne, wie sie Lars Gustafsson der künstlichen Fiktion im allgemeinen zuschreibt: »Könnte man also sagen, daß ein nur vorgestelltes Bild unter bestimmten Umständen eine stärkere Wirkung haben kann als eines, das auch erlebt und wirklich ist? Ja. Deshalb, weil das nur vorgestellte Bild auf seltsame Weise unsere Ansicht darüber, WAS SICH SAGEN LÄSST, schafft und abgrenzt, weil es unser Bild dessen abgrenzt, was in der Welt vorkommen kann.«

1969

Die neuen Grenzen

Anarchismus-Kritik und Theater-Aktion

Grenzgänge, Grenzüberschreitungen im Sinne des intermedialen Verkehrs zwischen darstellenden, filmischen, bildnerischen und musikalischen Mitteln zeigten seit den beginnenden sechziger Jahren, eingeleitet vom amerikanischen Happeningswesen, die Tendenz, die Form des Gesamtkunstwerks zu erneuern unter technokratischen Verhältnissen und Einflüssen, gleichsam als Symbol für deren hochdifferenzierten Funktionalismus. Die Arbeit am Gesamtkunstwerk und die einer imperialistisch expandierenden Politik ähneln sich strukturell zumindest in einem: beiden liegt weniger daran, die Selbständigkeit der einberaumten Bereiche zu fördern als vielmehr das funktionierende Ganze im Auge zu behalten, und daher rührt, in Mixed-media-Veranstaltungen, die prinzipielle Primitivität der einzelnen Kunstdisziplinen. Diese Phase scheint heute bereits durchschritten. Der expansive Zug, welcher die Bereicherung an ästhetischen Reizen schleunig antreibt, hat das Gefüge der traditionellen und der technischen Medien verlassen und sich die Wirklichkeit selber zum »Objekt« gewählt. Damit einher geht eine totale Entgrenzung der ästhetischen Erfahrung, welche zwischen künstlerischer Aktivität und gesellschaftlichem Leben alle Distanzen beseitigt sieht, die konkrete Umwelt, die Konflikte der bestehenden Verhältnisse auf gänzlich entzweckte, formalisierte Weise erlebt.

Kritik zu üben an dieser Haltung, der Teile der linken wie der rechten künstlerischen Avantgarde heute zuneigen, bedeutet gegenüber ihrem totalitärem Anspruch die realistischen Grenzen zu bestimmen, denen sie tatsächlich konfrontiert ist, das bedeutet, auf das prinzipiell Andere, Nichtästhetisierbare, den INHALT nämlich gesellschaftsrevolutionärer Praxis hinzuweisen. Wenn künstlerische Vorgänge zur Zeit überhaupt einen erkenntniskritischen Fortschritt zu leisten vermögen, dann nur, indem sie zuvörderst erklären, wo sie ihr Ende nehmen, nur, indem sie dialektisch genug die Unvereinbarkeit vermitteln, in der sie sich zur aufklärerischen sowohl wie zur aktivistischen Komponente jener Praxis befinden. Wenn sie stattdessen ihre Grenzen überschreiten, ästhetisieren, was ihnen sympathisch ist, zur Dramaturgie erklären, was von seinen Zwecken und Zielen her als Strategie gemeint ist (»Wir schaffen die Dramaturgie der radikalen Aktivität«, schreibt der Amerikaner Lee Baxandall), dann formalisieren sie das Konkrete ins Bedeutungslose, dann werden sie auch die Chance der negativen Dialektik verspielen...

Die Grenze zwischen Dramaturgie und Demonstration

Entästhetisierungsphänomene als Verunstaltungsprozesse gibt es in der europäischen Kunst gewiß seit dem Manierismus (vgl. Peter Gorsen, *Das Prinzip Obszön*); heute freilich sind sie anders zu beschreiben: Blasphemien, Destruktionen, Pornographierung bilden längst keine Kriterien mehr des Nicht-Ästhetischen. Sie sind deswegen eher positiv etwa in dem Falle zu bestimmen, wo die aufklärerische Darstellung eines Sachverhalts eine Reichhaltigkeit und »Reinheit« der Informationen verlangt, welche von ästhetischen Formen nicht mehr vermittelt werden kann. Die Grenze verläuft, um ein Beispiel zu geben, zwischen der sexualpolitischen Satire *Ficknam* von Tuli Kupferberg und dem Aufklärungsfilm über die chemischen und industriewirtschaftlichen Herstellungsprozesse von Napalm: *Nicht löschbares Feuer* von Harun Farocki. Dieses konstruierte, künstliche Dokument gehorcht keiner Dramaturgie, sondern einem informationstheoretischen Modell, verweigert allen ästhetischen Genuß zugunsten der klaren Faktenvermittlung samt ihrer politisch-agitatorischen Implikate.

Ein anderes Kriterium fürs Nicht-Ästhetische läßt sich vielleicht aus der Arbeit des Wiener Aktionisten Otto Muehl herleiten. Hier verläuft die Grenze zwischen enger aufeinander bezogenen Bereichen: die antiästhetisch gemeinte, aber letztlich als ästhetischer Vorgang erfolgende Schändung der schönen Kunst und die individual-anarchistische, politisch gemeinte Demonstration.

Otto Muehls Materialaktion *O Tannenbaum* hat kurz vor Weihnachten in der Braunschweiger Hochschule für Bildende Künste stattgefunden. Die Szenerie ist simpel und formlos: ein Bett mit weißem Plumeau, ein geschmückter Tannenbaum, eine Leiter. Auf dem Boden ist eine schwarze Plastikfolie verspannt; Weihnachtslieder erklingen krächzend aus dem Lautsprecher. Dann verliest Muehl, ebenso wie seine Partnerin vollständig nackt, im grantigen Wiener Dialekt, mit zorniger Pathetik ein selbstverfaßtes Weihnachtspoem, welches einen elementaren Zusammenhang zwischen dem Heiligen Fest, Vietnam und uns, den fickenden, brunzenden, scheißenden Bürgern beschreibt. Das finstere Gedicht kündigt an, was die Aktion zu bedeuten hat: die aggressive Pornographierung des Konsums durch die demonstrative Fixierung auf dessen stoffwechselhafte Folgen, die Exkremententladung, und durch die »Entzweckung« des Nahrungsmittels zum bildhaften Opfer des Protests: Muehl läßt ein Schwein abstechen und ausweiden, hält unter die aufgeschlitzte Halsschlagader einen Eimer, der sich mit Blut füllt, und gießt es seiner Mitarbeiterin über den Leib. Das ausgeweidete Gedärm des Tiers zeigt er im Auditorium herum und wirft es anschließend über das Mädchen. Dann besteigt er die Leiter und pinkelt auf seine Partnerin hernieder. Nun wäre es unangemessen, würde man in dem von Blut und Urin überlaufenen, vom Kadaver überladenen Frauenleib, der schließlich noch mit Milch, Mehl und Waschpulver (Materialien, die mit den eingewöhnten Begriffen von Sauberkeit und Reinheit eng verbunden sind) überschüttet wird, sofort das Bild eines ästhetischen Objekts erfassen; damit hätte man lediglich den momentanen libidinösen Schrecken, den das Geschehen zumindest dem Unbewußten versetzt, sublimiert. Man muß wohl ausgehen vom idyllischen Anfangsbild der Aktion — das »Paar« nackt unterm Tannenbaum im Bett liegend — und den dekuvrierenden Vorgang der kompletten Verunstaltung dieser bürgerlichen Idylle genauer darin untersuchen, wie zum Beispiel die Ausscheidungsprozesse stets tabuverletzend sich zu ihr in Beziehung setzen: Muehl pißt nicht beliebig irgendwohin, sondern gleichsam auf seine Frau, die, so mit den Innereien des Schweins drapiert, nicht nur symbolisch an die Stelle des Tieres getreten ist, sondern, indem sie dies alles willenlos über sich ergehen läßt, auch sprach- und bildassoziativ den bürgerlichen Inbegriff des »Schweinisch«-Perversen verkörpert. Muehl scheißt am Ende nicht in irgendeine Ecke, sondern, stehend von der Bettkante herab, auf den Schweinekadaver, also auf das sakrosankte Nahrungsmittel, den Konsumgegenstand.

Muehl, der Satiriker

Die Aktion *O Tannenbaum* dauerte knapp eine Dreiviertelstunde und enthielt sich jeglicher theatralischer Finessen: keine hinhaltenden Verzögerungen, keine Spannungsbögen, kein Zeremoniell; was gezeigt wurde, ein halbes Dutzend kaum arrangierter, einfacher Vorgänge, das wurde mit besonders achtloser Nüchternheit, unspontan und formlos absolviert, so daß weder der Aktionist noch seine Zuschauer Gefallen daran haben konnten. Muehl selbst, das stellte sich in der anschließenden Diskussion heraus, ist nicht in der Lage, die »Öde« seiner Veranstaltung, die er sehr wohl eingestand, als jenen Grenzbereich zu definieren, wo diese entzweckte anti-ästhetische Kunst-Aktion übergeht in die zweckbedingte – wie immer zu beurteilende – politische Demonstration eines morosen Anarchisten, der sich dieser Mittel nur bedient, um sich nachdrücklich verständlich zu machen.

Obwohl ich es für sinnvoller halte, dem Staatsanwalt, der nun nach Muehl wieder verlangen wird, zu erklären, daß Muehl ein Recht auf diese seine Demonstration beanspruchen darf, als ihm mit sachverständigen Expertisen über den Kunstgehalt der Veranstaltung aufzuklären, wo gerade dieser doch in der Aktion sich selber problematiesiert, so würde ich andererseits jedoch den Nutzen dieser Demonstration energisch in Zweifel ziehen. Bei aller Brutalisierung und Pornographierung ihrer Mittel paßt sich die Aktion *O Tannenbaum* denn doch musterhaft in den literarischen und ideologischen Rahmen der bürgerlichen Satire ein, jener traditionellen Form unverbindlicher Kritik, die stets nur unglücklich verliebt war ins Gesellschaftsbild, das sie zu entlarven trachtet. »Der durch den Schrecken des Kapitalismus 'wild gewordene' Kleinbürger ist eine soziale Erscheinung, die ebenso wie der Anarchismus den kapitalistischen Ländern eigen ist.« (Lenin) An revolutionärer Kraft steht dem Otto Muehl gerade soviel zu Gebote, wie es sein ideologischer Ahnvater, Max Stirner, auf den er sich ausdrücklich beruft, ihm unter dem Begriff der »Empörung« zur Hand gegeben hat. Muehl drückt seine Empörung aus über den Krieg in Vietnam, über die unerschrockene Konsumgier der Wohlstandsbürger usw. und endet mit seinen die libidinösen stellvertretend für die gesellschaftlichen Regeln verletzenden Aktionen doch nur bei der autistischen Parole: »Die Perversität, das sind die anderen.« Zu diesem Autismus gehört, daß in der öffentlichen Proklamation der Empörung sich diese bereits befriedet: Muehl nimmt für seine Arbeit in Anspruch, sie vermittle ihm wie dem Betrachter einen therapeutischen Effekt, eine das Bewußtsein und das Sensorium erweiternde Erfahrung.

Hermann Nitsch und die Feier des Lebens

Hierin geht er, ein eher sklerotischer, sprachlos gewordener Rationalist, längst nicht so weit wie sein Wiener Kollege Hermann Nitsch, mit dem er in früheren Jahren des öftern gemeinsame Aktion veranstaltet hat, bis Nitsch freiwillig aus Östereich emigrierte und sich immer stärker der Erneuerung eines dionysich-orgiastischen Zeremonial-Theaters zuwandte.
Im Gegensatz zu Muehl gilt es für Nitsch, der Kunst aufs neue und auf elementare Weise Schönheit und Gravität zu verleihen, sie hat die »rituelle Feier des Lebens« zu gestalten. Seinsmystik und Psychohygiene, sadomasochistische Katharsis und religiöser Erlösungswahn gehen in Nitschs Mysterienspielen, deren Bilder an ein imitatio Christi-Erlebnis fixiert scheinen, deren Aktionen eine unmittelbare Konfrontation mit abendländischen Mythen herausfordern, ein traumatisches Zeichensystem ein: da werden stets Lämmer ausgeweidet (»Das Tier als Ersatzopfer«), werden Geschlechtsteile aus blutigen Menstruationsbinden gewickelt und Körper künstlich mit Wunden präpariert, die Lanzeneinstiche symbolisieren, welche Christus am Kreuz erlitt. Durch den Grundexzeß von Tod, Opfer, Auferstehung, Erlösung muß der »zerrissene Dionysos«, der seiner Ursprünge entfremdete Mensch, in diesem Theater, »in dem alles wirklich ist«, hindurch, um von der europäischen Mystik der Sinne zur asiatischen Mystik der Ruhe, vom Empfinden des Fleisches zum Empfinden der Farben zu gelangen: »Ich will die Menschheit vom Animalischen befreien.«

Der provozierte Alltag

Oswald Wiener schreibt im Vorwort zur Dokumentation über Nitschs »Orgien-Mysterien-Theater: »Sinn ist nicht etwas, das auf entdeckung wartet. Sinn wird erzeugt. Sinn und bedeutung sind dimensionen der kommunikation, nicht aber brücken des individu-

ums zur 'objektiven realität': die semantik ist die phänomenologie der konservativen. Wenn wir den uns gemachten alltag substrahieren, wird von der wirklichkeit nichts übrig bleiben.«
Wer diese Substraktion unternimmt, sei es regressiv mit Bergson, Nietzsche, Stirner zum élan vital zurück, wie die rechtsanarchistische Avantgarde der Muehl und Nitsch, sei es prospektiv mit Bakunin und Marcuse zum *Paradise now* hin, wie das linksanarchistische Living Theatre, er begibt sich allemal in die Gefahr, daß der unterschlagene Alltag zurückschlägt. In Braunschweig formierten sich (bislang) 17800 Bürger zu einer pogromartigen Protestkampagne gegen den Auftritt Muehls, allerdings erst, nachdem sie aus der Zeitung oder vom Hörensagen davon erfahren hatten. Es wäre jedoch äußerst fahrlässig, nach den z.T. faschistoiden Reaktionen, die sich die über solche Grenzbereiche der Kunst vollständig unaufgeklärte Bürgerschaft geleistet hat, rückschlüssig etwa dem Muehlschen Anti-Bürger-Protest seine Ehre widerfahren zu lassen. Tatsächlich ist es doch so, daß Muehl stumpfsinnige Empörung demonstriert und daraufhin ebenso stumpfsinnige Empörung geerntet hat. Der Individualist Muehl aber wird sich bestätigt finden: er rechnet ja die Aggressionen, die er diktiert, denen, die sie erbringen, als Schuldbeweise an. (Dennoch: die Aktion ist allein zu rechtfertigen aufgrund einer aufgeklärten demokratischen Einstellung zum allgemeinen und individuellen Demonstrationsrecht.)

Das Living ist tot

Julian Beck rief: »The state is the state of mind«, und draußen ging die New Yorker Polizei mit Tränengas auf demonstrierende Studenten los. In Berlin, wo gerade aufgrund irgendwelcher Transportschwierigkeiten weite Kreise der Bevölkerung an Kohlenknappheit zu leiden hatten, riefen ein paar, vielleicht allzu alltäglich denkende Zuschauer den entblößten Paradiessuchern zu: »Wir wollen keine Revolution, wir wollen Briketts.«
Das Living Theatre wollte *Paradise now*, die bis auf weiteres letzte gemeinsame Produktion der Truppe, im Berliner Sportpalast vor 6000 überwiegend jüngeren Leuten zeigen, aber anders als damals in Avignon kurz nach dem Mai 68, anders auch als bei ihrem amerikanischen Gastspiel im letzten Sommer: in Berlin, im Januar 1970,

hielt die wenig spektakuläre show von der stufenweisen Entfaltung der anarchistischen, gewaltlosen und permanenten Revolution gegenüber diesem Massenpublikum einfach nicht stand. Was sich den Blicken von der erhöhten Zuschauertribüne herab bot, das waren nur in Fetzen ein paar Bilder aus dem herrschaftslosen Leben und der langen Reise dorthin, das war sonst vor allem die Anarchie als Ereignis, hier und jetzt, in die die Veranstaltung überging, ein chaotisches, seinen eigentlichen Anlaß unter sich begrabendes Massenmeeting von jungen Leuten, die eigentlich ein großes Fest hätten feiern wollen, deren von pop und Musik verwöhnten Sensibilität aber die metaphysische Zeichensprache und pretiöse Gymnastik dieses Schauspiels nicht genügte, von anderen, denen jener naive politische Illusionismus, die ganze vorgeflunkerte Antizipaion auf die Nerven ging, weil sie statt einer umfassenden Solidarität nur den anwachsenden Dissoziationsprozeß in der augenblicklichen Phase der revolutionären Bewegung zu erkennen vermögen; sie reagierten mit anschwellenden Sprechchören, spontanen Einzelaktionen (ein paar liefen auf die Bühne und zogen sich vollständig aus, weniger um mitzuspielen, als um die nutzlosen, überholten Befreiungsbeschwörungen der Living-Leute zu parodieren) und mit einem massiven Ansturm auf die Bühne, die sie schließlich auch in Besitz nehmen konnten. Das war keine Stimmung für die feierliche Introduktion der Zukunft in die Gegenwart — die Truppe wurde, kurz nachdem sie die vierte Stufe der Befreiung mühsam erreicht hatte, von der Bühne vertrieben. Das Publikum war sich selbst überlassen, einige tanzten zu einem monotonen Schlagzeugrhythmus vor sich hin, andere diskutierten mit den Livingleuten, manche rutschten die Steilkurven der Sportpalastbahn herunter, viele gingen davon. Einer rief von der Bühne herab: »Das Living ist tot, geht nach Hause, Leute, ihr wollt doch keine Leichen schänden.« »Die Berliner sind eben Rationalisten«, schrieb hinterher der *Abend* mit Genugtuung.

Das Nervensystem der Revolution

Walter Benjamin formulierte 1929 über eine dem Living vergleichbare kulturelle Erscheinung, den Surrealismus, ein wenig kompliziertere Einwände: er stellt die provokanten Fragen: »Wo liegen die Voraussetzungen der Revolution? In der Änderung der Gesinnung

oder der äußeren Verhältnisse?« Also, um mit Beck zu sprechen, muß sich zuinnerst allererstens der Einzelne verändern und ergibt etwa die Summe aller veränderten Einzelnen die gesamte Revolution? In dem erwähnten Aufsatz gesteht Benjamin zu, daß in jedem revolutionären Akt selbstverständlich eine rauschhafte Komponente lebe: »Sie ist identisch mit der anarchischen. Den Akzent aber ausschließlich auf diese setzen, das hieße die methodische und diziplinäre Vorbereitung der Revolution völlig zugunsten einer zwischen Übung und Vorfeier schwankenden Praxis hintansetzen.«
Das Living hat, als der Anarchismus noch keine aktuelle Rolle wieder spielte, allein durch den von Artaud inspirierten ästhetischen Anarchismus seiner Spielweise, die Vorfeier bereits seit 10 Jahren ins Volk getragen; in *Paradise now* aber, wo diese vitale Ideologie gleichsam zu sich selber kommen sollte, indem sie zur ebenso systematisch wie abstrakt geplanten universalen Nutzanwendung ausgerufen wird, zum Rezept erklärt wird, dort erlischt eigentlich der letzte Funken dieser Vorfeier. Das Selbstbewußtsein der pazifistischen Gesinnung, welche zusehends in der Truppe nicht mehr als einheitliche herrschte, suchte, um sich in der ahnungsvollen Ungenauigkeit so differenziert und weltweit wie möglich ausdrücken zu können, Chiffren, Zeichen und Begriffe zusammen aus den Religionen des Nahen und des Fernen Ostens, aus kabbalistischen wie tantristischen Ritualen, aber auch aus den Schriften Marcuses und vor allem denen des amerikanischen Psychologen Ronald D. Laing, der in seinem Buch *The Politics of Experience* die Schizophrenie, die innere Reise des Wahnsinnigen selbst als den Prozeß der Heilung von der psychischen und mentalen Entfremdung analysierte und u.a. den bemerkenswerten Satz niederschrieb: »Wenn unsere Erfahrung zerstört wird, wird unser Verhalten zerstörerisch sein.«
Diese Erfahrungsbegriff spielt für das Living, für *Paradise now* eine zentrale Rolle, nicht nur für das individuelle psychotherapeutische Training, sondern auch für die Sensibilität des Zusammenspiels. Was Laing in diesem Zusammenhang als »Interexperience« einer Gruppe beschreibt, hatte Benjamin im gleichen Surrealismus-Aufsatz als Nervensystem der revolutionären Kommunikation sehr politisch ins Bild gefaßt: erst wenn »alle revolutionäre Spannung leibliche kollektive Innervation, alle leibliche Innervartion des Kollektivs revolutionäre Spannung werden, hat die Wirklichkeit so sehr sich selbst übertroffen, wie das Kommunistische Manifest es fordert.«

In den wenigen, unter außerordentlichen nervlichen Belastungen vorgebrachten Übungen der Truppe an diesem Abend habe ich diese intensive intersubjektive Spannung bemerken können, die so stabil zu sein scheint, daß sie die Schwächen des Einzelnen stärkt, und so flexibel, daß sie die Stärke eines Einzelnen (z.B. eine unverhoffte Improvisation) wie selbstverständlich aus sich herausbringt und erträgt. In einem Moment jedoch, wo die kollektive Erfahrung zerstört wurde, da brach ein Darsteller im unkontrollierten Exzeß aus der Gemeinschaft aus und imitierte unter barbarischem Lustgebrüll einen Masturbationsakt, der ganz offensichtlich symbolisch-aggressiv gegen die Okkupanten gerichtet war.
Dem Massenpublikum im Sportpalast die nötige Aufmerksamkeit abzufordern, gelang dem Living Theatre aus räumlichen, aber auch aus ideologischen Gründen und schließlich auch deshalb nicht, weil es eigentlich keine eindringlichen Mittel weder der sprachlichen Artikulation noch der körperlich sinnlichen Darstellung im Sinne der erstrebten »post lingual communication« beherrscht. Am ehesten wirkt es suggestiv noch aufgrund jener, mit Nitsch zu reden, »asiatischen Mystik der Ruhe«. Das Schreien und laute Ausrufen entbehrt jedenfalls der technischen »Stützen« so sehr, daß es selbst bei dem besten, dem »lebendigsten« Living-Spieler, Steven Ben Israel, auf die Dauer zu heiserem Kreischen und amorphem Gegurgel verkommt. Stefan Brecht hat innerhalb einer ausgezeichneten kritischen Analyse der Living-Auftritte in Amerika auf einen unmittelbaren Zusammenhang zwischen der anarchistischen Gesinnung und den — hinter allen Zeichen letzlich das Formlose suchenden — Ausdrucksmitteln der Truppe hingewiesen: »Ihrer Ideologie entsprechend empfinden sie das Leben nicht nur als dialektisch fruchtbaren, sondern auch absoluten Gegensatz zur Form; sie verlangen die permanente Revolution. Sie glauben das Engagement durch einen ungewissen Schwebezustand zu ersetzen. Deshalb bevorzugen die Schauspieler AUS PRINZIP die unausgeführte, die unfertige Geste, die nachlässige Suggestion, den szenischen Vorgang, der knapp vor der konkreten Anschaulichkeit beendet wird. Das Problem ist genau das der anarchistischen Revolution: ihre Ideologie untersagt es ihnen, ALLE NOTWENDIGEN MITTEL ZU GEBRAUCHEN. Zum vollkommenen Engagement an eine szenische Gestalt sind sie gerade so wenig bereit wie zur revolutionären Übernahme der Staatsgewalt.« (Siehe *Drama Review* 143.)

Integrierte Grenzerfahrungen

In Berlin hatte man dieser Tage — dank der geschickten Organisation Frank Burckners vom Forum Theater und dank großzügiger Senatszuwendungen — Gelegenheit, neben drei der wichtigsten Produktionen des Living-Theatres (*Mysterie, Antigone, Paradise Now*) auch Aufführungen der wohl bekanntesten New Yorker Truppe vom Off-Off-Broadway, des Open Theaters, zu sehen. Sie wurde 1963 von Joe Chaikin, einem ehemaligen Mitarbeiter der Becks, ins Leben gerufen und verfügt gegenüber dem Living über ein ungleich plastischeres Ausdrucksvokabular, wird gleichzeitig jedoch beherrscht von einem steril aufs Artistische konzentrierten, scheinbar gänzlich ideologiefreien Perfektionismus. Ich sah die beiden Produktionen: *The serpent* (Die Schlange), ein in Text und szenischer Struktur vom *Amerika Hurra*-Autor Jean Claude van Itallie festgelegtes »ceremonial«, und *Terminal* (Endstation), eine work in progress-Arbeit des Ensembles nach Texten von Susan Yankowitz, Sam Sheppard u.a. Die beiden Stücke ergänzen einander, insofern sie von polar entgegengesetzten Ausgangspunkten elementare und urgeschichtliche Grenzerfahrungen des menschlichen Bewußtseins, den Ursprung und das Ende, reflektieren, d.h. als Thema behandeln (*enacting a play*), vollständig in die Darstellungsmethode umsetzen und nicht in die Wirklichkeit, die soziale und politische Gegenwart entgrenzen. Zwar soll auch hier das Publikum ins Spiel involviert werden, jedoch lediglich passiv auf der Basis des kollektiven Unbewußten, an das sich das Spiel adressiert (wobei man einmal untersuchen müßte, welchen ideologischen Einfluß die Jungschen Lehren auf die theatertheoretischen Prinzipien von Grotowski und Chaikin haben...), und die Ansätze, mit dem Publikum zu kommunizieren, nehmen sich gegenüber den alarmierenden Appellen der Living-Leute wie sanfte Beschwörungszeremonielle aus, grundiert von einer aufregenden Klangtextur von Holzschlagwerk, Tamburin und Stimmlauten. Der spectator/participant, den sich das Living für gewisse Passagen seines Spiels wünscht, soll hier nicht herangebildet werden — keines der beiden Stücke postuliert, was *Paradise now* sein möchte und womit es im Sportpalast nicht über die Runden kam: das große »acting out«. *Terminal* reiht zunächst in lockerer Folge, sehr knapp und punktuell hervorgehoben mitunter, End-Stationen des natürlichen Lebens aneinander; den Verlust der Stimme erleiden — einem wird verheißen: »This is your last chance to use your eyes«, bevor ihm die Augen mit roten Streifen verklebt werden; andere erleben ihre letzte Bewegung, ihr letztes Sprechen-Können; ein Sprinter erlebt sein Nichtstartenkönnen; ein Mann erlebt vor einem anderen das Abstreifen seines letzten Kleidungsstücks. Dazwischen werden elementare Lebensvorgänge überprüft: Atmen, Essen und Ausscheiden. Und dann kommt es — was charakteristisch für die Mentalität dieser Truppe ist — auch einmal zu einer eher satirischen Nummer: der lässig auf die Ordinationscouch sich hinflätzende Privatpatient und die röchelnde, sich krümmende Meute der Krankenkässler im Wartezimmer. »Was das Theater vom Film und Fernsehen unterscheidet, ist die Begegnung mit der Sterblichkeit«, sagt Chaikin. Diese Wesensbestimmung des Mediums bildet das inhaltliche Bewußtsein der Etuden von *Terminal*, welche am Ende in eine exzessive, langwierige Totenbeschwörung einmünden, welche, mit Laing, als Reise zur eigenen Identität hin zu verstehen ist. »What is the prison you are in now?«, fragen die Lebenden die Toten, Antwort: »The Head«.

Das Paradies erinnern

The Serpent entwirft den verlassenen Ursprung, das verlorene Paradies als einen »garden in the mind«, ganz ähnlich wie das Living, nur unter den entgegengesetzten analytischen und imaginativen Absichten: »Paradise now is how to get there«, ist der antizipatorisch-evolutionäre Beginn seiner Verwirklichung — das Paradies in *The Serpent* ist ein Ort der mythischen Reminiszenz, die den Grad an Entfernung bemißt, in dem wir uns zu jenem Urstand befinden.
Die vier Chor-Frauen, die zwischen den sechs Genesis-Fantasien (Der Garten Eden, Eva und die Schlange, das Apfelessen, die Verdammung, Kain und Abel, Zeugungsgeschichte) an die Rampe treten, halten in einem verschlungenen, eben: serpentinenartig phrasierten Sprechquartett immer wieder inne über den schwebenden Augenblick, die Grenzscheide der Gegenwart, welche vom Bewußtsein des Verlorenen und — stark heideggerisch — von der Gewißheit des Zuendegehens bestimmt wird: »I've lost the beginning. I'm in the middle, knowing. Coming from the beginning. And going toward the end.«

Die formale Diziplin und die bildkräftige Fantasie der körperlichen Ausdruckspattern und ihre komplizierten, »polyphonen« Bewegungsstrukturen scheinen den gedanklich vagen, irregeleiteten Mythen-Existenzialismus zur autonomen ästhetischen Partitur zu rationalisieren.

Die politischen Implikationen dieser Spielweise und dieser Stücke freilich sind entsprechend gering — die Gegenwartsbestimmung, kurz von dem retrospektiven Eintritt in den Garten Eden, nimmt eine Art pantomimische Film-Schleife über die Ermordung J. F. Kennedys und Martin Luther King vor. Für Chaikin ist das Politische keineswegs eine Grenzerfahrung seiner Kunst, sondern es sitzt, so meint er, zutiefst in ihr drin, ist ein Synonym für ihren Stil: der Naturalismus, sagt er, kollaboriert in dem Maße mit den bestehenden Verhältnissen, wie er deren programmierte Ordnung bloß reproduziert. Die Wahl eines antinaturalistischen Formsystems, wie es z. B. vom Open Theater beherrscht wird, sei demnach bereits eine politische Entscheidung.

Der Rückzug der Fantasie

Wer das Politische nun derart, bis zur Unkenntlichkeit seiner konkreten Ansprüche, zu metaphorisieren versteht, daß es in jedem Falle irgendwie in sein ästhetisches Konzept hineinpaßt — der hat den tatsächlichen Konflikt, in dem er heute Theater produziert, entweder nicht begriffen oder gewaltsam beiseite gedrängt, hat folglich nicht an ihm zu leiden und kann sich reiner noch ans Artistische verschwenden — und dennoch wird man bald an seiner Arbeit überwiegend das erkennen, was er fortgelassen hat. Und auch dort beim Living Theatre, wo beherzt entschieden wird: »To do a play called Paradise now in a world which is doing a play called Hell is a revolutionary act«, wird der Irrtum, revolutionär sei schon der einfache Widerspruch zu dem was ist, was üblich ist, sei schon, was gegen das Gegebene den kollektiven Eskapismus der Gutwilligen setzt, in dem Moment folgenschwer, da man erkennen muß, daß der wahre Gegensatz nicht etwa zwischen den revolutionären Spielen und der Masse ihrer bürgerlichen Konsumenten besteht, sondern zwischen ihnen und der mühsamen revolutionären Praxis kämpfender Minderheiten diesseits vom Paradise now, überall.

Das Living Theatre mußte einsehen: the imagination ist NOT the resolution. L'imagination prend le pouvoir, haben die Studenten ans Odeon gemalt: aber nach knapp zwei Monaten war die Herrschaft der Fantasie gebrochen. Der poetische Augenblick des Anarchismus ist ausgelebt, er bleibt erinnerungswürdig, sonst aber ziemlich folgenlos. Das Living Theatre löst sich auf: eine Gruppe um Judith und Julian geht nach Amerika zurück, um dort in Fabriken vor Arbeitern zu spielen; eine andere Gruppe wird in Berlin bleiben, um intensive Theoriearbeit zu leisten; eine dritte schließlich wird nach Indien ziehen, zu den Quellen der neuen Innerlichkeit. Drei, vielleicht die exemplarischen Entscheidungen, die sich gegen das bürgerliche Leben, das etablierte Theater zumal heute fällen lassen. Zwei Entscheidungen zumindest auch gegen Paradise now.

1970

Versuch, ästhetische und politische Ereignisse zusammenzudenken

Neues Theater 1967-70

I Archäologie der Formen

Daß da etwas aussterbe, daß die bürgerliche Oper, das Theater, die schöngeistige Literatur zum Ende gebracht seien, das klang weniger nach dialektischer Vernunft als vielmehr nach totemhafter Beschwörung, die unseren realistischen Erfahrungen nicht gerecht wurde. Denn diese belehrt uns doch, daß das meiste Bürgerliche in der Kunst sich nicht nur um so stabiler erhält, je vollkommener es sich zum Derivat, als geschichtliches Ausfallprodukt, erhärtet, sondern auch, weit darüber hinaus, alles Neue oder ästhetisch Neu-Modische aus sich nach wie vor hervorbringt.

Egal, wie sehr sich einem die Gedanken Adornos zum Tod der Opfer eingeschärft haben mögen, an deren Apodiktik beginnt man zu zweifeln, wenn man sich z.B. den Musikfilm *Eikakatappa* von Werner Schroeter ansieht und erlebt, wie ein anderer Blick, eine ungewohnte Sensibilität die grundlegenden Traditionen der Opernkunst gegen ihre gemeinen Konventionen wieder aktualisiert, ohne etwa der bürgerlichen Fest-Institution damit zu neuem, falschen Leben zu verhelfen, sondern lediglich ein ästhetisches Material zurückgewinnend, die große archaische Ausdrucks-Ekstatik, die im routinierten Starbetrieb der schönen Stimmen in den elendsten Verkümmerungen und Trivialisierungen vegetiert. Der Vorgang, das Opernhafte auf seine »echte« artifizielle Gebärde zurückzuführen, wird keinesfalls von restaurativer Sentimentalität veranlaßt, er tritt durchaus als ästhetische Innovation auf; einmal, weil das aufgefundene Pathos durch die Zeige- und Zeit-Struktur des Films auf eine — im Vergleich zu sonstiger fotografierter Musik — unbekannt-neue Weise vermittelt wird, und zum anderen, weil einen die dabei erzielte Sensibilität für elementare Formen der Künstlichkeit skeptischer macht gegenüber den bloß technischen oder dekorativen Verkünstlichungen, denen man für gewöhnlich in neueren Film- oder Bühnenproduktionen begegnet. Diese Sensibilität könnte man, da sie unter die gehäuften Ablagerungen der bürgerlichen Kunstkonventionen zu graben sucht und fundamentale, wesentliche Strukturen wiederbelebt, eine ARCHÄOLOGISCHE nennen. Sie gehört zu jenen Prozessen, durch die sich die bürgerliche Kunst aus sich selbst heraus und jeweils zur Überwindung eines verödeten Zustands fortwährend zu regenerieren scheint. Darüber hinaus aber veranschaulicht Schroeters Film das kompliziert aufeinander reagierende, zuweilen ganz unverbundene Nebeneinander der Geschichte gleichsam materiell vorhandener Kunstformen und eines aktuellen, von politischen, gesellschaftskritischen Motiven bewegten Denkens.

I.1 Das Unvergleichbare vergleichen

Michel Foucault gibt auf Seite 208 f. seines Buches *L'archéologie du Savoir* an, was unter dieser seiner Archäologie methodisch zu verstehen sei: es handle sich um eine vergleichende Analyse, nicht zu dem Zwecke, die Unterschiedlichkeit der Rede- und Denkweisen zu vermindern und eine einheitliche Gesamtheit abzuzeichnen, in die sie alle Eingang fänden, vielmehr erstrebe die Analyse, jene Unterschiedlichkeit in eben unterschiedliche Denk- und Redefiguren aufzuteilen. Das archäologische Vergleichen geschehe nicht im Bewußtsein des Vereinheitlichens, sondern des Vervielfältigens.

II Gedächtnis 67-70

Ein Gedächtnis, das sich bemühte — in einem bestimmten Bereich, z.B. dem Theater — die politischen mit den ästhetischen Entwicklungen der vergangenen drei Jahre zusammenzudenken, müßte notgedrungen eine Geschichte der sich polarisierenden Differenzen und Widersprüche beschreiben. Die nicht von vornherein dialektisch vermittelnde Betrachtungsweise, die zunächst einmal das Disparate als disparat, das Unversöhnliche als unversöhnlich zu kennzeichnen suchte, hätte von der Tatsache auszugehen, daß sich in unserem Land eine politische Avantgarde herangebildet hat, die Aufgaben und Praxis des revolutionären Sozialismus verfolgt, die aber mit den auch noch so avancierten Veränderungen in der Kunst nichts zu

schaffen haben mag, gleichwohl wiederum für deren Selbstverständnis als dominierender Bezugspunkt, als Kriterium der Relevanz oft von entscheidender Bedeutung ist.
Nicht, daß es zweierlei gegeneinander konkurrierende Avantgarden gäbe, die der ästhetischen Innovationen und die der politischen Linken, vielmehr besteht jene zu dieser — egal, ob sie ihr zuarbeitet oder nicht — stets in einer Beziehung der relativen Bedeutungslosigkeit bzw. relativen Bedeutung. Das heißt aber: der Begriff »ästhetische Avantgarde« wird selbst zunehmend unwahrscheinlicher, und an seine Stelle drängt sich die Vorstellung einer komplexen und synchronen Gesamtheit von — gegenüber dem Vorbild eines revolutionären Bewußtseins — mehr oder minder unangemessenen ästhetischen Ausdrucksformen, wobei es relativ gleichgültig ist, ob sie sich alter oder neuer Mittel bedienen, um die unterschiedlichen Grade dieser Inadäquatheit zu bezeichnen. (Von den unzähligen Fällen, wo weit unterhalb dieses Konflikt-Niveaus gedacht und produziert wird, ist ja hier nicht die Rede.)
Nun wird die Konfrontation von politischer Avantgarde und neuerer ästhetischer Praxis nicht allein von Distanzgraden, Antinomien und Unvereinbarkeiten bestimmt, sondern natürlich auch von Reaktionsweisen, Entsprechungsversuchen, Reflexionen. Beide Verhaltensformen sind mit dem Theater der letzten drei Jahre verbunden. Sie sollen nun, in einem ersten Versuch, beschrieben werden: in sieben Abschnitten — eine gewiß anfechtbare Hilfskonstruktion — wird rekapituliert, wie auf einige prominent gewordene Daten und Prozeßphasen in der emanzipatorischen und linken politischen Bewegung das Theater reagierte bzw. welche ästhetischen Veränderungen es zu gleicher Zeit aus sich selber produzierte.

II.1 Ende der Nachkriegszeit

Am 2. Juni 1967 wurde der Student Benno Ohnesorg von dem Polizisten Kurras während einer Demonstration gegen den Schah-Besuch in Berlin erschossen. Es war wohl das erste Mal, daß einer breiten Öffentlichkeit die Existenz einer studentischen Opposition, die fundamental das herrschende politische und soziale System der BRD in Zweifel zog, zu Bewußtsein gebracht wurde. Auf diesen Tag datiert auch, so könnte man sagen, das Ende der deutschen

Nachkriegszeit, das Ende eines auf vielfache, begründete wie irrationale Weise ins Vergangene verstrickten Denkens, das die offizielle Politik ebenso beherrschte wie Kunst und Literatur, vor allem auch die jüngeren Stückeschreiber, und das gleichsam für eine gemeinsame, die Intelligenz und die Herrschenden verbindende politische Moral sorgte. Aber von diesem Tag an datiert auch die Geschichte neu aufbrechender bzw. plötzlich erst richtig begriffener Konflikte in dieser Gesellschaft.

Niemand hätte es für schamlos empfunden, im Dezember 1962, an dem Tag, als die *Spiegel*-Aktion der Adenauer-Regierung bekannt wurde, des abends in sein Theater zu gehen, um dort ein Stück von Carl Zuckmayer zu sehen. Beides ließ sich getrost getrennt voneinander erleben, auch für den, der sich engagiert fühlte. Die Beunruhigung, die politischen Innervationen, die von den Ereignissen des 2. Juni 1967 her sich über das Land verbreiteten, erzielten einen spontaneren, totalen Effekt: sie nahmen für eine Weile ganz gegen Theater, gegen die ungerührte Fiktion ein; unter ihrer Einwirkung erschien es zum ersten Mal lächerlich, sich eine bunte Agitations-Revue vorspielen zu lassen, während man gerade eben noch die politische Ohnmacht des Widerstands zu verspüren bekam.

Ernst Wendt saß damals im Theater in Frankfurt, während der »Experimenta II«, dem Festival der Theater-Avantgarde, und es kam ihm schamlos vor: »Der Schuß, der den Studenten Benno Ohnesorg in den Hinterkopf traf, fiel während der ersten Stunde der Experimenta II, das Stockholmer Scala-Theater zeigte im Theater am Turm den *Gesang vom lusitanischen Popanz* von Peter Weiss. Während eine frustrierte Stadt ein Schauspiel ihrer selbst inszenierte, ihrer Hysterien und Verdrängungen, offenbarte sich zur gleichen Zeit die Hilflosigkeit eines sich politisch nennenden Theaters, das sich auf nichts anderes zu berufen weiß als auf das penetrant selbstsichere Bewußtsein, recht zu haben. Während in Berlin Ohnesorg starb, agierte man auf der Bühne des Theaters am Turm gegen die kolonialistische Ausbeutung an und machte das Pamphlet durch eine elektrische Revuemusik, Blues und Folklore, bereits bürgerlich gewordene Unterhaltungsformen, genießbar. Der Protest feierte sich selbst.

Der Krieg im Nahen Osten begann am Montag, drei Tage später, — und er war schon zu Ende, als die Experimenta sich immer noch bemühte, Versuche eines neuen Theaters vorzuweisen.«

Die Spannungen beim Wahrnehmen der Realität wurden so groß, daß es zu einer Sinnestäuschung kam: die Realität selber spielte ein Abenteuer, das alle Nerven in Anspruch nahm.

II.2 Kritischer Surrealismus

In jener Phase, die unter dem Einfluß der Parole »Revolution macht Spaß« stand, konnte man zwar allerhand Theater erleben, freilich nicht das, welches in den bürgerlichen Schauspielhäusern veranstaltet wurde. Diese hätte man, wie die Kaufhäuser auch, am liebsten unter Feuer gesetzt, denn die surrealistische Tat, im Übergang vom privaten Anarchismus zu gemeinschaftlicher, in viele Bereiche des sozialen Lebens eindringender Emanzipation, regierte zeitweilig die Stunde. Dieser Surrealismus wollte keinesfalls die Reinthronisation einer vergangenen literarischen Methode besorgen; er provozierte nicht den antibourgeoisen, individualterroristischen Skandal aus ästhetischer Gefallsucht, sondern verfolgte, ob es um die Aufdeckung von Konsumzwängen in der kapitalistischen Warenproduktion oder um die Demaskierung einer Klassenjustiz ging, stets noch die aufklärerischen Zwecke, wie sie in den kulturkritischen Schriften der Frankfurter seit langem beschrieben standen, freilich nur einer kleinen Elite fürs dialektische Denken Begabter zugänglich. Jedenfalls waren ästhetischer Lustgewinn und klassenkämpferisches Denken, waren persönliche Bedürfnisbefriedigung und spontane Solidarität (wenigstens unter den bereits Gleichgestimmten) noch nicht in ein problematisiertes Verhältnis zueinander geraten. Louis Malles Film *Viva Maria* hatte einen tiefen Eindruck hinterlassen und stimulierte in manchen Kreisen so etwas wie ein revolutionäres Lebensgefühl; die politischen Happenings, das Theater der Teufel und Langhans legte einen fröhlichen Schneid an den Tag, an den sich heute sogar konservative Kritiker mit lächelnder Wehmut erinnern.

Wie reagierte das Theater in dieser Phase? Das bürgerliche Theater — das stellte sich sehr bald heraus — war überhaupt nicht reaktionsfähig. Die Diskussion über Straßentheater setzte ein, dessen Praxis freilich blieb umstritten: auf Lastwagen wurden in groben Parabeln konkrete Beispielfälle für die ökonomischen Grundwidersprüche im Kapitalismus mit mehr oder weniger rabiaten Darstellungsmitteln veranschaulicht. Sogleich lernte man verstehen, daß ein revolutionäres Bewußtsein nicht notwendig auch in einer revolutionierten Kunstform sich darstellen müsse, daß, umgekehrt, die avanciertesten Formexperimente oft nur einen unwesentlichen, allgemein-abstrakten politischen Inhalt vermittelten. Straßentheater war nützlich auch als Aktualitäten-, als Zeitungs-Theater: es veröffentlichte kritische Information, die die bürgerliche Presse unterschlug und interpretierte sie im fiktiven Nach-Spiel, und dabei diente die Fiktion selbst schon als Belehrung, gab sich das emblemhafte, plakative Rollenspiel eines, der sich ein Schild mit der Aufschrift »Springer« umhing, als kritische Präsentation einer gesellschaftlichen Rolle. Das Straßentheater verdankt seine Entstehung jener bedrängenden Stimmung, in welcher man das Bedürfnis hatte, in irgendeiner öffentlichen und gesteigerten Ausdrucksweise auf die wechselnden Ereignisse der politischen Szene zu reagieren. Das engagierte literarische Theater brachte dagegen zu gleicher Zeit nichts Nennenswertes hervor, das auf annähernd angemessene Weise die Situation reflektiert oder gar promoviert hätte. Eine kleine Berliner Bühne unternahm den unglücklichen Versuch, ein Stück über die Teufel-Prozesse aufzuführen, doch das ging begreiflicherweise (in Anwesenheit der literarischen Hauptfigur, die sich nicht von schlechter Literatur verunglimpfen lassen wollte) in Hohn und Gelächter unter. Der Ulmer Dramaturg Michael Hatry bastelte aus vielerlei Zitaten eine *Notstandsübung* zusammen, eine Kabarett-Revue auf Schah-Besuch, Demonstration und Polizistenterror, die aber auch von keinem anderen Theater nachgespielt wurde.

II.3 Zerstörte Illusion

In der dritten Phase erlebt die anarchistische Komponente der Bewegung Glanz und Untergang in den Revolte-Monaten Mai und Juni 1968 in Frankreich. In der BRD verursachte die Verabschiedung der Notstandsgesetze durch den Bundestag Wut, Depression und, bei den Konsequenten, die Überzeugung, daß nun an die Stelle spontaner Protestaktionen der Aufbau solidarischer Organisationen zu treten habe. Zuvor jedoch, am Tage, als über die »NS-Gesetze« im Bundestag abgestimmt wurde, stellte das Theater vielerorts sich als offenes Forum der Demonstration zur Verfügung; die Beschäftigten in den Schauspielbetrieben organisierten, wie Studenten und Arbeiter auch, Warnstreiks: die Vorstellungen wurden unterbrochen, manche nicht mehr zu Ende gespielt, und stattdessen wurden Resolutionen verlesen und Diskussionen mit dem Publikum geführt. Die gleichsam natürlichen Voraussetzungen des Mediums, die gleichzeitige, öffentliche Gegenwart von Spielern und Zuschauern, auch das potentielle »feedback«, die Chance, jederzeit Einspruch gegen den Kunstvorgang zu erheben, ermöglichten den Dialog gerade an diesem Ort und bekräftigten seine Funktion, die Unangemessenheit begreiflich zu machen, welche sich zwischen dem illusionistischen Rollenspiel und dem wirklichen Bedürfnis der Darsteller ergab, sich als politisch verantwortungsbewußte Menschen zu äußern; und zwar am Arbeitsplatz und mit dem Überraschungstrick, einmal aus der Rolle zu fallen. Die Schauspieler, Bühnenarbeiter, Regisseure, die diese Warnstreiks oft gegen die Interessen ihrer Intendanten durchsetzten, waren, angeregt auch von der Debatte über die autoritäre Struktur des Theaters, die damals geführt wurde, auf dem Wege, ihre Arbeit und die Institution, der sie sie zur Verfügung stellten, in einem größeren, gesellschaftlichen Kontext von Demokratisierungsprozessen zu reflektieren, d.h. zu verändern.

II.4 Praxis der Emanzipation

In der folgenden Entwicklung sind Theater und Revolution bzw. Protestbewegung nicht wieder in eine solch aktuelle Verbindung getreten, wie in den Tagen, da das Pariser Odéon besetzt gehalten wurde oder die Aufführungen durch Demonstrationen gegen die Notstandsgesetze gestört wurden. Aktuell war es auch da nur, insofern es in seiner eigentlichen Funktion außer Kraft gesetzt wurde. Die linke studentische Opposition, die nie als APO, als quasi homogenes Gebilde bestanden hat, begann sich zu partikularisieren; die Möglichkeiten, eine notwendige proletarische Massenbasis für die Revolution zu gewinnen, wurden unterschiedlich beurteilt; die Einrichtung von Projektgruppen in Berliner Betrieben und die Aufbauorganisationen gingen aus dieser Krise als wichtigste Initiativen hervor. Die linke Bewegung mochte nach außen hin zersplittert erscheinen, in Wahrheit war sie in alle möglichen gesellschaftlichen Bereiche infiltriert: die Roten Zellen in vielen Fachbereichen der

Universität und der Pädagogischen Hochschulen, die Lehrer-, Anwalts- und Ärztekollektive, Kinder- und Schülerläden, Raubdruckpressen usw. arbeiteten in einem kontinuierlichen solidarischen Zusammenhang.
Das Theater, welches, anders als die Universität oder Industrie, ganz besonders stark in die irrationalen und regressiven Passionen des Bürgertums verstrickt ist, kam hier nicht im vergleichbaren Maße voran. Immerhin, die anfängliche, eher schwache, antiautoritäre Emphase ernüchterte bald zu pragmatisch-reformerischen Modellentwürfen zur Mitbestimmung (in den Kompetenzbereichen der Intendanz und der Dramaturgie), womit man sich in ein nicht unverfängliches Stadium der Emanzipation begab, wo die Geste der Fordernden leicht zu versöhnlerisch und die Geste des Gewährenden oft sehr hinterlistig gemeint ist. Da muß womöglich auch nicht allzu heftig gefordert werden — die Absicht der aufgeschlossenen Kulturreferenten und -senatoren scheint ohnedies zu sein, das Theater, den subventionierten »Tendenzbetrieb«, wenn schon das öffentliche Interesse an seinen Produktionen immer weiter nachläßt, dann zumindest als fortschrittlich organisierte Anstalt, mit Mitbestimmung und kollektiven Leitungsgremien, mustergültig zu reformieren.

II.5 Ästhetik der Emanzipation

Die einzige Aufführung, der es gelang, noch zu Beginn der antiautoritären Regungen unter jüngeren Bühnenangehörigen, das kritisch gewordene Selbstverständnis der Theaterproduzenten in einer geschlossenen ästhetischen und gedanklichen Konzeption auf der Bühne selbst Gestalt werden zu lassen, war bekanntlich Peter Steins Inszenierung von Goethes *Torquato Tasso.* Das Besondere an dieser Aufführung war nicht, daß sie irgendeine, mehr oder weniger originelle »Neuinterpretation« eines alten Stücks vorsetzte, das Überraschende war nicht, daß sie einen schönen Beitrag zur materialistischen Kunst-Kritik lieferte, und lediglich sachlich dargelegte Kunst sei von jeher unter bestimmten ökonomischen und politischen Voraussetzungen produziert worden, sondern für die ästhetische und emanzipatorische Aktualität von Theaterspiel in dieser Zeit war entscheidend, daß die Schauspieler sich in diesem Interpretationszusammenhang zu identifizieren vermochten, daß sie wahrhaftig vermittels ihrer Darstellungsweise, durch die demonstrative Pointierung aller Expressionen, auf ihre Arbeitsprobleme und die zweifelhafte Rolle des Theaters in der spätbürgerlichen Gesellschaft hinzudeuten wußten. In vergleichbarer dialektischer Präzision und mit adäquateren ästhetischen Mitteln ist, während irgendeiner Phase der folgenden politischen Entwicklung in der Linken, bis jetzt auf der Bühne nicht wieder reagiert worden.

II.6 Revolutionäre lassen sich nicht imitieren

Dafür aber rückte die Reaktion vor, als der Gegner dem Theater schon längst angewidert den Rücken gekehrt hatte, und erledigte ihn in effigie. Die zahlreichen Fälle — von Büchs *Räubern* bis Hollmanns *Titus, Titus* — in denen APO-Chargen und Revolutions-Kitsch die Szene bestritten, brauchten hier kaum erwähnt zu werden, dokumentierte sich hierbei nicht eine spezifische Borniertheit oder Fühllosigkeit vieler Regisseure, mit der sie die neuen politischen Erfahrungen genauso reproduzieren wie die Regenbogenpresse, sicher nicht so gehässig, aber gleichermaßen flach, stillos und klischeehaft, oft wie aus der Perspektive verängstigter Kleinbürger — und dies nicht immer aus politischer Böswilligkeit, sondern schlicht aus ästhetischem Unvermögen: gegenüber der Realität einer aktiv und konkret die bestehenden Verhältnisse bekämpfenden oder überwindenden Gesellschaftsgruppe, selbst gegenüber einem einigermaßen aufrichtigen Bewußtsein von ihr, verhält sich jede der gewöhnlichen Spielfiktionen, die sich ihrer, in einzelnen »Vertretern« oder Symbolfiguren bemächtigt, von vorneherein diffamierend; ihr ist mit den alten Dramaturgien (auch den offenen oder collagierenden nicht), mit den Imitationen und den individuellen »Menschenverkörperungen« nicht beizukommen.

II.7 Lehrreiche Kooperation

Wie aber sonst? Einige, wenige Konsequente haben sich die Frage ganz anders gestellt; nicht: wie kann das bürgerliche Theater am überzeugendsten von der Bewegung profitieren, sondern: wo kann die Bewegung am ehesten noch vom Theater-Spiel profitieren? Die

Antwort hieß: im Kindertheater, im Theater für Lehrlinge und entlaufene Fürsorge-Zöglinge. Die adäquaten Formen, so meinen die, welche solche Theater-Gruppen, vor allem in Berlin, ins Leben riefen, entwickeln sich folgerichtig aus dem gemeinsamen Kontakt und nach den pädagogischen Zielsetzungen der Arbeit.

III Revolution der Mittel?

Wurde das Theater hierzulande von den Entwicklungen in der politischen Avantgarde der letzten drei Jahre auch stärker irritiert als dazu animiert, eine eigene revolutionäre Fantasie in Szene zu setzen, so war es hingegen nicht so verbürgerlicht, um nicht auch an der »Neuesten Stimmung im Westen« (Walser) zu partizipieren, wenn es sich letztlich auch im Milieu der »anderen« Revolution, der Implosionen und neuen Erfahrungen noch anachronistischer und schwerfälliger ausnahm. Dieser Eindruck entstand aber vor allem dort, wo die Bühne wiederum nur nachahmte, Zitate und modische Accessoires der Pop- und Underground-Szene in die Abbildungs-Folie bedenkenlos einkopierte, währenddessen die eigentlichen, genuinen Anregungen, die von der Musik oder überhaupt von jenem besonderen »Lebensgefühl«, welches sich immer weniger als revolutionär, sondern als friedliche Wahrnehmungstechnik herausstellte, nur auf sehr vermittelte und transformierte Weise im Theater wirksam wurden, dann nämlich, wenn sie sich innerhalb der Traditionen des Mediums, gegen diese opponierend oder sie neu sensibilisierend, auszudrücken wußten. Da die »Revolution der Mittel« — im dialektischen Sinn — ein Unding ist, kann man immer nur wieder darauf hinweisen, daß die ästhetische Avantgarde des Theaters sich nicht in erster Linie mit medialen Grenzüberschreitungen, Assimilierungen umliegender Künste hervorgetan hat, sondern — und das betont ihren evolutionären Charakter — von der Auseinandersetzung, dem kritischen und verwertenden Umgang mit den eigenen Traditionen (nicht Konventionen, wie bei den oberflächlichen Erneuerern) geprägt worden ist. Die Geschichte der ästhetischen Formen läßt sich weder in direkten Analogien noch widerspiegelnden Reflexen zu der materialistisch analysierbaren Geschichte beschreiben: auf Veränderungen, die in dieser vonstatten gehen, repliziert jene mit Veränderungen nach Gesetzmäßigkeiten eines eigenen Systems (das natürlich nicht nur evolutionäre, sondern z.B. auch kombinatorische Strukturen aufweist). Die Vermittlungsweisen also, in welchen das Theater die neuen Erfahrungen sowohl der politischen Emanzipation wie der kulturellen Jugendbewegung reproduziert hat, sind ein Kriterium für diese Avantgarde.

III.1 Die Gegenwart unter der Schädeldecke

Ohne nur mit einem Wort auf die Studentenunruhen, politischen Ereignisse der zurückliegenden Monate einzugehen, hatte Martin Walser im November 1967 ein Manifest gegen das illusionistische Abbildungstheater veröffentlicht, in dem er feststellte, daß der ausgezehrte Theater-Realismus nicht nur die tatsächliche Wirklichkeit, sondern auch unsere subjektiven Erfahrungen mit ihr nurmehr in den biedersten Vereinfachungen wiedergebe. Dieser Wirklichkeit — und das hatte zu bedeuten: der im erhöhten Maße politisch polarisierten — sei ebensowenig noch mit den Brechtschen Parabeln und Fabel-Modellen beizukommen. Walser träumte, angeregt von Handkes ersten Sprechstücken, jedoch mit ihrer rigorosen Handlungsverweigerung nicht einverstanden, von der Anschaubarkeit eines komplexeren Beziehungssystems, als es Fabel, Rolle und Imitation zu evozieren vermöchten: »Die Selbständigkeit der Theateraufführung gegenüber allem realen Vorkommen sollte angestrebt werden. Das heißt: was auf der Bühne gespielt wird, ist selber Wirklichkeit; eine Wirklichkeit aber, die nur auf der Bühne vorkommt. Also kein Abbild mehr aus anderem Material... Welches Licht dies Bewußtseinstheater nach draußen wirft, wird man sehen: es kann ein ungleich schärferes Licht sein als das, das aus dem Abglanz kommt, aus der zielstrebigen Imitation.« Ein erster, experimenteller Versuch, öffentlich Bewußtsein agieren zu lassen, mißlang durchaus: Keine Spielgeste, die nicht eine unberechenbare Fiktion, keine Hüftbewegung, die nicht billige Imitation gewesen wäre — das Innerste kam über den Weg der eingelebten Formkonventionen nicht unbeschadet ins Äußere. Dennoch hatte der Walsersche Aufsatz, der ja nicht eigentlich als Anleitung zur Praxis verfaßt wurde, einen symptomatischen Wert: diese Fantasie über ein Theater des Bewußtseins, die die natürliche Kompetenz von Theater glattweg überforderte, brachte ja nicht bloß einen Denkfehler zum Vorschein — als hätte man sich unter Bewußtsein ein Kontinuum von inkohärenten Innenszenen und nicht eine komplexe, geformte Totalität des Denkens vorzustellen, welcher sehr wohl auch eine angemessene Kunstform des realistischen Theaterspiels entsprechen kann —, sie gab zumindest doch auch eine verbreitete »Stimmung« wieder: die Beschäftigung mit der sich plötzlich unumgänglich aufdrängenden Gegenwart, die, wenig früher noch, allenfalls eine Satire wert war, hatte zunächst einmal nur den Wunsch zur Folge, die alten Formen zu zersetzen: Bewußtsein, gegen Illusionismus und Realismus, die Imperfektformen der szenischen Darstellung, war das Synonym für eine Bühne der unentwegt passierenden Zeitläufte.

III.2 Zeichen der Anarchie

Unter einer gewissen metaphorischen Verwendung der Begriffe könnte man vielleicht sagen, daß es in den vergangenen Jahren nur eine einzige Theaterinszenierung gegeben hat, die in ihrer ästhetischen Konzeption durchdringend von emanzipatorischen und antiautoritären Kräften bewegt wurde: Peter Zadek Version von Shakespeares *Maß für Maß* (im Herbst 1967 in Bremen herausgekommen, energisch umstritten dann beim Berliner Theatertreffen im Mai 68, zu einem Zeitpunkt der angespanntesten politischen Konflikte). Emanzipiert — und zwar in einer bis dahin auf unserem Theater nicht gekannten Radikalität — von den Zwängen des Illusionismus und der Wirklichkeits-Imitation, »antiautoritär« gegenüber dem Text, dessen Strukturen er auseinandernahm und neu kombinierte, veranstaltete Zadek gleichwohl keine wahllos herumalbernde Shakespeare-Persiflage, sondern bediente sich der durchaus kontrollierbaren Methode der kompletten Transformation eines alten Stücks in eine Darstellungsweise, welche nicht mehr die Dramaturgie der geschlossenen Fabel, der einheitlichen Figuren, der sukzessiven Zeitfolge erfüllte, sondern sich in einem vielschichtigen, doch sinnvollen und sinnfälligen Zeichensystem entfaltete, das nicht nur in der üblichen semantischen und gestischen Sprache, sondern auch noch in akrobatischen Figuren und Sprechmodulationen bis hin zur nicht mehr verständlichen, dennoch etwas bedeutenden Lautmalerei notiert war. Eines jedoch war natürlich simuliert: die Spontaneität, mit der sich das Stück aus der Schar der im Kreis (wie beim Living-

Theatre) herumsitzenden Schauspieler wie von selbst zu produzieren schien, und der anarchische Druck, unter dem die Schauspieler aus ihren alltäglichen und entspannten Haltungen in drastische Gebärden-Exaltationen ausbrachen, mochte ihre Wut gegen schlechte Kunst-Konventionen ausdrücken, ihre eigene Wut, die anarchische, und das heißt: auf herrschaftslose Ordnung zielende Befreiungslust zugunsten ihrer eigenen Interessen stellten sie indessen nicht dar — es war eine »Stimmung« im Naturell des Peter Zadek, welche sie nachvollzogen.
Die Aufführung ist — trotz der reichen formalen Ausbeute, zu der sie etliche Regisseure anregte, doch, was die Fortentwicklung ihrer Methode angeht — folgenlos geblieben; auch Zadek selber hat später nicht wieder mit vergleichbarer Intensität an solch einer semiotischen Darstellungsweise gearbeitet, die eine ganz unverwechselbare Sprache des Theaters, allein konzentriert auf die Ausdrucksweise der Schauspieler, ermöglichen könnte.

III.3 Positivismus-Streit in der Literatur

Am Tage des Sternmarsches auf Bonn, der wohl größten Protestkundgebung, die die Bundesrepublik seit ihrem Bestehen erlebte, wurde in Oberhausen und gleichzeitig in Frankfurt das erste abendfüllende Stück von Peter Handke, *Kaspar*, uraufgeführt. Die Aufführung im Frankfurter Theater am Turm wurde von einigen Zuschauern mit erbosten und verhöhnenden Zwischenrufen kommentiert. Dem Inhalt der Parolen nach war der Unmut keineswegs allein auf Befremdung und Ignoranz, auf die ein neues, ungewöhnliches Theaterstück bei einem bequemen Publikum gestoßen wäre, zurückzuführen, sondern darin artikulierte sich zuweilen das nervöse Empfinden dafür, wie inkommensurabel beide, das politische Tagesereignis und diese abendliche Theater-Novität, zueinander sich verhielten. Und: hatte es nicht zu den ideologischen Fortschritten der letzten Jahre gehört, daß man — und das war längst nicht mehr ein kleiner esoterischer Zirkel von »Dialektikern der Aufklärung« — gelernt hatte, soziale, politische, aber auch private, psychische Konflikte aus einer spezifischen gesellschaftlichen, ökonomischen Totalität heraus zu reflektieren, ihre Ursprünge konkret zu lokalisieren? Hier aber präparierte jemand eine pathetische Jedermanns-Figur, verkündete

eine mythische, allzeitliche Wahrheit vom Menschen schlechthin als Opfer und Spielzeug einer neuen ES-Herrschaft: das Es einer prästabilierten linguistischen Ordnung, welche durch Sprache erzieht, dirigiert und auch zugrunderichtet. Diese Wahrheit des *Kaspar*, die wie jede nur formal-logische Deduktion vom Irrationalen, das in der Fülle der ausgeschalteten kritischen Fragestellungen zurückbleibt, umgrenzt ist, mußte denjenigen, die eben jene kritischen Fragestellungen aufgeworfen hatten und sie in rationalen Detail-Analysen der gesellschaftlichen Wirklichkeit zu beantworten suchten, gründlich reaktionär vorkommen. Doch so zutreffend die linke oder auch nur die mäßig dialektisch verfahrende Kulturkritik, die sich vor allem mit zahlreichen, mehr oder weniger gewitzten Polemiken gegen das »Phänomen« Handke hervortat, auch immer sein mochte, so fruchtlos war sie doch, insofern sie seinen Arbeiten kaum je gerecht zu werden versuchte. Es war — im Vergleich zu den Denk- und Sprachformen Handkes — stets eine Fremd-Sprache, die über ihn urteilte, und deshalb nur selten etwas von den besonderen ästhetischen, poetischen Reizwirkungen, die von seinen Stücken und seiner Prosa ausgingen, einfing oder wiederzugeben imstande war. (Was natürlich damit zusammenhing, daß solche Poesie bei den meisten mit unter das ideologische Verdikt geraten war.)
Erst langsam wurde beachtet, daß hier ein Autor — vielleicht erstmals seit Brecht und in gewissem Sinne antipodisch zu ihm — eine von bestimmten Denk- und Erfahrungstraditionen geprägte literarische und ästhetische Konzeption vertrat, die sich in ihrer Entschiedenheit und ihrem Monismus gegen den ideologielosen, kritischen oder satirischen Realismus, aber auch gegen den sogenannten Labor-Formalismus der fünfziger und frühen sechziger Jahre durchsetzte. Martin Walser versuchte diese Konzeption als »eine noch unreflektierte Mischung aus Wiener Positivismus UND deutscher Phänomenologie, aus Wittgenstein UND Heidegger« zu definieren (im *Kursbuch* 20, 1970). Wobei man, was Heidegger und die Phänomenologie angeht, doch nicht übersehen darf, daß Handke sich nicht für das »Wesen« von Erscheinungsformen interessiert, sondern vornehmlich für Erkenntnisfunktionen, -strukturen von Sprache, sinnlichen Erfahrungen und deren mentale Verstörungen — was nicht ausschließt, daß man an dieser Haltung sehr wohl einige beispielhafte Indizien für die ideologische Verfassung des Individuums zu fortgeschrittener spätkapitalistischer Stunde studiert und, wenn schon

die dialektische Interpretation hier zu mehr nützen soll als zu pauschalen Abfertigungen, zu ermitteln sucht, in welchem Grade diese Indikationen von generellem Wert sind. Im übrigen wird man, in Kenntnis der bis jetzt vorliegenden Wittgenstein-Ausgabe, nicht länger dabei bleiben können, diese Sprachphilosophie rundweg als positivistisch zu bezeichnen. Ebenso hat sich Peter Handke, der zweifellos von Wittgensteins Denken beeinflußt wurde, nie zu der Überzeugung verstiegen, daß die einzige Erkenntnisrealität im Symbolsystem der Sprache bestehe: so geht beispielsweise der »positivistische« Aufbau der Kaspar-Figur, der über das Erlernen von syntaktischen Formen (mit sinnlosem Inhalt) zu einer zeitweilig souverän funktionierenden Sprachvernunft gelangt, bald wieder zu Bruch: eingeleitet durch den völlig regelwidrigen Fragesatz, den seine Grammatik gar nicht selbst erzeugt haben kann: »Warum fliegen da lauter so schwarze Würmer herum?« (ein Horváth-Zitat), beginnt die Selbstentfremdung, die Destruktion oder, wenn man will, die Anarchisierung dieser Kunst-Figur, vorgenommen von den sprachlosen, terroristisch lärmenden Geräusch-Kaspars.
Anarchie, im Sinne von Zerstörungslust, ist bei Handke gleichsam das Gefühlskorrelat zu einem überreizten, hoffnungslos ans Bestehende fixierten Wahrnehmungssensorium. Als solche hat sie teil an der Befangenheit, aus der heraus bürgerliche Studenten eine Zeit lang anarchistisch revoltierten.

III.4 Kein Untergrund für das Theater

Die Internationale des »new people«, der neuen kulturellen Jugendbewegung, schuf sich ihre eigenen ästhetischen Konsum-Bereiche: Pop-Musik, Halluzinogene, Comic-Literatur, Underground-Kino etc., und diese wiederum produzierten eine Sensibilität, für die das meiste, was von den traditionellen Medien, etwa vom Theater versendet wurde, ganz einfach zu stumpfsinnig wurde. Dennoch befleißigte sich das deutsche Theater, hier und da einen, wenn auch noch so schwächlichen Abglanz vom aufregenden Milieu zu erwischen, oft nur in Form eines deplaziert verwendeten Zerhackerlichts in einer erzkonventionellen Stadttheateraufführung oder in Form eines jener sentimentalen Off-Off-Broadway-Stücke, dank derer auch die Lübecker Bühnen sich schließlich eine »Deutsche Erstaufführung«

sichern konnten. Jedenfalls erbärmlicher als jede Nachahmung der realistischen Außenwelt wirkte auf dem Theater die einer psychedelischen Innerlichkeit, und nichts sah grotesker aus, als die Anbiederung der obszönen Kultiviertheit unserer Schauspiel-Paläste an die Pornographie der Subkultur, vorgeführt, in dilettantischer Professionalität zumeist, von jüngeren Schauspielern, die sich früh schon, nach den Erfordernissen eines pluralistischen Spielplans, auf eine mittlere Mehrzweck-Emphase festgelegt hatten.
Doch das, was in England und Amerika und anderswo geschah, als genügend Schauspieler begriffen, daß sie ihre Intentionen und ihre Fantasie unter den Zwängen eines offiziellen Berufstheaters nicht verwirklichen konnten, das geschah in Deutschland so gut wie nicht: es entstand kein Theater-Untergrund, außer dem Münchner antiteater arbeitete kein freies Schauspieler-Kollektiv mit einigermaßen nennenswerten Ergebnissen. Das mochte zum einen auch daran liegen, daß das deutsche Studententheater sich, aus politischen Gründen, aufgegeben hatte, und zum anderen daran, daß der dezentralisierte Theatermarkt hierzulande sowohl die Solidarisierung der potentiellen Dissidenten erschwerte als auch das öffentliche Bedürfnis mit seinem wenn auch nur scheinbar vielfältigen Angebot zur Genüge abzudecken schien. Außerdem war im Zuge der Politisierung am Theater die ästhetische Debatte notgedrungen vernachlässigt worden, und es hätte sich damals wohl auch keiner der aufgeschlosseneren Schauspieler bereitgefunden, nach Living-Theatre-Manier den Geist der anarchistischen Selbstbefreiung unter die Leute zu bringen.
Wie wesenlos die allein formalen Neuigkeiten auf der Bühne vor jenem Hintergrund der politischen Reflexion sich ausnahmen, das demonstrierte in mancherlei Beiträgen die dritte »experimenta« in Frankfurt 1969. Allerdings zeigte sich dort auch, daß neue ästhetische Mittel und technokratische Ideologie keineswegs notwendig miteinander verschränkt auftreten müssen, wie die Linke zuweilen argwöhnt: denn der Star dieses wie fast aller europäischen Avantgarde-Festivals in jenem Jahr, das amerikanische Bread and Puppet-Theatre, entfaltete seinen sinnlichen Reichtum gerade als »armes Theater«, welches diese Konzeption auch verinhaltlicht hatte, insofern es seine einfachen, langsamen und skulpturellen Szenen als antikapitalistischen, zivilisationskritischen Protest verstanden wissen wollte. Freilich: nur wenn man die vorindustrielle Naivität und den

urchristlichen Pazifismus, die sich hier, als eine der vielen Formen, die sich aus den traumatischen Verletzungen durch den Vietnam-Krieg in der neueren amerikanischen Kunst gebildet haben, als Widerstand gegen die technokratische Gewalt empfehlen, für eine nützliche politische Haltung erachtet, könnte man mit Überzeugung behaupten, dem Bread and Puppet sei es tatsächlich gelungen, eine Wiedervereinigung von politischer Agitation und ästhetischer Attraktion herbeizuführen.

III.5 Die Unbesorgten

Immerhin, zumindest zwei jüngere Stückeschreiber versicherten in letzter Zeit das Theater, daß es noch Schritt zu halten vermöge mit den Leuten unter dreißig, daß deren Milieu und Erfahrungsbereich, auch ohne massive Einwirkung von Lightshows und ortsansässigen Beat-Bands, in speziellen sprachlichen und dramaturgischen Stilformen sich auf der Bühne reproduzieren lasse: der Grazer Wolfgang Bauer und der Bayer Rainer Werner Fassbinder. Ihr Talent, der alten Theater-Kunst neue Empfindsamkeit und poetische Verschönung abzugewinnen, wird nicht zuletzt von einer ziemlich robusten Unbesorgtheit ermöglicht, mit der sie die herrschenden Produktionsverhältnisse am Theater hinnehmen, sich zunutze machen und jeden Zweifel darüber, welchen Bestand ihre Literatur gegenüber den politischen Herausforderungen ihrer Zeit wohl haben könnte, ausschalten.

Während z.B. das Bremer Theater mit der Entdeckung Fassbinders neue ästhetische Sensationen proklamierte, hatte es zuvor den Bestrebungen einer Gruppe von Schauspielern, die eine umfassendere innerbetriebliche Demokratisierung verfolgte, eine keineswegs sensationelle Förderung erwiesen, ganz im Gegenteil. In derlei Zusammenhängen hatte die linke Kritik eine Zeit lang zurecht über die mehr oder minder unfreiwillige »Verschleierungsfunktion« geklagt, die Kunst verübe, wo sie sich nicht im nötigen Augenblick verweigere oder in den Dienst des Widerstands verfüge. Nun ließen sich aber zumal die ohnehin Unbesorgten von solchen Parolen nicht gern die fruchtbare Produktion vergällen, und die Verschleierungen und Alibis florierten, während die Verdikte sich eintönig und frustrierend wiederholten. Überdies hatte jemand wie Fassbinder zumindest »formal« ja, im Sinne Benjamins, den progressiven Tatbestand erfüllt, als Autor und Produzent systemverändernd in seinem Arbeitsbereich zu wirken: man arbeitete nämlich im Kollektiv und produzierte in einer Verlags-Kooperative, die nicht mehr zum Gewinn eines einzelnen Verlegers wirtschaftet. Darüber hinaus verwandelte Fassbinder seine Truppe kurzerhand in eine »antiteater GmbH«, eine private Produktionsgesellschaft für Stücke, Stückbearbeitungen, Filme, Regiekonzeptionen und Kompositionen, um noch planmäßiger, schneller, ertragreicher, vielseitiger und konkurrenzfähiger zu werden. Der Künstler war zum Kapitalisten geworden und konnte so zwar der entfremdeten Arbeit, zu der ihn ein profitheischiges, zensurierendes Managertum in den großen Vertriebs- und Produktionsgesellschaften gezwungen hatte, fürs erste entkommen, doch auch so kann er nur erfolgreich bleiben, solange seine »Waren« die Mode- und Konsum-Gepflogenheiten des Absatzmarktes maßgeblich beeinflussen.

Daran läßt sich abschätzen, welche — ganz andere — Entfremdung den Künstler als Unternehmer bedroht, denn er wird immer mehr und rationeller produzieren und dabei um jeden (womöglich künstlerischen Preis) danach trachten, vom mobilen System der Moden, der ästhetischen Sensibilitäten, welches er selber von Kräften unterstützt, nicht überrundet zu werden. Rainer Werner Fassbinder scheint wahrhaftig wie erfunden für die materialistische Kunstkritik. An diesen Stücken und Filmen könnte sie — angemessener als bei Handke — selbst die ästhetischen Reizwirkungen in ihrem speziellen Verwertungsprozeß gründlich genug beschreiben, einschließlich der Tatsache, daß von diesen bei der ersten Begegnung eine einschmeichelnde Faszination ausgeht, die, was man später schneller bemerkt, von einem vordergründigen Sensibilismus herrührt; dieser, in Verbindung mit einem »sozialkritischen« Stoff, erbringt dann leicht nicht mehr als Edelkitsch.

Was in diesen Stücken verhandelt wird — Geldgeschäft und Zärtlichkeit (*Kaffeehaus*), Minderheitenhaß, Brutalität und sexuelle Perversion (*Katzelmacher, Pre-Paradise-Sorry-Now*) — umkreist jeweils eine Wundzone sozialpsychologischer Desintegration, ohne nur im mindesten auf die Ursprünge der Konflikte einzugehen, um nur ja nicht die Oberflächen-Sinnlichkeit, die manieristische Lakonik der Sprache, die schmerzlich-schöne Ansicht der Misere zu gefährden. Diese Poesie ist bereits so flach wie die Münze, die sich aus ihr schlagen läßt. Und das ist absolut nicht kulturpessimistisch gemeint: denn daß Fassbinder seine Empfindsamkeit als Genre-Produkt zu verbreiten sucht, bedeutet nur, daß die Kritik, angesichts einer kapitalistischen Kunst-Fabrikation, nicht länger die Seriosität eines einzelnen Werks zu reflektieren hat, sondern auf die neuartige Empfindsamkeit, welche die serielle Produktion eines Genres mit sich bringt, zu reagieren hat.

III.6 Natur- und Kunst-Gleiche

Mit Wolfgang Bauer ließ sich beweisen, daß über das alte Abbildungstheater noch nicht das letzte Wort gesprochen sein konnte. Und natürlich auch: daß der Bühne trotz der zerrissenen Zeitläufte noch einmal ein unirritiertes Naturtalent zugekommen war, das nicht nur zu unterhalten, sondern auch den Eindruck zu erwecken verstand, authentische Szenen aus dem desengagierten Lebenswandel junger Hasch-Konsumenten vorzuführen. Abbildung und Authenzität verhielten sich hier nicht wie im traditionellen, an der Darstellung und Durchdringung gesellschaftlicher Zusammenhänge interessierten Realismus zunehmend unverträglicher zueinander, denn die Wirklichkeits-Imitation, der Verismus in *Magic Afternoon* und *Change* drückte ja zugleich eine besondere Mentalität aus, der Kunst und Leben, tatsächliche und manipulierte Wirklichkeit immer wieder zum Verwechseln ähnlich vorkam, sowie sich dem neuen, gleichsam in eine Massenbewegung umgeschlagenen Dandytum der Trip-Reisenden, aus dem die Protagonisten dieser Stücke entstammen, seine gewöhnliche Existenz poetisiert, wenn es sie unter dem Einfluß einer halluzinierenden Fantasie wahrnimmt.
Im übrigen schien die Außenseite, das Nachahmungstheater mit Kolportageeffekten, nur als Vor-wand zu dienen für die inwendigen Sensationen: der subtile psychische Terror, die körperlichen Aggressionen, das grelle Comic-Abenteuer eines Mords, welche aus dem überreizt-ennuyierten Klima verwöhnter Faulenzerei hervorbrachen, bilden einen Realismus der Stimmungen und der Nervosität, die auf der Bühne ja nicht simuliert werden müssen, sondern als wirkliche Stimmungen, wirkliche Nervosität erzeugt und für den Zuschauer miterfahrbar gemacht werden können. Insofern solche Stimmungen, in ähnlicher Form, auch den populären Eskapismus

unserer Tage, die Verhaltensweisen des drop-out begleiten mögen, indizieren Bauers Stücke natürlich gewisse Symptome gegenwärtigen gesellschaftlichen Lebens. Aber man wird deshalb noch nicht behaupten können, daß es Wolfgang Bauer, diesem allerunbesorgtesten unter den jüngeren Stückeschreibern, gelungen wäre, kraft eines absoluten Verschweigens aller gesellschaftspolitischen Motive, diese Indizien nun um so ausdrucksvoller und komplexer für sich selber sprechen zu lassen.

III.7 Semiologie der Aufklärung

Kehrt man auch hier, wie in Abschnitt II.7, die Fragestellung um, fragt nicht: welche politische Information können die neueren Entwicklungen einer ästhetischen Theater-Avantgarde noch vermitteln, sondern: welche genuinen ästhetischen Mittel kommen dem in erster Linie politisch informierenden Theater zu, welche können ihm nützen – so wird man an Hans Magnus Enzensbergers *Verhör von Habana*, vor allem aber an Gerhard Kellings *Arbeitgeber* ein paar prinzipiellere Beobachtungen knüpfen. Beide Stücke sind nicht nach dem Collage-Prinzip von theatralischen Dokumentationen strukturiert, sie wollen auch keinesfalls bloß dokumentieren, sondern so überzeugend wie möglich belehren. Zu diesem Zweck haben die Autoren nach Maßgabe der Entschiedenheit ihrer Parteinahme ihre Stoffe derart geformt, daß sie sofort dazu auffordern, nicht nur analytisch, sondern auch in praktischen Alternativen durchdacht zu werden (dies weniger bei Enzensberger als bei Kelling). Diese Form ließe sich auf das informationstheoretische Schema bringen: soviel Fakten-Zeichen wie möglich in einem so unauffälligen, sparsamen Fiktions-System wie nötig.
Kellings *Arbeitgeber* enthält annähernd den gleichen Reichtum an konkreter Information wie eine dokumentarische Reportage zum gleichen Thema und ist ihr doch, aufgrund der Verarbeitung des Materials zu einer fiktiven Dramaturgie, an Übersichtlichkeit, Durchschaubarkeit und Eindringlichkeit überlegen. Andererseits ist die erzählte dramaturgische Geschichte so lapidar und kurzangebunden ausgefallen, daß jede stil- und fantasievollere Ausschmückung die Menge der Mitteilungswerte beeinträchtigt, restringiert hätte. Die Sprache dieses Stückes, das einen Studienfall über den cleveren

Geschäftsführer einer Stahlwerke KG konstruiert, der, gegen den Willen seines konservativen Chefs und, mangels geeigneter sozialer Kontrolleinrichtungen, auf dem Rücken der beschäftigten Arbeiter, zum eigenen Vorteil ein großes Fusionsgeschäft durchführt, die Sprache dieses Stücks also breitet ein dichtes Netz von Sachwörtern, geschäftlichen, wirtschafts- und betriebstechnischen Begriffen aus. Die Sprache zumal der Machthaber klingt auf unmenschliche Art faktenbezogen, offiziell-geschwollen, papieren-dithyrambisch. Sie bezeichnet jedoch stets genau typische Denk-Operationen, typische ideologische Dispositionen, ohne es je darauf anzulegen, deren individuelle Vertreter als — entschuldbare — Einzelpersonen mit Privatschicksal zu vergegenwärtigen.
Ebensowenig will Enzensberger im *Verhör von Habana* für die allerdings ausgiebig enthüllten Privatschicksale der inquirierten Schweinebucht-Invasoren interessieren, sondern deren Aussagen, so wie sie in Enzensbergers Redaktion der Protokolle Gestalt werden, bewegen sich jeweils — in einer spannenden Folgerichtigkeit — auf jene dekuvrierenden Geständnismomente hin, die paradigmatische, generalisierbare Motive und Wesenszüge einer bestimmten politischen Mentalität (der der Konterrevolution, eines Herzstücks der bürgerlichen Ideologie schlechthin) an den Tag bringen, transparent machen und, zuweilen, sich von selbst ad absurdum führen. Auch für eine aufschlußreiche Theater-Aufführung dieses Stücks wäre eine genau auf die pointierenden Erkenntnisfunktionen abgestimmte Askese der formalen Mittel, vor allem der schauspielerischen Ausdrucksweise, erforderlich. Die Fortentwicklung einer solchen Form hätte sich tatsächlich der Mittel und Methoden eines »Theaters im wissenschaftlichen Zeitalter« zu bedienen, könnte gleichsam als Brechtsches Zeige-Theater, bereichert um informationstheoretisches Wissen, nicht mehr allein mit dem guten agitatorischen Willen des Autors auskommen, sondern müßte sich, ähnlich wie Harun Farocki das in seinen Filmen versucht hat, eine strenge und gründliche semiologische Darstellungsweise erarbeiten bzw. deren Verwendbarkeit für das Theater erst einmal überprüfen, etwa mit der Analyse und Demonstration schichtenspezifischer Sprach- und Gesten-Codes.

IV Dramaturgische Wissenschaft

Das Experiment dieser Überlegungen ging davon aus, daß man das Bewußtsein von einer Koexistenz und Gleichzeitigkeit avancierter politischer und ästhetischer Entwicklungen sowohl als Anordnung disjunktiver und widersprüchlicher Erfahrungen als auch zugleich unter der Hypothese eines vermittelnden Zusammenhangs beschreiben müßte. Jede einseitige, isolierte Aussage, die vereinheitlichende sowohl wie die unversöhnlich-kontrastierende, erweist sich demgegenüber als falsch: weder ist alles mit jedem dialektisch verschwistert, noch lassen sich beide Entwicklungen, in ihrem fortgeschrittensten Stadium, schlechthin nicht mehr zusammendenken — die politische Linke MUSS nicht, wenn sie sich für ihre Zwecke des Theaters bedienen will, notwendig zu den unattraktivsten Mitteln greifen, und das bürgerliche Theater wiederum IST nicht deshalb bereits tot, weil es ab und an, ohnedies spärlich genug, »nur« ein paar attraktive ästhetische Innovationen hervorbringt.

Eine Beschreibungsform wie die hier gewählte kann natürlich keine prognostischen Botschaften versenden. Höchstenfalls mag es ihr gelingen, eine Konfliktstruktur zu erfassen, die für künftige Veränderungen determinierend ist. So sind z.B. die letzten Anmerkungen zum politischen Lehrtheater gewiß nicht isoliert zu sehen; Brecht hatte die — von ihm erstmals gestellte — Frage, wie ein Theater im wissenschaftlichen Zeitalter aussehen sollte, zu einem Teil beantwortet, insofern seine Stücke Einsichten aus der Wissenschaft des Marxismus-Leninismus vermitteln. Diese Frage scheint nun, vor allem in der Ostberliner Diskussion und immer wieder nachdrücklich gestellt von Manfred Wekwerth, bevorzugt dramaturgische Formprobleme einzubeziehen, und auf dem großen Symposium zu Ehren von Brechts siebzigstem Geburtstag, dem »Brecht-Dialog 1968« wurden die dort anwesenden Wissenschaftler von den Theaterleuten wiederholt dazu aufgefordert, doch einmal zu überprüfen, welchen Einfluß die experimentell-analytischen Verfahren des exakten Denkens auf die dialektische Ästhetik des Theaters haben können. Manfred Bierwisch, Linguist und Strukturalist, gab damals die folgende Anregung: »... Man muß sich zuerst klarmachen, daß es im Grunde in den meisten Fällen bei interessanten Stücken 'die' Fabel gar nicht gibt, sondern daß das, was an Szenen und Situationen aneinandergereiht ist, oft eine ganze Serie von Fabeln darstellen kann. Es kommt darauf an, welche man herauslesen will und zu welchem Zweck man sie herausliest... Nun ist die Frage, ob man Mittel entwickeln kann, in denen die Doppeldeutigkeit oder die mehrfache Interpretationsmöglichkeit eines Zusammenhangs aktualisiert werden kann, indem man nicht die Geschichte selbst, sondern das Vorsatzstück und die Konklusion daraus zweimal spielt, so daß eine oder die andere oder die dritte der möglichen Lesarten aktualisiert wird. Es scheint mir wichtig, daß man nicht zwei oder drei Versionen hintereinander spielt, sondern zeigt: In einem und demselben Strukturzusammenhang stecken mehrere Möglichkeiten.«

IV.1 Mentales Theater

Zum Beispiel Peter Handkes neues Stück, *Der Ritt über den Bodensee*, enthält eine Unmenge solcher Fabel-Vorsätze und Fabel-Konklusionen, deren Mittelstück aber fehlt, auftauchender und wieder entschwindender Eventualitäten einer Fabel, deren äußerer Strukturzusammenhang in der Unberechenbarkeit einer ziellos geführten Konversation, deren innerer Strukturzusammenhang in der unaufhörlichen Bedrohung und Unterwanderung dieser Konversation durch Un-Sinn, Sinnestäuschung und Traumfantasie begründet liegt. Dem Ritt über den Bodensee — und der Titel spielt an auf die Schwabsche Ballade vom Reiter, der, ohne es zu wissen, über den zugefrorenen See galoppiert und, am Ufer angelangt, sieht, wie hinter ihm die dünne Eisdecke zerbricht und darüber im BEWUSSTSEIN der überstandenen Gefahr zu leibhaftigem Tode erschrickt — diesem Ritt gleicht das Funktionieren unserer sprachlichen und sinnlichen Vernunft, der Grammatik und des Zuordnungssystems von Wahrnehmungen und Bedeutungen; es ist nur eine provisorische, durchlässige Ordnung, die, zumal da, wo sie sich selber zu Bewußtsein kommt, wie in Handkes Stück, von Schizophrenie, Wahnsinn und Somnabulismus bedrängt wird: »Vom Wasser und vom Wahnsinn, von den Narrenschiffen auf den großen Flüssen, wo...«, träumt lächelnd die als Henny Porten bezeichnete Dame. Dieses Zitat ist offensichtlich einer eindrucksvollen Passage in Michel Foucaults Buch *Wahnsinn und Gesellschaft* entlehnt, die jene Schwelle zwischen Imagination und Realität beschreibt, auf der auch die sonderbar hypochondrische Sinnlichkeit des Stücks angesiedelt ist:

»Die Schiffahrt überläßt den Menschen der Unsicherheit des Schicksals. Jeder ist auf dem Wasser seinem eigenen Schicksal anvertraut, jede Fahrt mit einem Schiff ist möglicherweise die letzte. Der Irre mit seinem Narrenschiff fährt in die andere Welt, und aus der anderen kommt er, wenn er an Land geht. Diese Reise des Irren ist zugleich rigorose Trennung und Überfahrt. In gewissem Sinne entwickelt sie lediglich vor einer halb realen, halb imaginären Geographie die LIMINARSITUATION des Irren am Horizont der Sorgen des mittelalterlichen Menschen, die symbolisiert und zugleich realisiert wird durch das ihm eingeräumte Privileg, vor den TOREN der Stadt EINGESCHLOSSEN zu sein; sein Ausschluß muß ihn einschließen; wenn er kein anderes GEFÄNGNIS haben kann und soll als die SCHWELLE selbst, hält man ihn an der Stelle des Übergangs fest. Er wird in das Innere des Äußeren gesperrt und umgekehrt. Diese Position hat große Symbolkraft, die ihr gewiß bis heute geblieben ist, wenn wir bereit sind, zuzugeben, daß das, was einst eine sichtbare Festung der Ordnung war, inzwischen ein Schloß in unserem Bewußtsein geworden ist.«
Foucaults *Historie de la Folie* verfolgt ihr Thema bis ins 18. Jahrhundert. Zur Zeit ist das Irresein, so scheint es, eine ganz gewöhnliche Metapher für das Befinden des Individuums überhaupt, für die internierten Kräfte seiner Fantasie, inmitten einer Gesellschaft, welche nur zur Raison zu bringen versteht, welche im Namen der Vernunft eine perverse Unterdrückungsherrschaft ausübt. Handkes Stück, eben jenes »Innere des Äußeren« ausführlich entfaltend, ist selber ein poetischer Ausdruck, ist ein unmittelbares Produkt dieser Zwangslage, und nicht etwa deren zurechtgerücktes, wiederum in Ordnung gebrachtes Abbildungs-Modell.

1970

II

Schauspieler, diese unbestimmten Sonderwesen, mit denen man zwischen Gespenst und Gott beinah alles heraufbeschwören und vergegenwärtigen kann, wenn man es nur richtig anfängt. Wesen im Zwielicht von Einst und Jetzt, auf die Schwelle erhobene Körper, die eigentlichen MEDIEN *also, der Mund Shakespeares oder Molières. Denn allein das Theater besitzt ja dies mehrzeitige Gefüge, welches erlaubt, daß wir uns – im Treffpunkt des Schauspielers – ebenso weit von zuhaus, von unserer Gegenwart entfernen wie wir einer fernen Vergangenheit näherkommen.* Der junge Mann

Und wie sie spielen! Sie wiederholen und wiederholen sich. Sie machen das Damals, sie lassen nicht nach. Und wiederum von vorn und noch einmal das Ganze. Du siehst: der Rest ist Theater. Der letzte unserer magischen Versuche, die Angst uns auszutreiben. Kalldewey Farce

Die vertierte Vernunft und ihre Zeit

Zu Ödon von Horváths Stück »Sladek, der schwarze Reichswehrmann«

Allmählich, immer noch vereinzelt, tauchen auf den Spielplänen deutscher Bühnen Horváth-Stücke auf. In der vergangel en Spielzeit zeigte man gleich in zwei Theater-Metropolen, in Berlin und München, die *Geschichten aus dem Wiener Wald.* Horváths Theaterstükke, die durchweg von der heiklen Dialektik der Banalität handeln, die Fragwürdigkeit des »Volkstümlichen« gerade durch die konsequente Konzeption des Volksstücks erweisen, verlangen von ihren Regisseuren gerade soviel Szenen-Vitalität wie gedankliche Präzision.

Die meisten seiner Bühnenwerke, vor allem die frühen, die vor der Emigration 1933 geschrieben wurden, hat das Theater noch nicht für sich entdeckt. Kaum, daß man sie alle lesen kann: im Rowohlt-Paperback (Ödön von Horváth, *Stücke,* 1961) sind nur 9 seiner insgesamt 18 Stücke gedruckt.

Von *Sladek, der schwarze Reichswehrmann* existieren zwei Fassungen, beide aus dem Jahr 1928. Horváth hat seinen ersten Entwurf (*Sladek oder Die schwarze Armee*) bei der Umarbeitung verknappt und reduziert; dabei wurde nicht ausgeglichen und gerundet, im Gegenteil, die zweite Fassung ist schroffer, gedrängter, sehr schleunig; sie ist Resultat einer schon zum zweitenmal erarbeiteten Form, Destillat aus der viel ausgiebigeren ersten Fassung; da geht noch alles ziemlich redselig zu, das Sprechen setzt sich nicht so scharfkantig gegen das Unausgesprochene. Die einzelnen Akte sind mehrfach unterteilt in abgeschlossene Szenen, die zu häufig wechseln, was mit dem inneren Tempo der Handlung nicht zusammenstimmt. Vor allem aber findet das Ganze nur schwer und erst in mehreren Etappen ein Ende, braucht quasi einen Akt länger dazu (in dem Sladek als Mörder verurteilt wird, dann ausreißt und schließlich amnestiert wird). Schlußtableau: Rummelplatz, die Zeit stellt sich zur Schau in Hippodrom und Abnormitätenkabinett.

I. Deformierte Wirklichkeit

Übertreibung, Verzerrung und Aufgeblähtheit, »Zerfall der Werte«: das waren 1923 keine freien Kunstgriffe der Stilisierung, das waren die bitter erfahrenen Wirklichkeitssymptome des Inflations-Jahres. Horváth untertitelt sein Stück »Historie aus dem Zeitalter der Inflation«. Der riesenwüchsig-großspurige Anspruch der Bezeichnung »Historie« für ein Stück, das nur ein paar Tage Zeitgeschichte vorführt, und »Zeitalter« für die Jahre von 1920 bis 1923 entspricht zunächst einmal ganz einfach dem Wortsinn von »Inflation« und einer damit assoziierten allgemeinen Bombastik und Aufgedunsenheit der Dinge und Begriffe. Das Kleine an Wert wird gigantisch im Namen. Andererseits glaubt Horváth, ganz unsatirisch — im Sinne der »Historie« — zu verfahren, wenn er seinen geistig verkümmerten und sozial entwurzelten Sladek innerhalb einer knapp skizzierten, fast verhetzten Chronik zum zeittypischen Fall werden läßt und im überhitzten, stummfilmhaft gerafften Zeitablauf der ersten Zwanziger Jahre Aufgipfelung und Überschlag eines »Zeitalters« sieht.

Die Wirklichkeit selbst outrierte, stellte sich vor in jähen, maßlosen und grotesken Gesten. Ihre Ausdrucksformen schienen in merkwürdigem Wirkungszusammenhang mit den literarischen Gebärden des Expressionismus zu stehen, schienen von ihm geliehen und abgeguckt. Verlief nicht wie in einer Farce jener Aufstand des Majors a.D. Ernst Buchrucker, des Anführers einer dieser undurchsichtigen Organisationen, von denen man unter dem Schlagwort »Schwarze Reichswehr« sprach? Buchrucker hatte sich im September 1923 in der Festung Küstrin verschanzt und wollte mit einem Haufen »völkisch« röhrender Landsknechte ansetzen zum »Befreiungs-Marsch« auf Berlin, um sich dort an die Spitze der Reichswehr zu stellen. Die Seektschen regulären Reichswehr-Truppen haben ihm dann kurzerhand die Räuberromantik verdorben. Die offiziellen Stellen ließen die Untergrundtätigkeit dieser paramilitärischen Verbände, die ursprünglich eine Wiederbesetzung des Rheinlandes durch alliierte Militärkommissionen verhindern sollten, zunächst wohlwollend im Dunkeln wesen; aber die wachsenden Putschgelüste ihrer Anführer verboten jegliche weitere Tolerierung.

Horváths Stück, das stofflich vom Buchrucker-Vorfall angeregt sein mag, endet mit einem ironischen Dur-Akkord, dessen Funktion als

»Vorhalt« für die folgende Dissonanz-Verkettung: Weltwirtschaftskrise und Nazi-Imperium, dem Dichter 1928 beim Revidieren seines Stücks nicht mehr unklar sein konnte.
Die reguläre Reichswehr hat die Aufständischen, die sich als unkonzentrierte, kampfunfähige Bande von Windbeuteln erwiesen, niederkartäscht, sie glaubte damit die Misere der Republik — was auch soviel heißen mag wie: diese selbst — in ihren Wurzeln vernichtet zu haben. Brustvoll dröhnt da unselig verblendeter Optimismus; der Bundessekretär der Reichswehr spricht den schlimmen politischen Trugschluß aus und macht sich, in falschem Jupiter-Glanz und mit deus-ex-machina-Pathos verkündend, für diese, die es nun besser wissen und auf längere Zeit absehen können, zum Popanz der Geschichte:

> BUNDESSEKRETÄR Die furchtbaren Tage der Inflation haben wir nun gottlob überwunden. Das deutsche Volk befindet sich in kraftvollem Wiederaufstieg. Es hat Unglaubliches ertragen und Ungeheures vollbracht.

Der unverzweigte und glatte Mechanismus des Stückablaufs, die schematische Einteilung in Sieger und Besiegte, die Rigorosität und toposartige Unbekümmertheit des happy end werden zum Aberwitz auf die komplex unentschiedenen, prozessual verworrenen Zeitläufte selbst. Gerade das hängt wohl mit der Qualität des Horváthschen Stücks als »Historie« zusammen: es zeigt die stationäre, verdinglichte Geschichtserfahrung als zeittypisch und als weitgreifend verhängnisvoll; nicht die historischen Prozesse selbst, sondern das verkümmerte Bewußtsein davon wird zum Ereignisbereich des Dramas.
Ein Geschichtsbewußtsein, das, wie gesagt, in allem zur Übertreibung neigt, den einzelnen Augenblick verabsolutiert, aufbauscht, ihm Ewigkeitszüge einer dumpfen Ideologie anhängt. Je heilloser die Zeit, um so heilsgläubiger führt man sich auf. Je dissoziierter die Gesellschaft, um so verschworener der Pakt der Minderheiten und Extremisten. Am jämmerlichen Bühnenleben des Sladek, eines »selbständig denkenden Menschen«, geht einem das alles auf.

II. Leitsätze

Dieser Sladek gerät Horváth zu einer Gestalt von beängstigender Primitivität. Hier wird in einer Theaterfigur sinnfällig, was man von der Brutalität und Pervertierung des »gesunden Menschenverstandes« hat sagen hören. Dieser, in seiner äußersten Konsequenz, findet, daß auch noch das Unmenschlichste auf natürliche und vernunftgemäße Weise sich zuträgt.

Gleichwohl ist dieser Horváthsche Sladek kein simpler Bösewicht und keine bloße »Kreatur«, wenn auch seine politische und moralische Vorstellungswelt im wesentlichen von Verhaltensweisen aus dem Tierreich sich belehren läßt.

Eigentlich bringt man ihm mancherlei Regungen der Sympathie entgegen; es gibt ja bei Horváth jenen gefährlichen Charme der Verrohtheit, der einen noch bis zum Unverantwortlichen für die grausamen Vorgänge etwa in den *Geschichten aus dem Wiener Wald* einnimmt. Der Sladek kommt einem zunächst vor wie der Typus des Bieder-Blöden aus böhmischen Volkswitzen, ein Tölpel, mit dem man es anstellen kann, der immer in den Fettnapf tritt. Beklemmend ist dabei, daß dieser Typus sich — in weit unheimlicheren Dimensionen — im Stück bewahrheitet.

Als Typus begreift sich der Sladek selbst. Er sagt von sich aus, was er andere über ihn hat sagen hören. Es ist dies zuvörderst keine objektivierende Redeweise im Sinne Brechts, sondern ganz einfach die Gepflogenheit primitiver Menschen oder Kinder, von sich in der dritten Person zu sprechen.

> SLADEK Du denkst nämlich immer daran, das ganze Menschengeschlecht zu beglücken. Aber das wird es nie geben, weil doch zuguterletzt nur ich da bin. Es gibt ja nur mich. Mich, den Sladek. Das Menschengeschlecht liebt ja nicht den Sladek. Und wie es um den Sladek steht, so geht es den Völkern. Es liebt uns zur Zeit niemand. Es gibt auch keine Liebe. Wir sind verhaßt. Allein.
>
> SCHMINKE Was verstehst du unter wir?
>
> SLADEK Das Vaterland.
>
> SCHMINKE Was verstehst du unter Vaterland?
>
> SLADEK Zuguterletzt mich.

Zirkelschlüsse, Aberlogik, sich Drehen im eigenen ranzigen Geistesfett: das entwickelt die Struktur dieser undialogisch-inkohärenten Gespräche, die den überschnellen äußeren Handlungsablauf skandieren und aufhalten. Gerade in diesem Monolog mit dem Redakteur Schminke, der im Stück als gewitzter und mutiger Störenfried der braunen Kumpanei vorgeführt wird und an Sladek das sinistre Ge-

genprinzip seiner sozialistischen Hoffnung untersucht, entdeckt sich alles an verbohrtem Stumpfsinn, an Brutalität des »klaren Blicks«, mit dem der »selbständig denkende Mensch« Sladek die Welt in parataktische Grundsätze zerlegt.
Diese Welt, die er sich mühsam zusammenbuchstabiert, ist überall mit Trivial-Axiomen vernagelt. Er kann die Dinge nicht direkt und genau beim Namen nennen, er ist ein Unikum der Uneigentlichkeit, resümiert fortwährend Menschheitserfahrungen, Bruchstücke einer sehr verkommenen, gemeinen Konfession; auch in seiner flachköpfigen Vorstellung wuchert das Zeitsymptom der Übertreibung, der »Inflation«: das Ich bläht sich auf zum Vaterland, setzt sich dem Menschengeschlecht gegenüber — vielleicht auch das: umfunktioniertes, verklebtes Gedankengut des Expressionismus. In einer Art von tierischem Monismus fühlt er sich ganz stimmig mit Gesellschaft und Universum, und das gewährt ihm die triebhafte Überzeugtheit des Eingeweihten, daher sein düsteres Credo für den »struggle of life«; sein unerschütterlicher Kernspruch — der (eines radikalen Darwinismus und Materialismus): »In der Natur wird gemordet, das ändert sich nicht« — wird zur starren, beschwichtigenden Replik auf alles eigentlich Stupende, das ihm im Leben widerfährt.

III. Ein anderer Woyzeck

> WOYZECK Wenn die Natur aus ist, das ist, wenn die Natur — aus ist. Wenn die Welt so finster wird, daß man meint, sie verrinnt wie Spinneweb. Das ist so, wenn etwas ist und doch nicht ist, wenn alles dunkel ist und nur noch ein roter Schein im Westen, wie von einer Esse. Wenn — (aus den Paralpomena).

Schon dieses frühe, vergleichsweise einschlächtige und doch eben kompakte Stück Horváths ist beschäftigt mit dem »Formproblem der Bestialität«, von dem der Dichter im Vorwort zu *Glaube Liebe Hoffnung* spricht, einer seiner raren theoretischen Angaben über das eigene Werk.
An Sladek, der seine eigene Geliebte Anna ans Messer liefert, wird es erstmals erörtert. Er ist nicht reißende Bestie, nur ganz verstört vom vertierten Geist seiner Zeit. Die materiellen Bedingungen des Lebens greifen tief durch ins Intime und Private, die Liebe geht

kaputt und pervertiert am ökonomischen Elend: »Auch die finanzielle Abhängigkeit des Mannes von der Frau führt zu nichts Gutem. Das sind halt so Naturgesetze«, sagt Alfred, der problematische Lummich, in den *Geschichten aus dem Wiener Wald*, in seiner Weise auch moralisch verunstaltet durch eine arge Zeit. Und Sladek bleibt nicht DER Sladek. Beim Mord an der Anna, dem er zuschaut, ohne einzugreifen, da geht auch ihm die Natur aus, und von da an bekommt seine verkrustete Ethik vom Mord schmerzhafte Risse. Die soziale Plausibilität und Rechtmäßigkeit, daß ein Teil dem Ganzen geopfert werde, gerät ins Wanken. Ins eingeübte Weltbild schlägt zentnerschwer die Aporie ein, die verfertigte, parataktische Sprache bricht auf, verknäult sich unbeholfen, in den Konzessivsätzen lauert verzweifelter Einwand:

> SLADEK Es ist aber komisch, daß, wenn man sich als Teil selbständig macht, zum Beispiel beim Morden, man das Gefühl hat, als sollte man anders tun, obwohl man doch muß...
> Nämlich ich versteh alles, nur das nicht, daß es mir manchmal ist, als könnten die Leut, die diese Frau hingerichtet haben, obwohl sie doch vollkommen im Recht waren, weil sie nicht anders tun konnten, doch Unrecht haben.

Wie Woyzeck, nur schlimmer noch reduziert aufs Kreatürlich-Dumpfe, ist Sladek ein Erleidender, wo er sich rechtschaffen und vom gesamten Universum als Handelnder genehmigt glaubt. Und wie Woyzeck ist er Gefangener, von einem triebhaften Naturgefühl, auf das der sozial Entwurzelte zurückgeworfen wird, in die Enge einer rudimentären Sprache gezwungen. Im Nachhall seines letzten Satzes: »Ich bitte mich als Menschen zu betrachten und nicht als Zeit«, erfährt man die Sladek-Geschichte als Passion des kollektiv verfügbaren Einzelmenschen. Sterbend bäumt sich da Sladek gegen seinen Typus auf.

IV. Zusammenhänge

Vielleicht in keinem der anderen Dramen des Expressionismus, der den Büchner ja erst ganz zu sich brachte, feiert in so genialer Veränderung und Umgestaltung dessen *Woyzeck* Urständ wie in diesem Stück des 27jährigen Horváth. Übrigens markiert es, wie sehr neben der Epik auch das Drama an der »Reise der Kunst ins Innere« teilgenommen hat. Entfachte sich der Dramenkonflikt des *Woyzeck* noch am Antagonismus des Objektiven und Personalen, findet er im *Sladek* allein im kollektiv gleichgemachten, von Versatzstücken und ideologischem Unrat verschütteten Bewußtsein statt. Wie Büchner mußte auch Horváth erst von einer anderen Wirklichkeit an die Zeit gebracht werden. So haben Horváths Stücke und die Filme von Jean-Luc Godard miteinander zu tun. Beide sind inspiriert von jener Uneigentlichkeit unseres Bewußtseins, bei beiden hat sich das originelle Leben hart zu behaupten gegen den Terror der »Außen-Lenkung«, den Fetischismus der Leitbilder. Verfestigt sich für die Personen aus Godards Filmen die erfahrene Welt zur Galerie von Abziehbildern und Reklame-Klischees, zum Gerümpel subkultureller Fabrikate, so sprechen die Horváth-Figuren gleichsam präformulierte Inschriften auf Transparent und Panier. Die Sprache verhärtet sich zum Zitat, das Gefühl verfällt zu Kitsch und Sentimentalität. Die Theaterstücke Ödön von Horváths sind Gesellschafts-Bilder, nie mit politischen Plakaten verhängt, aber sie zeigen inwendig Miseren des Privaten eben als solche einer plakativen, geborgten, unkommunikablen Sprache. Was intim mitgeteilt wird, ist allemal schon »ver-öffentlichtes« Reden, zitierte Floskel aus einer gebilligten Sprachkonvention. Natürlich ist Horváth vor allem ein realistischer Stückeschreiber. Dabei sind die Figuren jedoch in solch auffälliger Weise »autochthon«, daß gerade daran die Skepsis wach wird; die Sprache ist nicht montiert, sondern genau abgelauscht, und erst jener Prozeß, mit Schrecken dem wahren Abbild zu begegnen, schafft die Distanz, macht den Realismus Horváths zu einem kritischen, zeigenden. Wilhelm Emrich, einer der wenigen Literaturprofessoren, die den hohen Rang Horváths begriffen haben, zuckt ein wenig verzagt die Schultern: »Ob Horváths Werk einmal ins Bewußtsein der Öffentlichkeit eindringen wird, wir wissen es nicht.« (*Geist und Widergeist*, S. 196)

Vielleicht fällt aber gerade das schwer, weil Horváth ein so komplizierter Dichter des »veröffentlichten« Bewußtseins ist und eben in seiner Volkstümlichkeit so irritierend ungefällig bleibt. Doch vieles zeigt an, daß er beginnt, zeitgenössisch zu werden. In einer anwachsenden, ratlosen Nostalgie zu kulturellem Schund und Untergrund, der Regressionslust eines überstrapazierten Bewußtseins nach vorn, ist das Theater tatsächlich geheißen, neue Formen und Demonstrationen für die »Drückeberger des modernen Denkens« (Emrich) zu

schaffen, die Horváth noch mit Mitteln des veränderten Illusionstheaters herstellen konnte. Jedenfalls wird man für ein Theater der »Bewußtseinsvorgänge« (Ernst Wendt) die Auspizien ablesen können im dramatischen Werk Ödön von Horváths.
Sollte dieser erklärte Zuspruch etwa nur dem Vergnügen über eine bloß intellektuelle Wahlverwandtschaft mit Horváth entstammen? Wäre es an dem, so käme es gerade aufmerksamen Intendanten zu, dies wichtige und nicht einseitige Vergnügen zu verbreiten.

1967

Die Kraft der Diskretion

Peter Stein inszeniert »Kabale und Liebe« am Bremer Theater

JÜRGEN ROSES BÜHNE. Der Umbau wird fast zum Kunststück, das für den Moment von der inneren Gegensätzlichkeit der Räume erlöst. (Zum Trauerspiel wird dies Stück ja unter anderm dadurch, daß es drei szenische Orte gesellschaftlich eng und doch so intransigent zusammenrückt.) Aus dem weitläufigen Präsidentensaal trennt sich die gedrungene Miller-Stube nach vorne hin heraus: zwei verkantete Deckenteile kommen vom Schnürboden, setzen sich auf die hereinziehende Rückwand nieder, von hinten durchs Fenster diffundiert milchiges Licht, schneidet Silhouetten vom spärlichen Mobiliar: Violoncello, Notenständer, Tisch und Stuhl und Himmelbett, die von rechts auf einem Bodenstreifen hereinrollen. Dreifache Gegenläufigkeit der Bewegung, und zu gleicher Zeit. Sonst auch ist die Ausstattung dezent, knapp. Nichts prangt übertrieben im weiten Gemach der Lady — nur das verzärtelte, blaue Pastell der Vorhänge verströmt etwas wie zu süßes Parfüm. Kein Kleineleut-Gerümpel bei den Millers — aseptische, braungraue Ordentlichkeit.

PETER STEINS KONZEPTION. Ferdinands metaphysische Verblasenheit und überhitzte Egozentrik werden weggeräumt, als eigentliche Mitte des Stücks erscheint die geschädigte Beziehung zweier Menschen. Die popularphilosophische und eschatologische Aufgipfelung hat Stein gestrichen, alle Sturm- und Drang-Zappligkeit abgestellt. Ebenso kann er auch die sozialmotzige Unruhe im Stück nicht recht ernst nehmen. Er stellt fest: in *Kabale und Liebe* ist das Traurigste die Liebe. Liebe, die — aus was für Gründen immer, wahrscheinlich aus einem verquälten Absolutheitswahn — nicht mehr eins ist mit sich, in Zweifel und Verdächte auseinanderfiel, die ein gefährliches Prüfspiel geworden ist. Die Gleichgültigkeit gegenüber allem, das zur Grundspannung der rettungslosen Unbedingtheiten nichts beiträgt, bringt Stein dahin, daß er mancherlei kupiert, gar verkümmern läßt. Bei den Millers (Renate Steiger, Helmut Erfurth) ist das so, aus denen macht er kaum was, aber die bieten ihm auch als Figuren nicht genug an, er will ja keinen bürgerlichen

Realismus. Oder der Wurm. Der ist nun mal keine schwierige, sondern eine ziemlich nachgemachte Figur. Stein hält den Schauspieler Bruno Ganz an, einen borniert freundlichen Verwaltungsjuristen, einen korrekten deutschen Assessor mit glatt und pomadig frisiertem Haupthaar zu zeigen; seine Findigkeit hat etwas akademisch Präpariertes, ist nicht mit der schulischen Psychologie des verstoßenen Liebhabers zu erklären. Für die ganze Powrigkeit dieser Figur braucht Ganz nur die viel zu kurzen Ärmel seines Rocks, aus dem er herausgewachsen ist, augenfällig zu machen.

Die Modernität entsteht an der Ideenfeindlichkeit einer pragmatisch sensiblen Szenenlogik, nach deren Maßgabe allein weggelassen, verengt, konzentriert wird. Die Prägnanz der Deutlichkeit, die nicht um Haaresbreite in Überdeutlichkeit abrutscht, bestimmt Form und Kalkül dieser Aufführung.

SPRACHE UND GESTUS. Die Schauspieler sprechen langsam und leise, sicher manchmal zu leise für die miserable Akustik des Bremer Hauses. Aber es darf hier nichts um ein Phon lauter sein. Wie die Retardation, die lastende Vorentschiedenheit, die drangvollen Pausen, die Grundlage für die Zeitdimensionen dieser Inszenierung werden, so bestimmend wird fürs Sprechen eine nachdrückliche, akzentuierte Leisheit der Diktion. Daran ist nichts manieriert, ganz im Gegenteil ist es verblüffend sinnfällig. Das ins Innere retirierte Drama kann von dort aus nicht brüllen. Da hockt es näher am Unsagbaren, als die Rodomontade, in der Schiller-Sprache in schlimmeren Fällen dahingeorgelt wird, je glauben ließ. Introvertiertheit ist ja nicht selbstzufrieden, sie will ja gerade immer aus ihrer Haut, nämlich anders werden. — Fast ein psychomotorischer Vorgang: das nach innen gerichtete Sprechen setzt den Körper unter Druck, von dem er sich nur in Bewegung und Gebärde befreien kann.

Zum Beispiel Luise, die mehr als die anderen in sich hineinfrißt. Sie wird ohnmächtig am nicht mehr Sprechenkönnen, wenn der Präsident ihr die Metze unterstellt, sie bricht zusammen, kauert am linken Bühnenportal nieder, ist tatsächlich »halb tot«, wie Schiller es vorschreibt, aber in geübter, geometrischer Form: die Beine zur Seite weggestreckt, den Kopf seitwärts an den Rahmen gelehnt; dann, als die Gerichtsdiener auf sie gejagt werden, schießt sie jach hoch, läuft wie waidwund und gehetzt zum gegenüberliegenden Bühnenportal, kauert dort nieder.

DIE SCHAUSPIELER. Edith Clever (Luise). Ihre Gestik läuft zuweilen Gefahr, sich zu verselbständigen. Steins Absicht war es doch wohl, höchste »Organizität« des körperlichen Ausdrucks zu erreichen. Ihre gotische Armbewegung, weit nach oben greifend, wenn sie in der dritten Szene vom »Vater der Liebenden« zu sprechen hat, bekam ein bißchen von dem, was sonst so sorgfältig vermieden wurde: Exaltation, in der körperliche und gesprochene Sprache nicht mehr identisch sind.

Michael König (Ferdinand) hat auch einmal eine Handaufsherz-Geste »auszuführen«, die seinem unprätentiösen Spielnaturell wenig zupaß kommt. Wie er aber zum schauspielerischen Mittelpunkt der Aufführung wird, liegt eigentlich im Paradox, daß seine gedanklich linkische, von Konventionalismen durchkreuzte Ferdinand-Vorstellung von einer emotional, in Bewegung und Physis »natürlichen« Direktheit vertreten wird, und eine burschenhafte Schwellkraft des Unausgeglichenen übergreift, gegen die kaum zu argumentieren ist.

Die Lady Milford ordnet Stein ganz ernst in eine Dreierbeziehung zu Ferdinand und Luise ein. Jutta Lampe ist keine höfische Zicke, sondern eine aufrichtige und rückhaltlos liebende, überraschend junge Frau, die die elegante Hurerei am Hof endgültig satt hat. So wird der Kammerdienerszene alle Rührseligkeit genommen, weil die Lady der Geschichte von den in den Krieg verkauften Landeskindern kaum Aufmerksamkeit schenkt, viel zu sehr beschäftigen sich ihre Gedanken mit Ferdinand. Das kulminiert, wie sie ihm die Arme zum Schlinggewächs um den Hals windet, wie sie in grenzenloser Verzweiflung von Luise den Verzicht auf Ferdinand erfleht, sich vor ihr der Länge nach auf dem Boden hinstreckt. Kurt Hübners maulfaulen Präsidenten habe ich nicht ganz kapiert. Er schien mir eher zur Gruppe der ausgesparten als zu jener der um- und neudisponierten Figuren dieser Aufführung zu gehören. Irgendwie treibt er seine Intrige auch als Spiel voran, als ein maliziöses, aus ennui eher als aus Räson. In Steins Konzeption allerdings fände ja das Trauerspiel auch ohne seine Intervention statt.

1967

Dreckige Dritte Welt

Roger Blin inszeniert »Die Wände« von Jean Genet in Essen

Für den Kolonisierten ist Objektivität immer etwas, das sich gegen ihn richtet. *

Roger Blin, der 1966 die *Wände* als erster in Frankreich inszenierte, erhielt von Genet in mehreren schönen Briefen ebenso leidenschaftliche wie oft verstiegene Belehrungen darüber, wie nach des Autors Vorstellung das Stück fürs Theater einzurichten sei:
»Wenn wir das Leben der Bühne gegenüberstellen, dann, weil wir spüren, daß die Bühne ein dem Tod benachbarter Ort ist, wo alle Freiheiten möglich sind... Die Stimme der Schauspieler soll nicht aus dem Kehlkopf kommen: eine Musik, die sich schwer finden läßt... Trotzdem versuchen, sie zu einem priesterlichen Theater zu führen... Dies ist ein Fest, dessen Teile nicht zusammenpassen, es ist die Feier von nichts...«
Blin hat Genets Aufforderungen zum Immateriellen, zur puren Ästhetik des Theaterspiels in Essen offenbar nicht mehr akzeptiert. Das Sprechen der Schauspieler klingt nicht wie Musik von irgendwoher, es gibt da bestimmbare Valeurs: Klage-, Haß-, Schimpftöne, überzeichnete und innerliche Rede, aber eigentlich nirgends Liturgie eines »priesterlichen Theaters«. Sprache und Figuren dienen wie alles andere in dieser Inszenierung der Darstellung einer inbegriffenen Realität der anderen, der Dritten Welt, des losschlagenden Algerien, nicht der poetisierenden Verglimpflichung oder einem Aufschwung ins Metaphysische.
Das bedeutet nun nicht, daß Blin dem Befreiungskrieg, von dem dieses Stück handelt, jene Kraft des Positiven eingeblasen hätte, die Genet seinem Stück so ausdrücklich verweigert hat. Aber es bedeutet, daß er auch Genets Negation, jene »Feier von nichts«, nicht feiert.

---

* Dieses und die folgenden kursiv gesetzten Zitate aus Frantz Fanon, *Die Verdammten dieser Erde.*

Herr und Knecht und andersrum

Der Kolonisierte hat die Kultur des Unterdrückers angenommen und sich darauf eingelassen.

Niemand reagiert empfindlicher und irrationaler auf ein Vergehen unter seinesgleichen als die von außen zusammengeknüppelte Gemeinde. Said, »der ärmste Sohn des Landes« — der Superlativ bezeichnet nur die ins Abnorme gesteigerte, allen gemeinsame Situation des »armen« Landes — hat einen Arbeitskollegen bestohlen und wird samt seiner Frau Leila, »der häßlichsten Tochter des Landes« (das ganze Land ist häßlich) und der Mutter ausgestoßen, kommt auch in den Knast, wohin ihm Leila, immer mit verhängtem Gesicht, folgt und unvergleichlich schöne Dialoge über das Häßliche mit ihm flicht. Genet zweifelt an den Befreiungschancen einer Gruppe von Unterdrückten, die sich auf Kosten derer solidarisiert, die noch beschissener dran sind. Er exerziert sein bösartiges Spiel von der Assimilierbarkeit der Herr-Knecht-Rollen: die arabischen Freischärler verdienen ihren Namen nicht mehr, wenn sie dem schwulen Reglement des europäischen Militärs verfallen: ... »treibts nur so weiter: Stirn an Stirn, Nase an Nase, Kinn an Kinn, Brust an Brust — warum nicht, mein Gott, warum nicht auch so: Mund an Mund, Zunge an Zunge, Atem an Atem, hin und her schmachten, seufzen, stöhnen, röcheln, vor Lust...« Genets Helden dagegen sind der feige Kollaborateur Said — die Feigheit verstößt gegen den Ehrenkodex der organisierten Befreiungskämpfer — und die listige Brunnenvergifterin Ommu; sie tun »ihre Tat«, rücksichtslos gegenüber jedweder Partei. Es gehört zu Blins deutlichem Ungehorsam gegenüber dem Autor, daß er das negative Heldentum, den Sartreschen Autismus nicht so herausstellt, wie das Genet wohl einmal beabsichtigt hat. Der Schauspieler des Said (Axel Radler) gibt sich als geifernder und grimassierender Schreihals, der sich hektisch selbst verherrlicht. Er ist für seinen Verrat nicht groß genug, er stellt sich zwar den Arabern, will sich dann aber im letzten Moment dünne machen und wird auf der Flucht erschossen, obschon die Freischärler gar nicht auf seinen Tod aus waren; sie können sich schon in die Brust werfen: der Aufstand ist groß und kräftig genug, um einen solchen Querkopf wieder eingliedern zu können. Das ist an sich höhnische Kritik Genets am Revolutionsapparat; Blin aber vollzieht sie nicht nach. Für ihn erscheint Saids Verrat, sein Tod, als eine vergebliche Neben- und Privatsache, er exponiert sich nicht auf Saids Seite.

Die übernatürlichen, magischen Kräfte erweisen sich als erstaunlich, moïk (d.h. wirksam und real). Die Kräfte des Kolonialherrn sind unendlich beschnitten, von Fremdheit geschlagen. Wozu noch gegen sie kämpfen, wenn nichts anderes zählt als die erschreckende Feindlichkeit der mythischen Strukturen?

Ist nun der vordringliche Held zurückversetzt in die allgemeine Unruhe des Stückes, kommt das Ganze um so ausladender in Bewegung. Die geht allerdings nicht dialektisch vor sich. Genets Welt spannt sich aus in einer antagonistischen Zuständlichkeit, die sich nur innerhalb der möglichen Verkehrungen ihrer Gegensätze bewegt. Dann aber geht eins ins andere, und zwar das zueinander Extremste: Freiheit und Terror, Tod und Leben, Lust und Haß. Die Inversion ist dem Irrationalisten Genet die einzig denkbare Veränderung der Wirklichkeit.

Beschworene Realität

Die koloniale Welt ist eine in Abteile getrennte Welt.

Obschon das Stück sich in fünf Spielorten schichtet — auf der Bühne André Acquarts geschickt durch hydraulische Hebeplateaus ausgedrückt —, gibt es in Blins Inszenierung nicht eigentlich verschiedenerlei Realitätsebenen. Die ausgestoßene Alte und ihre Kinder gehören sowieso der Wirklichkeit der arabischen Welt an, aber auch alle anderen: die kostbar ornamentierten Huren, deren Haus vom Luxusbordell zum Schnellpuff herabkommt, weil das Bedürfnis der Revolutionäre nicht mehr des Flitterkrams achtet; der geckig-stramme Leutnant und seine gedrillte Kohorte sind der reale Feind, und das Totenreich, in das man durch eine Papierwand eintritt, ist hier die Wirklichkeit der afrikanischen Vorstellung vom Totsein; auch die Welt der Kolonialherren hat keine eigengültige Repräsentanz, sie wird als Karikatur totemistisch beschworen.

Blin gerät dabei nirgendwo ins Munkeln und Mystifizieren, er hat mit ungewöhnlicher clarté und mit in gebotenen Grenzen sich hintragender Feierlichkeit einen Realismus des Magisch-Schönen und -Schrecklichen inszeniert, allerdings weit entfernt von Ritual und kultischer Gestik. Blin hat auch — das gehört weiter zu seinem ertragreichen Ungehorsam — von der Spiel-Konzeption, der Theaterhaftigkeit, aus der das Stück sich herstellen soll, keinen oder nur dezent andeutenden Gebrauch gemacht. Zum Schluß, meint nämlich Genet, sollten die Schauspieler (die sonst zugleich mit den »Wänden«, faltbaren, bemalten Wandschirmen, auftreten) die Bühne abräumen. Darauf verzichtet Blin, weil das dem »klassisch« geschlossenen, in sich selbst aufgehenden Illusionismus seiner Szene widerstrebt hätte. So sondert sich kein okkulter Zauber aus, es gibt keine exotischen »Zeichen«. In konzentrierten Darstellungsformen drückt sich die unzweifelhafte Wirklichkeit der Dritten Welt aus.
Leilas animistische Naivität: ihr sexueller Beschwörungstanz um Saids leere, aufrechtstehende Hose, ihr liebevolles Zwiegespräch mit dem »lebendigen« Diebesgut, das sie, wie gebärend, aus den geheimen Verstecken ihrer Röcke hervorkramt, aus jener ungeheuren Weite und Leere ihrer Röcke, in die sie dann später sterbend eintaucht — das sind Szenen, die Blin weder entrückt noch fanatisch, sondern einfach als große »Figur« gibt. Und die Schauspielerin Ilse Anton als Leila hat das alles sehr genau verstanden und dargestellt.

Aber der Fellache, der Arbeitslose, der Ausgehungerte nimmt nicht die Wahrheit für sich in Anspruch. Er sagt nicht, er sei die Wahrheit, er verkörpert sie.

In der szenischen Figurierung des Gedachten, Gesprochenen, Befürchteten drückt sich die totemistisch befangene Welt ja aus, aber doch hängt man Genets Szene nicht aus atavistischer Lüsternheit an, sondern weil seine Sprache dies aufständische Algerien objektiviert zur Dritten Welt überall und jetzt. Die Sprache von skatologischen Verrichtungen wird nicht zum Jargon eines krankhaft davon Besessenen, sie ist vielmehr die adäquate Verlautbarung, zugleich die Waffe jener »dreckigen« Welt, mit der diese sich gegen die gewaltsame Botschaft der »sauberen« zur Wehr setzt — etwa gegen das pervers narzißtische Schönheitsideal, das der Leutnant seiner Bande einbleut. Die Sprache ist eine reale Macht so gut wie der magische Zauber. Als Sir Harolds Sohn mit seiner Hure durchs Wilde und die Wüste flüchtet – die Araber haben die Plantage seines Vaters in Flammen gesetzt –, müssen sie, vor Said und Leila, Sprachenmimikry treiben, Vulgärsprache, wie sie es nennen, sprechen. Sohn: »Auch mich kotzt das an, aber wenn man sich rasch in Sicherheit bringen will, muß die Sprache ebenso viel Schiß haben wie wir.« Und so wird auch die Sprache der Ärmsten der Armen, der Häßlichsten der Häßlichen, derer, die da am Arsch der Welt hocken, an exkrementaler Bildlichkeit reich. Nur sind das nie arabeske und obszöne Ausschweifungen. Die Metaphern des Fäkalischen werden in der Sprache der dreckigen Dritten Welt zur Buchstäblichkeit eines wahrhaftig beschissenen Daseins.

Aber alles Häßliche, Stinkende, Faule und Klebrige setzt sich in große Sprachpose um, die schöne Rhetorik kommt darüber nicht zu Schaden. (Übrigens hatte Blin sich für seine Essener Inszenierung, ausgehend von der unzulänglichen Übersetzung Hans Georg Brenners, eine eigene Textfassung herstellen lassen). »Auf der Bühne darf selbstverständlich nichts häßlich oder lächerlich sein«, schreibt Genet seinem Regisseur vor, und der hält sich daran, ohne gleich Schönheit zu zelebrieren.

Die Kostüme und die Ausstattung André Acquarts kleiden das Elend ziemlich kostbar und harmonisierend ein. Die Mutter (Edith Lechtape) verschwindet fast in der üppigen Pracht ihrer lila Lumpenfetzen – die werden zum Flügelkleid eines exotischen Großvogels, und wenn sie sich bewegt, elastisch gespannten Schritts, der die Krücke nicht mehr rechtfertigt, wenn sich die ordinär metallische, gellende Stimme zu Haßrede und Kassandraruf erhebt, dann geht die verkotete Kreatur in der Würde und der Geschmeidigkeit einer unbezähmbaren Wilden auf. Das ist der Prozeß, mittels dessen Blin und Acquart (im Sinne Genets) die Schönheit der Erscheinung in die Häßlichkeit des Seins einströmen lassen. So wird Warda (Ingeborg Kloiber), die ranzige alte Nutte, zur luxuriösen Hetäre, zu einer von schwerem Prunk bis zur Unbeweglichkeit überfrachteten Königin der Nacht: das blaue Haar ist mit langen Silbernadeln hochaufgesteckt, weiß und in den Augenhöhlen dunkelblau ist ihr Gesicht geschminkt, eine spitze, lange Nase sticht hervor, sie trägt ein durchsichtiges, mit Silberschuppen durchsetztes Cape, darunter einen Brokatrock, in dessen Saum schwere Ketten eingelassen sind, auf daß nicht jeder Schwächling ihn lüpfen kann.

Genet und die Revolution

Gibt es eine Heilung? Ja. Die Gewalt kann, wie die Lanze des Achill, die Wunden vernarben, die sie geschlagen hat.

Jean-Paul Sartre, Vorwort zu *Die Verdammten dieser Erde*

Kann man den *Wänden* als einem politischen Stück vertrauen? Es ist nicht zu leugnen, daß Genet sich mit dem arabischen Aufstand solidarisiert. Nur glaubt er noch, die Revolution könne ausschließlich in den Befreiungstaten einzelner sich fortsetzen, er kann sich nicht einfinden in die Idee einer durchorganisierten Befreiungsfront, die, wie er behauptet, nur die Spielregeln der europäischen Kolonialarmee parieren, schließlich sie nachäffen wird. Das ist im Grunde die anarchistische, die prärevolutionäre Sicht. Der Konflikt des Stücks findet ja auch jenseits der Auseinandersetzung zwischen Kolonisten und Kolonisierten statt: diese Kolonialherren sind bei Genet Popanze, und ihre Armee besteht aus invertierten Kommandanten; genau das Bild also, das Fanon vom »obszönen Narzißmus« der europäischen Rasse zeichnet. Das Stück beschäftigt sich mit Schwierigkeiten unter den Kolonisierten selbst, und zwar revolutionskritisch deshalb, weil es out laws von ehedem zeigt, die sich als Guerillas derart organisiert haben, daß sie über die Ungesetzlichen schon wie die Herren dekretieren können. Die exzentrische Befreiungstat, wie z.B. die Erdrosselung des verirrten französischen Soldaten, die die Mutter vornimmt, müßte den etablierten Freischärlern ein Appell an ihren wilden und informellen Ursprung sein.

1968

Viele Francos

In Kassel wurden Armand Gattis »General Francos Leidenswege« uraufgeführt

Ein Satz ist ein Getriebe. Ein Gedankenstrich bricht den Satz auf, *rupture de pensée*, er treibt aus dem Satz was heraus, er veräußert ihn, *un changement de vitesse vers l'extériorisation*. Eine Klammer treibt im Satz was zusammen, sie ändert die Geschwindigkeit im Sinne der Verinnerung. Die Zuordnung von Gedankenstrich und Klammer zum Satz ist wie ein Akkord durch sich selbst bestimmt. — Diese beiläufige Anmerkung Gattis zu seiner Zeichensetzung erscheint als Hinweis darauf, daß die Struktur eines Satzes die morphologische Kernzelle aller seiner Stücke birgt: Das Stück ist ein Getriebe. Die Reflexion bricht die Szene auf, sie treibt aus der Szene was heraus, sie verändert die Geschwindigkeit zur Veräußerung hin. Die Imagination treibt in der Szene etwas zusammen, sie verändert die Szene zur sichtbaren Verinnerung hin. Imagination und Reflexion wechseln nicht beliebig und addieren sich nicht, sie stülpen sich ineinander und sind die zwei Ausprägungen ein und desselben — »vegetativen« — Prozesses: der unbedingten Gegenwärtigkeit der Szene, die geschieht. Zeit und Raum sind nicht ohne weiteres »vergleichbar«, sie stehen zueinander in autonomen Bezugssystemen.

Die erregenden Impulse, die von Gattis Kunstverstand in seinen inzwischen zahlreichen Szenarien ausgehen, verselbständigen sich oft zu einer theoretisch genauen Ahnung davon, wie Theater weitergehen könnte. Dieser theoretische Enthusiasmus triumphiert über den manchmal zweifelswürdigen Einzelfall hinweg. Und, was gar nicht in Gattis Sinne liegen kann, die ästhetische Neugierde an seinen Produkten ist allemal vordringlicher als Interesse und Skandal seiner oft etwas echauffierten Politischkeit. Auch in *General Francos Leidenswegen* befeuert Gattis politische Leidenschaft den spröd-backenen Stoff — allerdings bis zu dessen völliger Emotionalisierung.

Das eigentümlich aufgeschwungene Pathos von Gattis politischer Dokumentation (in diesem 1965 nach originalen Emigranten-Berichten komponierten Stück viel stärker als zum Beispiel in dem in eine faszinierende Theatersituation umgesetzten *Öffentlichen Gesang vor zwei elektrischen Stühlen*) entsteht, weil Menschheitsgeschichte in einem travestiert religiösen Sinn immer gleich mit beklagt wird. Sein historischer Blick wird dort hellwach, wo in der Musterform des politischen Falls seine subjektiven (mythischen) Grunderfahrungen sich widerspiegeln. »Das Reisebündel, das Schiffsdeck, der Waggon dritter Klasse, die Barackenlager für ausgewanderte Arbeiter sind die ersten Bilder, die das Leben mir gezeigt hat. Mein erstes Schulbuch (oder Religionsbuch) war die Arbeitsgenehmigung für Ausländer, die man meinem Vater ausstellte.« (Vorwort zu *Öffentlicher Gesang vor zwei elektrischen Stühlen*)

Die Emigration wird weniger zu Debatte und Thema, sondern zum formalen Grund-Dessin des Stücks. Emigrationsgeschichte der Exilspanier wird Passionsgeschichte der Geschundenen überhaupt und überall.

Gatti hat darauf aufmerksam gemacht, daß schon im Titel seiner Stücke deren Formprinzip berücksichtigt sei. »Schon der Titel *Chroniques d'une Planète provisoire* unterlegte dem Stück das Moment des Tranchierten (découpage), einer Folge von sehr kurzen Szenen, die räumlich nicht zusammenzuhängen scheinen, aber in einer zeitlichen Kohäsion gebündelt sind.« (Vorwort zu *Théâtre*, Paris 1962) Hier GESCHEHEN Leidenswege, das Stück selbst ist schmerzlich unterwegs. Daraufhin zumindest ist es angelegt. Nicht an einem geographisch fixierten Ort halten sich die Personen auf, sondern im Intervall von Herkunft und Zukunftsbestimmung.

Zwischen Kiew und Krasnojarsk: zwei Vorarbeiter (Hans-Martin Koettenich / Hans Geiler) und ein Ingenieur (Karl-Friedrich Gerster) reden vom Mondflug, können aber Spanien nicht vergessen.

Zwischen Frankfurt und Madrid: Luis kann den Falangisten-Mief (sein Vater stand in Francos »Blauer Division«) nicht mehr ertragen, er geht nach Frankfurt; als sein Freund, der Zusammenarbeit mit der spanischen Geheimpolizei bezichtigt, sich umbringt, hält er es nicht mehr aus, geht nach Madrid, aber nicht zur Mutter zurück (Luis: Wolfgang Hepp / Mutter: Henny Schramm).

Zwischen Toulouse und Madrid: der alte Anarchist Marino wird irre an der Trennung von der Heimatstadt Bilbao und der furchtbaren Erinnerung an die Schändung seiner Tochter durch Falangisten;

Gegenbild: die oberflächliche Dolores, die Spanien nur in der Touristenperspektive kennenlernt und alles ganz erträglich und fidel findet (Marino: Willy Leyrer / Dolores: Wiebke Paritz).
Zwischen Havanna und Mexiko: das Heldenpaar; Joaquin schafft die Wende vom rhetorischen Jung-Anarchisten zum praktisch Eingreifenden: er geht nach Spanien und bald sitzt er im Gefängnis; Soledad, seine Freundin, reist mit ihrem Onkel nach Mexiko, sie hälts nicht aus, will auch nach Madrid (Joaquin: Gisbert Rüschkamp / Soledad: Barbara Knol / Onkel: Ernst Matishent).
Das sind, im Grunde, vier in sich geordnete Handlungsstränge, die, abgesehen von der übergreifenden Emigrationsthematik, nicht miteinander in Berührung geraten, nur eben in viele Stücke tranchiert sind und jeweils abwechselnd mal drankommen. Der noch so raffinierte Verschnitt von grundsätzlich linearen Abläufen erreicht allerdings nie die Integrationsdichte von Gattis Stück *Das imaginäre Leben des Straßenkehrers August G.* Anstelle von Metamorphose und zeit-räumlicher Verfransung tritt eine etwas stolpernde, vierkanälige Sukzessivität, anstelle von vielgestalter Einheit treten summierende Einzelbeispiele. So ein bißchen hat Gatti sich selber hintertroffen, d.h. ein von ihm erbrachtes Modell auf einen vereinfachten Mechanismus wieder zurückgeschraubt. Die vier Emigranten-Geschichten — Heroisches, Abgeschmacktes und Halbpoetisches durcheinanderwirbelnd — leiden gegenüber der konkreten, drangvoll politischen Realität an einer hilflosen Banalität.
Wie weit her — in diesem Rahmen — ist es nun mit Reflexion und Imagination? Wie in andern Gatti-Stücken werden Rückschau und Introspektive zur szenisch-körperlichen Gegenwart, nur wird das diesmal von einem andersgearteten Prozeß der Verbildlichung verantwortet. Es ist wichtig zu sehen, daß die Figuren, denen Gatti sein Herz leiht, ihrer politischen Fasson nach idealistische Anarchisten sind. (In einem der burlesk-satyrhaften Verwandlungsspiele läßt er die untereinander zerstrittenen Vertreter von orthodoxen Parteien der Volksfront: Sozialisten, Kommunisten, linke Republikaner, sich zu schnaufenden Sauriern verkappen.) Für den jungen Anarchisten Joaquin gibt es die hochgegriffene Phrase der politischen Verzückung und den ernsten Entschluß zur Aktion. Die Reflexion bleibt ausgespart, jedoch an ihre Stelle tritt: die Mystifikation.
Schon die Doppeldeutigkeit und Rollenverkehrung in *Francos Leidenswegen* — da sind nicht nur höhnisch des Caudillos »Kreuzzüge«

gemeint, sondern ein Franco, der »wir«, d.h. die Emigranten, die Verstoßenen, sind — beschwört eine merkwürdig mystische Einheit von Schinder und Opfer. Von Franco, der im Stück überhaupt nicht auftritt, nur in effigie, als Ballon-Popanz oder vom Vorarbeiter Pancho als grotesk gefährlicher Jägersmann gemimt, sind die Emigranten stigmatisiert, Franco ist das offene Wundmal der Erinnerung, und so stellen sie in gebannter Identifikation immer wieder Franco dar, werden viele Francos. Hinter der Irrationalität dieser Politischkeit bleibt die Sprache undurchsichtig und verklebt ekstatisch, mit Sentimentalität und Kitsch, aber nicht wissentlichem, durchsetzt, zurück oder, wenn man so will, entspricht ihr gerade in schwer erträglicher Angemessenheit.
Die Kasseler Inszenierung ließ, neben Verdiensten in der Detailsorgfalt, in ihren Voraussetzungen manches noch unerledigt. Die Dekoration von Michel Raffaelli schirmte im dicht gedrängten Halbrund die Bühne in der Mitte nach hinten ab, zwang mithin zu raumarmem, flächigem Spiel nach vorne, wobei die vier geografischen Schichten, die nebeneinander auf fast gleicher Höhe fingiert waren, beengend nah sich auf den Pelz rückten. Sachgut-Fragmentarismus — eine Rippe aus einem Flugzeug-Leib, ein Bett im Lattenverschlag, eine kreisende Bar-Treppe, ein Schiffsdeck (selbstverständlich mit Rettungsring) — der drückte das Spiel zusammen, ohne doch etwas miteinander zu verschränken, und störte ästhetisch obendrein. Dagegen überzeugte die über der Bühnenmitte hängende grausilberne Scheibe, auf die während des Szenenwechsels — im übergroßen Medaillon-Format — Franco-Fotos projiziert wurden. Eine freundlich patrizische Erscheinung übrigens, dieser Francisco Franco.
Der Regisseur Kai Braak hatte hier nicht in erster Linie mit Schauspielern zu inszenieren, sondern mit einem Gesamtensemble, das er sowohl in Bewegung wie in Disziplin hielt. Aus den Grotesk-Spielen, in die sich die realistischen Szenen zuweilen übertragen, hat er streng ritualisierte Einlagen gemacht, die ganz unmittelbar betreffen konnten. Grundsätzlich fragwürdig erscheint vielleicht die Praxis, die herkömmliche Auf- und Abtrittsfolge der Schauspieler beizubehalten und die einzelnen Szenen, mag sie Gatti auch pointiert abschließen, auszublenden, fast »Nummern« draus zu machen (nach vielen Szenen gabs bei der Premiere frenetischen Applaus). Ist es bei Gattis Stück nicht sinnvoll, alle Schauspieler auf der Bühne zu haben, mit Lichtwechsel und spärlicher Markierung die Szenen zu

bauen, die unzäsiert auseinander hervorwachsen, ruhig mit vielem akustischen Drumherum, aber vor allem — was in Kassel noch im argen lag — in genau wechselnden Sprachmodulationen und Sprechtempi: Geschwindigkeitsänderungen nach innen, nach außen. Oder ist das wieder eine von Gatti inspirierte Idee vom Gatti-Theater, wofür er noch das Stück zu liefern hätte?

1968

Arrabal und Arrabaleskes

»Der Architekt und der Kaiser von Assyrien« in Bochum

Utopia, Kythera, Orplid und der Insel-Witz Nr. 365 in der *Quick* — solche Inseln sind als didaktischer, auch als lüsterner Gegenvorschlag zur verdorbenen oder langweiligen Zivilisation erfunden worden. Es gehört in die zynische Gesamtabrechnung mit abendländischer Zivilisation, daß Fernando Arrabal in seinem (auf einer Insel angesiedelten) Stück *Der Architekt und der Kaiser von Assyrien* auch diesen Menschheits-Traum als sozialen Ausweg zuschanden treibt. Denn dieses Eiland, auf dem der »Kaiser«, einziger Überlebender eines Flugzeugabsturzes, sich wiederfindet, wo er auf ein vertiertes, zurückgebildetes Menschenwesen stößt, es zum »Architekten« ernennt, ihm Sprache und verschandelte Zivilisation einbleut — dieses Eiland wird zur Produktionsstätte von Kulturreminiszenzen, von zwanghaft wiederherstellenden Spielzeremoniellen, von geifernden Träumen aus verletzter Libido. Hier gibts Prosperos Zauberstab nicht mehr und keine aufgeklärte Defoe-Idylle, statt gesellschaftlicher Befreiung ist die Insel der Ort privater Triebentfesselung, aber das Arrabalsche Ich verflicht, verknotet, stranguliert sich schließlich immer wieder mit den abgeworfenen Fesseln. Irgendwo in den verschlungenen Zusammenhängen zwischen Rousseau — der Mensch sei freigeboren und liege dennoch in Ketten — und Freud — der Mensch sei polymorph-pervers geboren — und den zur Blasphemie provozierenden Glaubenssätzen des Katholizismus bestellt der spanische Dramatiker sein »théâtre panique«, das nur die totale Realität des Arrabal-Ich kennt, mit einer reichen Zufuhr an Stücken, die allesamt, so exhibitionistisch sie sich auch gebärden mögen, mit jenem ursprünglichen, angeborenen Exhibitionismus des Theaters nie so recht zusammentreffen. Denn vom Unerträglichen trennt sie die angehäufte Bizarrerie, von einer provokanten Geschmacklosigkeit die oft konventionelle Abgeschmacktheit. Sie erleiden besessen den Mangel, keine guten Theaterstücke geworden zu sein.

Die eigene Phantasie, der eigene Alptraum haben sich in *Der Architekt und der Kaiser von Assyrien* mindestens zwei, auf dem Theater konkretisierte, verbindliche Voraussetzungen geschaffen, die sie sowohl erst ermöglichen wie auch begrenzen: das ist die »Realität« der Insel, das ist die »Realität« zweier Menschen, die dort und sich ausgesetzt sind. Von hier aus, von dieser grundsätzlichen Absicherung gegen haltlose Erfindung her, wird dann erst alles Mögliche etwas Reales: wie die beiden es miteinander zu tun kriegen, welche Spiele, welche Rollen sie spielen, was für einen Zeitvertreib sie sich bescheren, wie sie sich verkleiden, welche Reden und Szenen ihnen einfallen. Dann wird niemand, der ihnen zuschaut, so mit aller Sicherheit von sich behaupten wollen, daß er in einer vergleichbaren Ausnahmesituation sich sinnvoller beschäftigen und manierlicher aufführen würde.

Niels Peter Rudolph, der Regisseur der deutschsprachigen Erstaufführung, hat auf diese illusionistische Hilfestellung verzichtet. Die Insel ist nicht mehr der exzentrische Ort, der weltlose Klacks, von Gott »in den Ozean geschissen«, der die dahin Verschlagenen nötigt, innere Welt nach außen zu stülpen, Erinnerungen zu vergegenwärtigen, abgelebtes Leben zu reproduzieren, erfahrene und erfundene Begrenzungen im Spiel zu zweit mit vielfältigem Rollentausch aufzuführen. In Bochum hat die Insel die gleiche Wirklichkeitsqualität wie die aus Erinnerung und Fiktion zusammenbramarbasierte Welt, in die der Kaiser den Architekten einspinnt, wo der Architekt schließlich so zu Haus ist, daß er sich aufwirft zum Richter und den Kaiser abschafft, auffrißt. Die Bochumer Aufführung sucht keinen Zugang zu irgendwelchen Gründen, Konsequenzen, Veranlagungen der krausen, vielgestaltig perversen Spielhaltungen zu verschaffen. Sie führt leichthin und unverkrampft den ganzen Bewußtseinsplunder vor, verwandelt so die verstiegenen, abgründig gemeinten Grillen des Arrabalschen Lustprinzips in einen nachgerade unterhaltlichen Stil von kurioser Abartigkeit, von rosafarbenem, nie undiszipliniertem Ulk.

Zu Beginn schlummert der Architekt in einem bizarren Gewächs aus buntem Schaumgummi. Aus dem Schnürboden hängt eine Papier-Wolke, die der abstürzende Kaiser durchspringt. Wie in Shakespeares *Sturm* beseeligen hilfreiche Geister diese Insel: ein Wein-Pokal, Telefon, Zigarrenkiste und eine Menge anderer Requisiten werden aus den Kulissen von unsichtbarer Hand herausgereicht. Arrabal sieht an diesen Stellen nur insulare Behelfe vor, die Zigarrenkiste müßte ein Stein sein, und von echten Zigarren ist keine Rede

— in Bochum geht der Requisitendienst (wie das Bühnenbild, besorgt von Karl Kneidl) der Inszenierung zur Hand, indem er die realistische Insel-Primitivität eintauscht gegen das ironische Angebot von verfertigten Teilen und Materialien aus der zivilisierten Welt. Nach einer Atombombenexplosion hageln Beine und Arme aus weißem Schaumstoff vom Himmel, beim halbdunklen Szenenwechsel schnorchelt eine bucklige Riesen-Ratze über die Bühne, grast alles ab, schnuppert in die Schützengräben der beiden Soldaten, Kaiser und Architekt, die eben mit Fähnchen und Bakelitgewehren Krieg gespielt haben. Das ist natürlich Gag, Zutat, Arabeske, nichts weiter, es bleibt ein folgenloser Einfall, der aber gerade dadurch dem arabesken, mit durcheinanderwirbelndem Libido-Inventar angefüllten Text dieses Stücks entspricht. Die Sprache bringt ja, genau besehen, zwischen Kaiser und Architekt keine andere Beziehung zuwege als eine gleichsam warenhafte: Übernahme und Austausch von solchem Inventar. Sie schwemmt Kulturbrack an, Worte, deren Bedeutungszusammenhang aufgelöst ist, die einen abgeflachten, kindlichen Dingcharakter annehmen: »Ich habe dich mit Coca Cola und Tanks unterhalten und mit den Museen von Babylon. Nur durch mich weißt du von unseren Ministern, von unserem Papst, von der Unendlichkeit des Ozeans und von der Tiefe unserer Theorien...«
Manisch in diesem Stück ist keineswegs die Vorstellungswelt, aus der sich die (Transvestiten-)Spiele ergeben: der Architekt macht die Braut mit großen Titten aus Pappmaché, der Kaiser macht die kreißende Nonne im Dialog gleichzeitig mit dem Arzt als Kasperlefigur in seiner Hand, beide machen sie nach dem Bombenfall sich bespringende Affen — manisch daran ist allein die pausenlose Geschwätzigkeit, mit der das alles hochgespült wird.
Die Abgründigkeiten liegen ganz oben zutage. In diesem Stück spricht nichts mit, was nicht ausgesprochen wird. Aus mehr als den Spielen, die sie probieren, bestehen die Figuren nicht; sie ähneln den flächigen Modellen aus jenen papiernen Ausschneidebögen für Kinder, womit im zweiten Akt, während der Gerichtsszene, Kaiser und Architekt Richter und wechselnde Zeugen markieren. Dennoch gibt es zwischen den beiden ein paar grundsätzliche Vorgänge und Verknüpfungen: Assimilierung des zu Sprache und Bewußtsein gelangten Architekten an den dozierenden Kaiser, Identifikation, Nachahmungen, Auswechselbarkeit und Verkehrbarkeit der Rollen und schließlich auch das Aufeinander-Verzichten-Können — als der Ar-

chitekt am Ende des ersten Aktes vorgeblich die Insel verlassen hat, behilft sich der Kaiser vorzüglich mit sich selbst, er baut sich aus den Körperstücken, die noch von der Bombenexplosion herumliegen, einen vielgliedrigen Popanz, nennt ihn Kaiser und übernimmt selbst den Part des Architekten. Beide entfalten sich — das verlor man in Niels Peter Rudolphs Inszenierung unter den vielen Kapriolen der bewußt veräußerlichten Spielweise aus den Augen — immer mehr zur Vereinheitlichung ihrer Typen hin; das Erinnerungsgerümpel, das der Kaiser auswirft, verwertet der Architekt seinerseits zu einer ungefügten Hoffnungs- und Lebensglück-Konstruktion, die sich nur auf der »anderen« Insel verwirklichen ließe. Je mehr er in die reproduzierten Erlebnisse des Kaisers einbezogen wird, je perfekter er dessen Worte beherrschen lernt, desto mehr entzaubert sich für ihn die Zivilisations-Vorstellung, schließlich, am Ende des Stücks, als er den Kaiser vertilgt hat, ist er selbst zum Erinnern genötigt, und er erinnert sich daran, wie der Kaiser sich erinnert hat, als er vom Architekten, ein Aktende vorher allein gelassen wurde. Jetzt ist er soweit, daß er ganz die Rolle des Kaisers übernehmen wird, und der Kaiser, der »wiedergeborene«, der unter seinem aufgebahrten Grand-Guignol-Abbild hervorschlüpft, wird diesmal der Architekt sein. Spiele fangen immer von vorne an.

Das ist denn auch die einzige Beckett-Erfahrung, die die Bochumer Aufführung aus dem Arrabal-Stück resultieren läßt. Die beiden Schauspieler Günter Lampe (Kaiser) und Fritz Lichtenhahn (Architekt) sorgen in ihrer unterhaltlich und redselig vertriebenen Einsamkeit dafür, daß sich kein Gedanke bis hin zu Wladimir und Estragon verirrt. Den Pop-Absichten der Inszenierung eingegliedert, versuchen sie, ihre Rolle als Kunstpräparat, fernab von »Menschendarstellung« jedenfalls, durchzubilden.

Nicht der im Stück angedeutete Altersunterschied zwischen den beiden, sondern ein scharfgeschnittener Kontrast zwischen zwei ungleichartigen Spieltemperamenten ordnet die beiden Rollen einander zu. Günter Lampe bringt in diese namenlose, pathetisch verschwätzte Figur eine abgezirkelte, mit vibrierender Anspannung genau eingehaltene Spielphantasie ein; dahinter ist zuweilen die übergroße Anstrengung zu spüren, nicht leiden, nicht »wirklich« sein, nichts erklären zu dürfen, sondern bloß ein Arrabalsches Kunstprodukt zu figurieren. Fritz Lichtenhahn, mit rotblondem, mädchenhaft langen Haar, im clownshaften, orangefarbenen Sacktuch, dem Kaiser infantil-treumütig ergeben, übernimmt den – durch die Komik des täppischen Zöglings – realistischeren Part, aber er hat diese Haltung, den kindlich neugierigen, den naiven, schwyzerisch angefärbten Ton des ausprobierenden Sprechens genau abgerichtet auf ein (zum Kaiser) alternatives und plötzlich umkehrbares Spielverhalten. Schwul ist für die Beziehung der beiden kein eindeutiger Begriff aus der Liebespathologie, schwul heißt, sich im zugewendeten Ab- und Ebenbild in unzähligen Formen zu begegnen. »...und der Körper dieser... dieser... Person verwandelt sich in viele, viele kleine Spiegel und man spiegelt sich millionenfach in ihnen...« »Vielgestaltig pervers« sei, meint Freud, der Mensch geboren – für Arrabal steckt dahinter eine ganze Spieltheorie fürs Theater.

1968

Den Traum alleine tragen

Versuch über »Die Trauung« von Witold Gombrowicz und die deutsche Erstaufführung am Schiller-Theater Berlin

Sich an das Erschaffen seiner selbst heranmachen und aus Gombrowicz eine Gestalt machen – wie Hamlet oder wie Don Quichote?!
Tagebuch des Witold Gombrowicz

1. Paraphrase über den Misthaufen

Hamlet ist Don Quichote ist das *allerschwierigste Königreich der in sich verliebten Unreife* ist ICH. ICH. ICH. ICH ist Anfang (von Gombrowicz' Tagebuch) ist allen gemeinsam ist Beginn eines tautologischen Theaters: 1945, als Witold Gombrowicz ein Stück FABRIZIERT hatte, das *Die Trauung* hieß, welches ein Stück ist, das Theater FABRIZIERT, indem es dessen Tradition verkleinert bis auf den Punkt, wo alles Parodie wird, so wie der spanische Hidalgo posierte nach den geschleckten Schnittmustern der populären Ritterromane und deren herrlichen Helden, an denen er sich hochträumt und, aus Esoterik, zur komischen und schiefen Figur wird, so komisch, nur in pathologischerem Sinn, wie Hamlet wird, als er sich von seiner Hofgesellschaft betrogen sieht, nicht etwa um die Möglichkeit, aus dem Mißstand zu seiner Zeit heraus diese Zeit zu übertreffen und zu ruinieren, als vielmehr um jene, nach Vorbild und Tradition wieder ein ordentlicher und wunderbarer Märchenprinz zu sein in Dänemark, denn dieser Träumer wird zum Detektiv aus restaurativem Drang, so etwa, wie das Theater sich anstrengt, durch Pose und Form nach Vorlagen einer idiotischen Wirklichkeit für diese ein nicht-idiotisches Verständnis herzustellen, wobei es sich ja um eine großangelegte Lächerlichkeit handelt, eine Donquichoterie von Anbeginn, wie wenn im dritten Akt der *Trauung* Held Henrik, der sich zum Herrscher FABRIZIERT hat, den totalen Frieden dadurch einführt, daß er Staat und Gesellschaft fast samt und sonders ins Gefängnis sperrt, denn für Solipsisten wie Hamlet und Henrik muß die

Welt zum Gefängnis werden, wie für Gombrowicz und andere das Theater zum Gefängnis der Wirklichkeit wurde, denn es dient zur Abschaffung von Wirklichkeit.

Misthaufen. Da ist ja der Hund begraben, daß ich meinen Ursprung aus eurem Misthaufen ableite. In mir ruft das, was ihr durch Jahrhunderte als Abfall hinausgeworfen habt. Ist meine Form eine Parodie der Form, so ist mein Geist eine Parodie des Geistes und meine Person eine Parodie der Person... Nein, das ist kein Zufall, daß in dem Moment, da man um jeden Preis einen Helden benötigt, unversehens ein Narr geboren wird — ein seiner selbst bewußter und darum ernster. Zu lange wart ihr allzu wörtlich — allzu naiv — in eurem Entscheidungsspiel mit dem Schicksal. Ihr habt vergessen, daß der Mensch nicht nur er selber ist, sondern auch sich selbst vortäuscht. Ihr habt alles auf den Mist geworfen, was in euch Theater und Schauspielerei war, und habt euch bemüht, das zu vergessen — heute seht ihr durchs Fenster, daß auf dem Misthaufen ein Baum gewachsen ist, der die Parodie eines Baumes ist.

Tagebuch des Witold Gombrowicz

2. Spielball im Spiel

In der *Trauung* bereichert sich die Parodie, der dialektische Spleen, um die literaturkundliche Anspielung aufs *Hamlet*-Stück. Gombrowicz legt aber doch keine *Hamlet*-Paraphrase an, er bereitet lediglich eine operationale Basis vor, von der aus einer wie Hamlet werden kann. Auch Henrik in der *Trauung* kehrt heim, aus dem Krieg nämlich, und zwar mit hochgestochenen Erwartungen, er sucht, was mal so war und wie es sich ihm in der Erinnerung vergoldet hat. Aber der ersten Wiederbegegnung mit dem Zuhause kommt nur noch eine unscharfe Qualität von Wirklichkeit zu, als blinke das nur im flüchtigen, zweifelhaften déjà vu auf, worin alles sich so ähnlich wie unähnlich zugleich sieht. Seiner überdeutlichen Sehnsucht gemäß zeigt sich ihm, was er vorfindet, als äußerst verlumpt und travestiert: die Eltern besitzen und bedienen eine Kaschemme, die Geliebte, die jungfräuliche Braut findet sich als durchgenudelte Schweinemagd wieder, zu Gast sind gröhlende Säufer. Henrik zweifelt, ob daran noch Realität, ob nicht alles vielmehr Nachtmahr und Alp sei. Die ungewöhnliche Irritation des Stücks *Die Trauung* geht

vor allem davon aus, daß der Zuschauer nie unverbrüchlich erfährt, ob außer der solipsistischen Henriks etwa noch eine andere Wirklichkeit in diesem Stück vor sich geht. Denn man ist ja so rasch keineswegs von der realen Existenz der Kneipenwelt überzeugt. Sind das nicht nur die objektivierten, sich verändernden, sich konkretisierenden Vorstellungen Henriks, die darin aufdämmern? In der Berliner Inszenierung Ernst Schröders war außerhalb der Realität von Henriks Monologen alles andere Traum und immateriell, Traum aber aus modellierbarem Stoff, den Direktiven der Worte und Einbildungen hörig. Denn wie beschaffen die Realität auch immer sein mag, die Henrik vorfindet, anfällig fürs Verwunschene und die unablässige Verwandlung ist sie ganz sicher.
Henrik ist Hamlet dermaßen, daß er, sich dem Spiel ganz eingebend, darüber die Kontrolle verliert, ihm anheim-, aber doch immer wieder verzweifelt aus der Rolle fällt. Mit der Kaschemme kann er sich nicht abfinden, es muß wiederhergestellt werden, was von ehedem und von Kindheitstagen her sich ihm zur schönen, prachtvollen Welt verzaubert hat: ein Königreich, ein Märchen. Er inszeniert es, und soweit seine Worte reichen, verwandeln sich die kümmerlichen Figuren nach ihnen. Die Eltern werden das Königspaar, Mania wieder zur Jungfrau und zu seiner Braut, er selbst wird Prinz und ist auf *Trauung* aus. Das höfische Märchen nimmt aber unversehens seine eigene Realität und Konsequenz an; es kommen fremde Intrigen und unkontrollierbarer Machtkampf auf gegen die inständige Zeremonie, in die Henrik seinen Wirklichkeitsschauder umgesetzt hat.
Man überredet, zwingt ihn, selbst König zu werden, den Vater abzusetzen, allein zu herrschen, sich selbst die Trauung zu geben, »reif« zu werden. Damit nimmt das von ihm, Henrik, angezettelte Spiel eine abrupte, unvorhergeträumte Wendung, er muß seine Rolle wechseln, muß König sein, das war alles nicht ausgemacht, und auch nicht, daß er bei seinen ungeschickten Versuchen als »Machthaber« weiterhin alles zu inszenieren, am Ende statt der Trauung ein Leichenbegängnis FABRIZIERT.

Wie schrecklich alles mir entschlüpft! Über nichts herrsche ich! Ich bin ein Spielball des Spiels. Beherrschen! Ach, wenn ich beherrschen könnte!

Da beklagt der Narr Henrik den Verlust eines Theaters der prästabilierten Vorgänge und Entwicklungen, wohingegen er selbst in einem

Stück beschäftigt ist, das er nach Maßgabe und Reichweite seiner Worte in jedem Moment produziert, sich selbst als Beobachter ins Beobachtungsfeld einlassend.
Der Anfang ist der Anfang, commencer par le commencement, der Vorhang geht hoch, »Der Vorhang ist aufgegangen«, nachplappern, was geschehen ist, ist das Stichwort für das, was als nächstes geschieht; sich vorsprechen, daß man allein und ringsum nur Leere ist, verändert die Einsamkeit und die Leere, da spricht man sich Einen herbei, undeutlich aus dem Dämmer, der ist wie man selber und doch der Andere, mit anderem Namen: Wladzio, der führt die Traurigkeit und die schlechten Träume auf das unverdauliche Gulasch vom Vorabend zurück. So kann es weitergehen: wenn Einer Wider-worte, Gegen-sätze gibt –
Natürlich hat das mit der Genesis-Magie zu tun, aber viel direkter und spezieller mit der Herstellung von Realität durch öffentliches Sprechen auf dem Theater. Worte erschaffen Personen, Rollen, Situationen, die die nächsten Worte, die nächsten Verhaltensweisen provozieren. Gombrowicz' Solipsismus führt in der *Trauung* einen seit langem verdrängten, unter der Herrschaft der Aristotelischen und der Brechtschen Theaterästhetik korrumpierten Anspruch des Theaters auf sich selbst herbei, Theater, das sich erprobt an Ort und Stelle, das seinen Traum alleine trägt.

Hier sieht man, daß der Solipsismus streng durchgeführt mit dem reinen Realismus zusammenfällt.
Das Ich des Solipsismus schrumpft zum ausdehnungslosen Punkt zusammen, und es bleibt die ihm koordinierte Realität bestehen. Was geht mich die Geschichte an? Meine Welt ist die erste und einzige!
Ich will berichten, wie ich die Welt vorfand. Was andere mir auf der Welt über die Welt sagten, ist ein ganz kleiner und nebensächlicher Teil meiner Welt-Erfahrung. Ich habe die Welt zu beurteilen, die Dinge zu messen.

Ludwig Wittgenstein, *Tagebücher*, 2.9.1916

3. Wer es könnte

Wer es könnte – die Unreife nicht mit überreifen Worten beschreiben, die Unfeierlichkeit nicht mit feierlichen Worten erklären,

wissen, daß einer klug daherredet und daß er selber dumm ist, die Form, die den Menschen degradiert, weil sie seine Unreife verhehlt, durch die Zeremonialisierung der Form zerstören — wer das könnte.
Die Antinomien des Witold Gombrowicz, die aus seinen Überlegungen im *Tagebuch* (oft ganz wörtlich) in der *Trauung* wieder auftauchen — es ist das in einem anspruchsvollen Sinn wirklich ein Diarium-Stück — bewegen sich immer zu der kindlichen Ganzheit hin, aus der sie einmal ausgebrochen sind. Dabei ist, was unreif, fragmentarisch, nicht mehr naiv, aber auch noch nicht hergestellt, nicht fertig ist: die Gegenwart, mit der Kunst es zu schaffen hat. Das setzt sich im Stück in die andauernde Spannkraft des Unterwegs um, die — jenseits von aller Determinierung — doch eines einzigen Ziels sich versichert hat: der *Trauung*, der Vereinigung jener verschränkten, sich hin und her zerrenden Gegensätze. Diese Struktur läßt nichts nach Gutdünken zu, es gibt kein assoziatives, alogisches Aneinanderreihen, keine Sprünge und Abschweifungen, statt dessen aber eine Art eigengesetzlicher Mutation von Worten und Rollen (um manche Worte legt sich der magic circle: Antastbarkeit-Unantastbarkeit, der Finger-Finger, mit dem man antasten kann, mit dem man die Würde des Königs, aber auch die jedes anderen »reifen« Individuums durchbohren und vernichten kann).
Wer es könnte: im unerbittlichen Spiel mit seinen Konventionen das Theater bis zum Abgrund seiner Zukunft treiben — der müßte hier der richtige Regisseur sein. Ernst Schröder, der die deutsche Erstaufführung im Berliner Schiller-Theater inszenierte, hat den »Gottesdienst der Zukunft«, den Gombrowicz für die Aufführung seines Stücks empfahl, nicht oder doch nur mit sehr viel Skepsis zelebriert. Er führt *Die Trauung* als ein FERTIGES Produkt vor, als sei das Stück für Kenner Ionescos und Handkes vor allem genealogisch interessant. Weil dabei auch jenes Probier- und Strapazierspiel mit dem Theater selbst indifferent blieb, also eine NEUGIER AUF DEN NÄCHSTEN MOMENT nicht entfacht wurde, waren zumindest die Ereignisse des ersten und zweiten Akts ziemlich unverständlich und langweilig.
Nichts darf zu Beginn die geringste Selbstverständlichkeit besitzen, alles ist äußerst fragwürdig und erstaunlich. Der Schauspieler des Henrik hat sich vorzustellen, er habe zu einem Heimkehrerstück, *Draußen vor der Tür* oder so, antreten wollen, und in dem Moment, da der Vorhang aufgeht, unter dem Blick einer immer wieder un-

verhofften Öffentlichkeit, verschwindet dieses »Theaterstück«, die Kulissen, die Mitspieler, der Text, jegliche Verabredung um ihn herum. Das Theater setzt ihm die Große Verweigerung entgegen. Er steht da, ist eigentlich fehl am Platz, jetzt muß er was anderes machen, sein Theater; er fängt an, sich auf sich selbst zu besinnen, sein Alleinsein; monologisierend redet er noch vom Krieg, von Trümmern, also vom Stück, das eigentlich gespielt werden sollte.

Der Schauspieler des Henrik muß der Öffentlichkeit das Entsetzen des öffentlich allein gelassenen Menschen vermitteln. Wird dieser Anfang nicht zu einem wirklichen *coup de théâtre*, kann es nicht zu diesem sich selbst fabrizierenden Theaterstück kommen, was *Die Trauung* aber verlangt.

Helmut Griem, der Berliner Darsteller des Henrik, hat diesen ersten Moment verpaßt. Er spricht, zwar nachdenklich und befremdet, aber doch wie ein Schauspieler, dem nichts Unvorhergesehenes widerfahren ist, der über den Verlauf des Abends sich nicht zu sorgen braucht. Er ist schon Rolle, nicht ein von allen guten Rollen momentan verlassener Schauspieler. Es blieb dann auch bei einer zu hastigen, zu lauten, zu unkritischen Schauspielerei. Griem ist wohl fähig, NAIV zu staunen, aufzubegehren, gegenüber dem, was da mit seinem Spiel, mit ihm geschieht, aber er schien nie so ganz zu begreifen und wissen zu lassen, daß schließlich er an allem schuld ist, was da über ihn kommt — damit aber ist doch für Gombrowicz jene UNREIFE gemeint, die diese Figur umtreibt.

Schröder hat es den Schauspielern auch schwer gemacht, durch die Sprache ganz auf ihre Rolle zu kommen; er veranlaßt auf weiten Strecken einen sehr karikaturistischen Umgang mit Gombrowicz' Text. Dessen Sprache hat ja einen merkwürdig kindlich-artifiziellen Ton. Kindlich ist dies in sich rotierende Sprechen, die insistente Wiederholung einzelner Wörter (worin sich die Erprobung ihrer Realitätsfunktion ausdrückt): »Näher, sonst, wenn nicht, dann werde ich mich nähern, ich werde mich annähern, und wenn ich mich nähern werde, wirst du dich nähern...« Dazu gehören auch tautologische Floskeln wie: »schweinisches Schwein von einem Säufer«, »eine menschlich-menschliche Messe« usw. Das sind Litaneiformen, ähnlich wie sie in Handkes *Weissagung* verarbeitet sind. Damit treibt die Tautologie die doppelte Wirklichkeit von erfahrenem und beschworenem Bestand der Dinge hervor.

Dafür ließe sich bestimmt eine manieristische Sprechweise erarbeiten, die aber weder zu übertriebener Lautstärke, noch zu einem widersinnigen Phrasieren (die ersten Worte vorschnellen lassen und kurz vorm Ende des Satzes abkippen und tonlos werden) führen dürfte. Henrik schämt sich der Künstlichkeit seiner Sprache, wos ihm doch ganz anders zum Maul stünde, so wie sich der Schauspieler des Zeremoniells seines Spiels schämt, aus dem er eigentlich immer wieder ausbrechen müßte.

Schröders Sprechen selbst — er gibt in dieser Aufführung den Vater-König — hat ja auch nur einen geringen Modulationsbereich: den kleinen verhärmt-wehleidigen Ton, mit schief gesenktem Kopf und vorgeschobener Schnute, und den großen Brüller. Deshalb zeigt er doch aber schauspielerisch allerhand her. Die Verwandlung des kläglichen Kneipiers in den großmäuligen König, der seine Schißrigkeit nie so ganz überbrüllen kann, — halb Tito und halb Ubu Roi — das hat genau die unscharfe Balance zwischen verschiedenem Rollenverhalten, wie sie dies Stück braucht. Daneben war Gudrun Genest (Mutter und Königin) eine girrende Ionesco-Alte, lieh Hans Dieter Zeidler (als Säufer), ein intrigierendes, kumpanisierendes Proletarier-Unikum (mit dem aufständischen, vielbedeutenden Zeigefinger), seiner Dickheit eine laute, breitzüngig die Worte wälzende Stimme.

Daß Schröder kein nuancierter Sprachregisseur ist, dafür steht das irrige Zutrauen, das er für Josef Svobodas Bühnengestaltung hegte. Eine mal spiegelnde, mal transparente Wand steht diagonal in die Bühne; oben sind Scheinwerfer so montiert, daß die Schauspieler in ihrem Lichtkegel ein (undeutliches) Abbild von sich auf das Glas projizieren. (Aber produzieren sollten sie sich doch in einem doppelten Bewußtsein von Worten...)

Hinter der Wand spielt sich das »präexistente« Bühnenleben ab; etwas verschwommen, in nicht genau zu schätzender Entfernung stehen da z.B. die Eltern oder sitzt breitbeinig verkehrtrum auf dem Stuhl die Exbraut Mania (Dagmar von Thomas). Sie unterhalten sich mit den schon »lebenden« Personen über weithallige Mikrofone, die längs der Glaswand aufgehängt sind. Aufs (von Schröder festgesetzte) Stichwort laufen sie dann rüber in die »Realität« — die Anführungszeichen spielen auf das Mißverständnis dieser Einrichtung an. Darin liegt, so sinnfällig das technisch auch klappen mag, ein Einbruch perfektionierten Theaters in die verletzliche Versuchsanordnung, der Theater sich in diesem Stück unterzieht.

1968

Ein Stück ist ein System

Bonds »Gerettet« in Dortmund, Hannover, Kassel, Ulm, Berlin

Die Fabel:

Pam (23) hat sich aus langer Weile Len (21) angeschafft. Len will bei Pam bleiben. Pam und Len fahren Boot, Fred (23), der Boote verleiht, kreuzt auf. Pam ist ganz verrückt nach Fred. Len ist immer noch da, er hat sich in Pams Familie eingenistet. Pam kriegt ein Kind. Len will Vater sein. Pam will, daß Fred der Vater ist. Fred hat von Pam die Nase voll. Pam schiebt Fred den Kinderwagen hin und haut ab. Fred und Barry, Colin, Pete, Mike kommen in Wut und pfeffern Steine in den Kinderwagen. Fred muß in den Knast. Pam will Fred nach dem Knast zu sich holen. Fred macht Pam klar, daß sie ihn ankotzt. Ein für allemal. Len ist immer noch bei Pam. Harry (68) und Mary (53), Pams Eltern, kriegen Streit. Mary findet Len nett. Harry versteht sich mit Len. Len bleibt da. Pam liest die Fernsehzeitung.

Diese Fabel ist von außen leicht zugänglich. Sie beginnt mit einem unvorbereiteten Anfang, den keine Vorentscheidung, kein angesammeltes Motiv-Material, keine Erbschäden, keine Intrigen usw. belasten. Sie begnügt sich mit den eigens von ihr herbeigeschafften Komplikationen und Verschränkungen, unterläßt aber alle Verweise auf andere mögliche Vorgänge als jenen akuten, den sie selbst vorantreibt.
Nur ist diese Fabel nicht — was heute denkbar wäre, aber auf dem Theater noch nicht stattgefunden hat — pure action. Der direkte Handlungsvorgang ordnet sich ein in ein Zeichensystem von Bewegungsabläufen, emotionalen Erschütterungen, Sprachstereotypen. Bonds Fabel, die den Begriff, den sich Brecht davon machte, wiederum aristotelisch korrigiert, ändert außerdem etwas an den Realismus-Schwierigkeiten des Theaters. Es läßt seinen gewöhnlichen Veranstaltungscharakter zwar unbeschädigt, verleitet den Betrachter aber auf »illusionistischem Weg« in die Klausur der Fabel hinein.

Nur wird dem Zuschauer der rohe Realismusappetit verdorben, weil sein Anschauungs- und Einfühlungsverlangen immer wieder auf Abstraktionen stößt: nicht Individuen, sondern Menschen als Resultate, nicht psychologische Beziehungen, sondern emotionale Kraftfelder, die man analysieren und nicht mitempfinden kann, begegnen dem Zuschauer. Ähnlich hat Martin Sperr in den *Landshuter Erzählungen* versucht, eine Art synthetischen Realismus herzustellen, der Analyse und Anschaulichkeit, Darstellung und Demonstration, Sprache und zitiertes Sprechen zu einem Wirklichkeits-Impuls vereinheitlichen will.

Falsche Erregungen

Blöderweise verfängt sich das Interesse an *Gerettet* immer wieder in den vordergründigsten moralisch-sozialpädagogischen Erörterungen, und die Theaterleute müssen offenbar innerhalb des Öffentlichkeitsservices ihres Hauses das Geschwätz um die Moral mit tödlichem Ernst austragen. Wenn Stadtväter die Subventionen zu kürzen drohen, Hausfrauenverbände öffentlich protestieren und Studienräte Drohbriefe schreiben, richtet das formalanalytische Argument kaum was aus. Stadtväter, Hausfrauen, Studienräte oder wie in Dortmund: Staatsanwälte, Lehrer und Seelsorger werden dann eben zur Diskussion geladen. Es muß bloß der Makel des pädagogisch und moralisch Schadhaften ausgemerzt sein, dann mag die Kunst sich selbst überlassen bleiben. Solch ideologischer Aufwand um eines der selbstverständlichsten Theaterstücke der letzten Jahre ist allerdings bitter grotesk, und hirnrissig ist die Verfügung der Intendanten in Kassel und Ulm, Jugend von einem Stück nur über Jugend gleichsam auszusperren: sie befänden *Gerettet* für Jugendliche nicht geeignet, ist in beiden Städten an der Theaterkasse zu lesen.
Peter Borchardt, der Regisseur von *Gerettet* in Dortmund, hatte da schon einen anspruchsvolleren Einfall: er probierte dies Stück als sozialpsychologischen Testfall aus an einer Gruppe von waschechten rockers, Gelegenheitskriminellen und schwer erziehbaren Jugendlichen, die er zur Hauptprobe und Diskussion lud. Die zeigten sich auch ziemlich eingenommen für das Stück, fanden sich recht genau getroffen im Milieu, nörgelten allerdings am unwahrhaftigen Verhalten der gang rum: ein Kind umbringen, das täte wohl keiner von

ihnen, das könne sich ja nicht wehren, drauf pissen, das könnte einem schon mal einfallen. So ein Drumherum, das zum Stück kaum hinführt, macht *Gerettet* zu einem kleinen Theaterpolitikum, und manches Theater ist dabei ein bißchen stolz, sein *Gerettet* durchgesetzt zu haben — Avantgarde-Prestige. Nichtsdestoweniger läuft das Stück seine Dutzend Vorstellungen meist im Untergrund des regulären Theaterbetriebs durch: Hannover (Landestheater im Ballhof) ausgenommen, wird es allenthalben in kleinen Häusern und außer Abonnement gezeigt.

Beträgt sich denn das Publikum tatsächlich so unduldsam? Das verrufene 6. Bild, in dem ein Baby gesteinigt wird, haben — in den meisten Fällen — nach der Premiere die örtlichen Gazetten zurechtgerückt und verständnisvoll interpretiert. In Dortmund, Kassel und Ulm brachte in den Aufführungen, die ich sah, diese Szene denn auch niemanden auf oder dazu, das Theater zu verlassen. Keine Unruhe, aber auch keine Beklemmung, eher schon Skepsis, ratloses Verwundern — wenn es schon zu formulieren ist, welche Kollektiv-Empfindungen man wahrzunehmen glaubte. Das lag einfach daran, daß es keinem der Regisseure gelungen war, die aufgipfelnde Spannung aus dem bisherigen Stückverlauf, und besonders aus dem Rumoren, der Nervosität, dem Überdruck und den Provokationen dieser sechsten und längsten Szene des Stücks durchzuhalten und in jene notwendige Enthemmung durch die prasselnden Steinwürfe überzuführen. Dann wäre an die Stelle von Befremdung oder Empörung ein gespanntes, vielleicht ein wenig atemloses Verständnis getreten. In Hannover, wo diese Szene vollends zerfledderte, sich langhin rangelte und die gang in lasziver Flapserei die angestaute Aggression zerstreute, mehr aneinander loswurde, anstatt sich gegenseitig zur gemeinsamen Aggressionstat hochzuprovozieren, da mußte die Steinigungsszene wie geiler Terror, wie beliebig grausam wirken. Und so geriet ebenso wie das auf der Bühne Dargebotene auch ein Teil der Zuschauer aus der Fassung. Stramm bürgerlich entrüstet, das Stück und den Intendanten, der so etwas in seinem Haus zuließ, grob beschimpfend, sich ekelnd wandten sich etliche hannoversche Premierenbesucher ab.

Das hängt mit der leicht verletzbaren inneren Organisationsform des Stücks zusammen. *Gerettet* ist tatsächlich ein extrem illusionistisches Theaterstück, wie immer es sich über die Abarten des banalen Einfühlungs-Theaters erheben mag. Genausowenig wie bei Peter

Brook lassen sich in dieser Szene bei Bond Schock, Brutalität, Terror ausstellen oder bloß markieren, sie vereinheitlichen Zuschauer und Bühnendarstellung in gemeinsamen affektuellen Erfahrungen und Impulsen. Verharmlosendes oder karikierendes Verhalten der Schauspieler in diesem Moment entläßt den beteiligten Zuschauer aus so einer Identität, und erst dann findet er Gelegenheit, auf seine angestammten Gesinnungen zu verfallen und zu protestieren.

Pop und Milieu

Das proletarische Wohnzimmer-Interieur gegen Embleme aus der Beat-Kultur abzusetzen und damit gleichzeitig das Illusionistische am Kunstfertigen zu begrenzen, so wie der Bühnenbildner Jürgen Rose bei diesem Stück in München verfuhr, das hat Schule gemacht in Dortmund und Kassel. Über die ganze Bühnenbreite hat Werner Hutterli in Dortmund einen grell ablenkenden Prospekt, überfüllt mit strips aus *Barbarella*, ausgehängt. Der flacht die Bühne ganz nach vorne, aufs Proszenium hin ab, die Schauspieler quetschen sich links und rechts durch die Nullgassen zum Auftritt. Es ist gewiß eine richtige Entscheidung, dies Stück nah und flächig an die Rampe zu schieben, aber in Dortmund war das auf die lebensfroh-komödiantische, volkstümliche Version, die Peter Borchardt von diesem Stück vorzeigte, nicht abgepaßt
In Kassel, auf der weitläufigen Bühne des Kleinen Hauses, besteht die andere Gefahr: vor allem in den Wohnzimmer-Szenen beschädigt die erhebliche Entfernung der Zueinandersprechenden das verklammerte, stichomythisch karge Dialogsystem, und zu laute Deklamation verträgt die auf floskelhaft einfache Aussagesätze reduzierte, ständig vom Sprachschwund bedrohte Unterhaltung auch nicht. Überschriftet ist diese Aufführung von einem Rätselspruch über ein Geflüster zwischen Liz Taylor und Mike Todd, auf ein knallrotes Kunstblech von Bazon Brock gemalt, das Thomas Richter-Forgách mitten in die Kassler Szene gehängt hat.
Es wäre albern, wenn man mit diesem Brock-Rätsel eine Analogie hergestellt haben wollte zum obszönen Ratespiel, mit dem sich Pam und Len im ersten Bild ihre sexuelle Verlegenheit vertreiben wollen: »Warum hat sich die Frau mit den drei Titten erschossen?«, »Was sagte die Hebamme zur Nonne?« Hoffentlich hat man nichts ande-

res aufs Schild setzen wollen als eine Umschreibung dafür, wie in *Gerettet* die Rätsel und Unbegreiflichkeiten der Vorfälle und Beziehungen zwischen den Personen nur in sich selbst bestehen und nur in eigenen Konsequenzen sich auflösen. Mit soziologischer und jugendpsychologischer Anteilnahme ergründet man da nichts: es spielt ja auch das Milieu, der soziale Ort, keine problematische Rolle, wie man zunächst meinen könnte. Die Arbeitswelt, von der ab und zu ganz beiläufig geredet wird — Harry geht nachts zur Arbeit, Len wird entlassen usw. — greift unmittelbar ins Stück nicht hinein, ist auf direktem Weg nicht etwa verantwortlich für die unvereinbaren Liebesinteressen von Pam und Len, so wie die soziale Rolle der arbeitslosen oder tagelöhnernden gang im Gewaltakt des Babymords völlig inkommensurabel wird. Sprache und Milieu eines Arbeiterviertels in Süd-London stellt sich bei Bond als gesellschaftliche Faktizität dar, sie bleibt unkritischer und motivloser Hintergrund, die Haßsüchte, Explosionen und Kämpfe, die dies Stück erschüttern, gehn hingegen aus einer kompliziert verstrickten, unbewältigten Privatheit der Einzelpersonen hervor, und der gesellschaftstheoretische Hinweis, solch unbewältigte Privatheit spiegle nur die entfremdenden Sozialverhältnisse wider, trifft auf *Gerettet* nur vag zu. Es gilt davon nur, daß Bond wirklich seine Figuren nur mehr als Resultate der Gesellschaft vorführt, das Herstellungsverfahren, das »Werden«, der Produktionsweg, der zu solchen Resultaten hinkommt, all dies wird im Stück weder vorgezeigt noch angeklagt.

Mißverständnisse in Hannover und Dortmund

Keine der vier Inszenierungen hat denn auch das Milieu als Krankheitsherd herausgestellt, dem Mief an allem die Schuld gegeben. Spärlich, nur mit dem fürs Spiel notwendigen Mobiliar ist überall der proletarische living room bestellt, mehr oder weniger nach kleinbürgerlicher Geschmacklosigkeit ausgerichtet, gruppieren sich lose das Sofa, der Sessel für Harry, Eßtisch und Fernsehapparat, ohne je den Charakter von schnell auf- und abräumbaren Theaterrequisiten zu verlieren. Und auch in Hannover zeigt die Bühne von Hans Kleber kein umschlossenes, miefiges Wohnstuben-Idyll. Stattdessen diffamiert Angelika Hurwicz, die hier inszenierte, dies Milieu akustisch, und zwar ziemlich grob: *Wenn der weiße Flieder wieder blüht* und

andere Kitsch-Schlager, die in Umbaupausen aus den Lautsprechern schwingen, verunglimpfen banal und gehässig dies Milieu, das sich als weitaus spartanischer und »wertneutraler« erweisen muß, als das die Schnulzenseligkeit vorgibt.
Die Hurwicz wird mit eben jener Faktizität, der äußeren Unangreifbarkeit der Verhältnisse und Miseren dieses Stückes nicht fertig. Anstatt diese als komplett vorgefundene Wirklichkeit herauszustellen und nachzuarbeiten, versucht sie, Faktoren und Beweggründe dingfest zu machen. Aus dem Fernsehen sind aktuelle Nachrichten aus Vietnam und über verunstaltete Kinder zu hören. Dadurch entsteht prompt ein verquerer Bezug einerseits zum Kindsmord in diesem Stück und erhebt sich zum andern ein unangemessener politischer Vorwurf gegen die teilnahmslos um sich selbst bekümmerte Privatheit der abendlichen Fernseh-Gemeinde in Pams Wohnzimmer. Die Regisseuse unternimmt es, sich im Stück moralisch zurechtzufinden. Sie will die Jugend in Schutz nehmen und meint das nur zu können, indem sie die beiden Alten stellvertretend für das — bürgerliche?! — Erziehungsunwesen der gefährlichen Indolenz beschuldigt. Nun ist in diesem Stück aber nichts »stellvertretend« gemeint. Es sei denn, man bräche die Klausur der Fabel auf — dazu, schien mir, sah sich Angelika Hurwicz von ihrem ungerechten Gerechtigkeitsempfinden verleitet.
Peter Borchardt in Dortmund hatte da noch viel weniger Skrupel. Ihm lag vor allem an einer restlosen Akklimatisierung des englischen Stücks an die Aufführungsstätte an der Ruhr. Der ortsansässige Staatsanwalt Hans Peter Buschmann stellte nach der Übersetzung von Klaus Reichert eine — leicht purgierte — Übertragung in den Kohlenpott-Dialekt her. Nun haben Dialekte so ihre Mentalität und gleichen sich nicht jederlei Sprachcharakter an. Die verknappte, unmelodisch lakonische Sprache Bonds ließ sich kaum ins Revier-Deutsch, in vollmundigen Singsang umsetzen. Das dem Ruhrgebiet sonst eigene, vom ausgesparten Verständigungsumgang mit den polnischen Zuwanderern hergeerbte Sprach-Unvermögen, die »Wollmasagen«-Schwerfälligkeit Jürgen von Mangers wollte man begreiflicherweise vermeiden und zog also das Dialogtempo gehörig an. Die Aufführung dauerte knappe anderthalb Stunden und war ein eklatanter Lacherfolg.
Das Giesing-Bayrisch Martin Sperrs war in der Kammerspiel-Aufführung der argot eines Münchner Stadtviertels, der, auf der Bühne

gesprochen, zur Kunst-Sprache wurde, schon weil dies verschlossene Idiom für die meisten Zuschauer einen ähnlichen Grad an Ungewöhnlichkeit und Indirektheit erreicht wie ein gewundener Klassiker-Vers. In Dortmund aber bekamen die Dortmunder ihre regionale Umgangssprache (und nicht einen Dialekt) zu hören, und das eben führte zu jener ausgelassenen Sympathie zwischen Bühne und Publikum, auf die es sonst nur Volkstheaterschwänke abgesehen haben. Das Akklimatisierungsbestreben brachte den Regisseur aber noch auf ganz andere, handfeste Eingriffe in den Stücktext. Alles, was für Dortmund unwahrscheinlich wäre, sollte geändert oder weggestrichen werden. Die Angel-Szene zu Beginn des sechsten Bilds kommt nicht vor, stattdessen schiebt Fred ein prächtig funkelndes Motorrad auf die Bühne. Außerdem halten sich in Dortmund, wie man erfahren hatte, Halbwüchsige für gewöhnlich nicht in Parkanlagen auf, mithin findet die dritte Szene in einer Spielhalle statt, durch die der Einkaufsweg von Pams Mutter, die am Schluß des Bildes ja auftritt, nun quer hindurch führen muß. Daß Len im dreizehnten Bild einen Stuhl zu reparieren hat, hält der Regisseur für einen penetranten Symbolakt, läßt das Bild also weg und repetiert stattdessen das stumme Essenszeremoniell vom Anfang des vierten Bildes. Dabei sind ihm noch die Bewegungsabläufe zu auffällig und zu akzentuiert, fast zu mechanischen slapstick-Einlagen geraten.

Kassel: Ansätze, Verfeinerungen

Günter Fischer hat sich in Kassel in der Textur der zugeordneten, zeichenhaften Einzelheiten am weitesten vorgearbeitet. In seiner Inszenierung wird zumindest deutlich, daß *Gerettet* keine sinngebende Interpretation braucht noch verträgt, daß die Handlungsmotive in einem selbständigen und auch die Emotionen in einem eigenen Kräftediagramm genau notiert und abgekürzt sind. Beispielsweise wird dann die Angelszene, in der Fred dem Len vormacht, wie man einen Wurm zerquetscht, zum Zeichen für eine Brutalität, die kurz danach an einem »Menschwurm« sich austobt. Und wenn schon im dritten Bild die Typen der gang so nebenher mit Steinen nach Blechbüchsen werfen, ist das ebenfalls ein Zeichen für den aggressiven Überdruck, der sich später in der Steinigungs-Orgie entlädt.

Frau Hurwicz hatte in Hannover die gang zu einer schmierig herumtänzelnden, sich fortwährend betatschenden Schwulen-Clique dressiert, so daß man den Eindruck gewinnen mußte, der Kindsmord begründe sich in deren sexueller Abartigkeit. In Kassel fühlt man in dieser Szene eine ganze Kettenfolge von plötzlich freigesetzten Emotionen: die Verdrossenheit und Langeweile, die das Kind zum bloßen Spiel und Unterhaltungsobjekt benutzt – das Herumschubsen des Wagens als kleines match, als Flipper-Ersatz, die Streitsüchtigkeiten der gang-Typen untereinander, die flapsigen Rempeleien, die Wut Freds, daß Pam ihm das Kind unterschieben will, und schließlich eine verdeckte Machtprobe zwischen der Bande und ihrem »Star« Fred, der aus einer miesen und lächerlichen Situation herauskommen muß und nun den ersten Steinwurf tut, um seinen angeknacksten Ruf zu reparieren.
Der Kassler Fred (Wolf Martienzen) ist ein hagerer Kerl, nicht fühllos brutal, kein sich in den Schenkeln wiegender Sexualprotz wie in Hannover (Peter Prak), sondern labil und jähzornig, empfindsam und gewalttätig: von Pams Liebe fühlt er sich wirklich zutiefst bedroht und aufgestört, er und seine Kollegen werden wild, wenn jemand die harte Verkapselung ihrer rüden Egozentrik aufzuweichen versucht. Als sich Pam nach seiner Entlassung aus dem Knast wieder an ihn heranmachen will, fängt er an, unbeherrscht zu randalieren, schmeißt mit Tassen um sich und stößt Tisch und Stühle um: der Pam wird klar, daß tatsächlich alles aus ist und sie kein Recht hat auf Fred.
Dieses Auf- und Entladen von Affekten nutzte sich allerdings ab, weil der Regisseur diesen Vorgang auch dort noch in Bewegung hielt, wo er nur Schaden anrichtete: in den Wohnzimmer-Szenen sollte es vor allem den stillen, untergründigen Kampf aller gegen alle geben, der nur zum Schluß in dem ungewöhnlichen Gezeter zwischen Harry und Mary und in Pams Weinkrampf offen ausbricht, vorher und zwischendurch darf es nicht zu Brüllerei und Hysterie kommen. Wäre das nicht gewesen und hätte man außerdem für Len und Pam zwei glaubhafte junge Darsteller gehabt und außerdem eine besser verwandelbare Bühne eingerichtet und außerdem nicht so überhochdeutsch und penibel den Reichert-Text gesprochen und außerdem – vielleicht wäre dann in Kassel *Gerettet* gut aufgeführt worden.

Ulm: Enge und Ruhe

Die Bühne des Ulmer Podiums ist mit einem ausgewachsenen Menschen bereits übervölkert. Auf drei Meter Nähe einem schauspielernden Schauspieler ausgeliefert zu sein, überschreitet die erträgliche Dosis von körperlicher Gegenwart, für die man das Theater gelegentlich zu rühmen weiß. Immerhin seien hier doch die großen Beckett-Stücke gespielt und *Spiel* uraufgeführt worden. Aber in diesen Stücken sind bekanntlich nicht ausgewachsene, sondern meist in Zurückbildung begriffene oder schon in Urnen eingezwängte Menschen tätig. Im sechsten Bild von Bonds *Gerettet* sind jedoch sieben unruhige, aggressiv aufgeladene Menschen nebst einem Kinderwagen auf den spärlichen Quadratmetern nicht nur unterzubringen, sondern noch dazu in Rage und Gewalttätigkeit zu versetzen.

Und da sich in Ulm der Kinderwagen gerade in der unglücklichen Stellung befand, daß die Steinwürfe in Richtung Publikum zu verabreichen waren, wichen jene Gefühle wie Mitleid oder Empörung der einfachen und selbstischen Sorge um die Zielsicherheit der Steinewerfer. Es ist natürlich mit Detlof Krüger, dem Ulmer Intendanten und Regisseur von *Gerettet*, nicht über die Widrigkeiten dieser Behelfsbühne zu rechten. Was an Bewegungsraum, an Eskalation für die großen Szenen des sechsten und zehnten Bildes nicht aufzubringen war, verhalf den Innenszenen bei Pams Eltern zu den nötigen verdeckten, zuweilen aufplatzenden, schließlich sich auflösenden Spannungen. Das beschränkte sich nicht bloß auf Pam und Len, von denen die Aggressionsimpulse ja ausgehen. Auch Mary und Harry, die beiden Alten, waren dichter an der zirkulierenden Ansteckung von zänkischer Herausforderung und Haß und Quälerei und abgewürgtem Liebesempfinden beteiligt als in den anderen Inszenierungen. Als Len im neunten Bild der Mary ein Loch im Strumpf stopft und ihr dabei das eindeutige Angebot macht, mit ihr lieber den Abend zu verbringen als mit der Nachbarin ins Kino zu gehn, läßt Mary (Elisabeth Scherer) für einen flüchtigen, zärtlichen Moment ihr rohes Hausfrauengequassel verstummen, nimmt den erotischen Appell auf und entwindet sich ihm dann doch in einer leisen, zögernden Absage. Darauf fingert Len ein Taschentuch aus der Hose und legt sich aufs Sofa und schnallt sich die Hose auf: der alleingelassene Len, der alleinseiende Harry, sie nehmen die erotischen Praktiken der Vereinzelung auf: Onanie, Voyeursucht bei beiden,

Sadismus schließlich, in den Pams Vater sich eingeigelt hat. In Ulm ist Willi Court kein stumpfsinniges, abgestorbenes Pantoffel-Fossil, vielmehr ein genau äugelnder, teilnahmslos-gieriger Beobachter, der alles mitkriegt und sich seine hintersinnige Rechnung drauf macht, weil sein Sadismus aus einer rudimentäten Moral sich herleitet: im nächtlichen Gespräch mit Len (zwölftes Bild) weist er den grinsend und mit genüßlicher Gehässigkeit darauf hin, daß seine Tochter Pam dort unter ihnen nur heule und nicht etwa mit jemandem zusammen sei. Sie muß bezahlen für ihr Leben, ist sein gottgefälliger Kommentar.

Diese vorletzte Szene des Stücks ist — und so wurde sie auch in Ulm inszeniert — keine rührende Verbrüderung von zweien im gleichen Boot. Dieses Gespräch wird sich nicht nächsten Samstag wiederholen. Es hat damit seinen Zweck erfüllt, daß Harry dem verwirrten Len den Ratschlag zum Verstummen, zum Egoismus, zur Selbstbescheidung und vor allem zur Interessenlosigkeit gegenüber den anderen erteilt, Interessenlosigkeit, das ist das Gegenteil von Liebe, die Interessen verficht und Besitzansprüche erhebt. Dem Rückzug zu sich selbst, der Selbstbewirtschaftung und Selbstgenügsamkeit des Einzel-Ich, die für Bond die ehrlichste Reaktion auf einen vorgefundenen gesellschaftlichen Zustand ist, denen will Liebe vergeblich etwas Besseres weismachen.

Der arme Len, das Ungeheuer

Das Stück *Gerettet*, mal umgewendet, vom Schlußtableau her betrachtet, trägt keine Konflikte aus, sondern führt eine gestörte Konfliktlosigkeit in einen reparierten Zustand zurück. Wie kann man so etwas spielen, wie muß sich Len verhalten, der anfängt mit der Störung?

In Dortmund ist Len ein zappliger und pubertär verklemmter Junge (Reinhard von Hacht), der gegenüber einer rundlichen, indolent verschmollten Pam (Roswitha Dost) vom knäbischen Naturell her schon einen unsicheren Stand hat. So ein Kerlchen ist tätsächlich fürs Bett dieser Pam kein ausreichender Gespiele. In Ulm ist Volkhard Paris ein nuschliger, moroser Liebhaber, der eigentlich von Anfang an die Ergebnislosigkeit seiner Bemühungen um Pam eingesehen hat und sich des weiteren mit der menschenfreundlichen Position abfindet, einer unerreichbar Geliebten treu und passiv beiseite zu stehn. Da liegt in beiden Fällen gewiß ein unzulängliches Verständnis dieser Rolle vor. Wolfgang Hepp in Kassel und Mathias Fuchs in Hannover führen den Len auf die gleiche Grundveranlagung hin: die penetrante Gutartigkeit. Dennoch sind beide nicht treffend zu vergleichen. Hepp ist — dem Augenschein nach — um Jahre zu alt für diese Rolle. Ihm steht, so siehts aus, die Chance, sich endlich in einer Familie ruhig etablieren zu können, den Anstrengungen um Pam voran. Immerhin hätte er in der Kassler Inszenierung Grund, die Hoffnung nicht zu früh aufzustecken, denn hier macht die Pam von Meike Sang ihm deutlich klar, daß sie ihn nicht bloß als Montagsnotlösung mit nach Haus gebracht hat. Bis sie dem Fred begegnet und sich für den entscheidet, ist sie durchaus zufrieden mit ihrem Mitbringsel; belustigt und einverständig nimmt sie auf der Kahnfahrt an der kleinen banalen Idylle vom ordentlichen Leben teil, die Len für sie beide entwirft.

Verträumtheit, eine Unwirklichkeit durchsetzen wollen und dann doch fassungslos der Realität beiseite stehen, die deplazierten Eingriffe und Hilfestellungen nicht vermeiden können: Matthias Fuchs in Hannover ist, wie Parzival, an allem schuld. Er ist ein Ungeheuer der Passivität, ein Typus des unschuldig Schuldigen, wie er sich sonst im idealistischen Drama findet. Was Fuchs — und erst recht allen übrigen Schauspielern des Len — fehlte, ist, daß der ja die Unzulänglichkeit seines Verhaltens untersucht und immer wieder an sich rumprobiert. Das spielt im ersten Bild schon mit, in jener auftrumpfenden Zotenreißerei, die, wie man später hören kann, jener gang- und Untergrundatmosphäre abgelauscht ist, zu der Len nicht gehört, aber gerne gehören möchte. Und in der kräftigen Coitus-Hyperbel des Bonbonfütterns bläst sich ängstlich die eigene sexuelle Unbedarftheit auf. Len baut sich immer wieder ein paar kleine Machtpositionen zurecht, und sei es nur, daß er Fred, dem Idol, die angeforderte Zigarette verweigert. Oder wie er im neunten Bild vor der Mutter sich aufgockelt: nach den bitteren Erfahrungen mit Pam muß er nun mal woanders prüfen, ob seine Männlichkeit denn wirklich nicht verfängt. Und sie verfängt auch hier nicht, er muß mit sich selber aufs Sofa.

Eine wirklich überzeugende Pam gab es nicht zu sehn. In Hannover sollte sie abgefeimt, uninteressiert, launisch sein und ihre Liebe zu Fred aus verbiestertem Ehrgeiz betreiben: Monica Bleibtreu hat das

so durchgesetzt — aber von jener großen ramponierten Leidenschaft, die diese Figur zu verkraften hat, blieben dann doch nur ein paar Ausbrüche von kalter Hysterie.
Gerettet endet damit, daß einer den anderen in Ruhe läßt. Die Gegenstände, um deretwillen es Aufregung und Streit gab, sind in die Hände der rechtmäßigen Verwalter zurückgekehrt bzw. repariert worden: der Vater füllt den Totoschein aus, Mary räumt auf, Pam liest die Radiozeitung, Len repariert den Stuhl. Das ist keine Idylle, sondern eine Rehabilitierung der Wirklichkeit. Eine Gemeinschaft ist die Summe der Einsamkeit ihrer Inwohner.

Bond ohne Milieu

Die Schauspieler sitzen längs in einer Stuhlreihe am hinteren Rand des hellicht spiegelnden Stahlplatten-Podiums, die Dialoge knüpfen sich dort schon an, zwischen den noch Sitzenden, und werden bruchlos in den Mittelpunkt der Spielfläche überführt, es entstehen keine posierten Szenenbilder. Hat sich einmal eine Spielsituation definiert, geht eine orangefarbene Wand herunter, die die Spielenden von den teilnahmslosen Beisitzern absondert.
Die Bühne Wieland Heitmüllers vertreibt von vorneherein die Vorstellung von verschatteter, diffus beleuchteter Kleinbürgerstube. In Zadeks Theater ist — ungleich vielseitiger als Reinhardt sichs ausmalte — der Schauspieler aufs neue König, die einzig zuständige Realität der Bühne. Er ersetzt die Raumillusion: Pam und Mary schreien sich, nebeneinanderstehend, wie über eine Etage hinweg, zu; der Schauspieler ersetzt Requisiten: die sture Visage des einfach nur anwesenden Harry muß als Fernsehmattscheibe herhalten, seine Ohren sind die Regulierknöpfe, an denen Pam das Bild richtet, der Schauspieler ersetzt »naturalistische« Geräusche: im vierten Bild unterbricht Pam ihre hysterische Schimpfsuada in regelmäßigen Abständen und übernimmt das Quäken ihres Babys.
Weil in diesem Fall die Darsteller solche Zusatzaufgaben nicht ohne weiteres in ihre Rollen einpassen können, weil Bonds Stück, dessen Dialoge und Fabel Zadek weitgehend unangetastet läßt (wenige Veränderungen: der Anfang der achten Szene wird ans Ende der fünften gehängt, das — pantomimische — dreizehnte Bild ist gestrichen) auf eine in sich geschlossene, nicht milieuhaft naturalistische Weise

»illusionistisch« ist, deshalb blieb Zadeks Regiearbeit widersprüchlich — denn das von der Fabel vorgezeichnete Beziehungssystem der Figuren konnte und wollte Zadek nicht angreifen oder erschüttern. Und diese Figuren lassen sich ebenfalls nicht dem verpönten »Abbildungs-Realismus« entreißen: es bleibt bei der entnervenden Gutartigkeit des zäh sich ankettenden Len (Ulrich Faulhaber); da ist der in Manfred Fischbecks Darstellung leider zu wirkungsarme Sexual-Fetisch Fred, und Pam (Dorothea Beilfuß), eine gertige, betont häßliche Tulla-Poriefke-Erscheinung, die immer mehr in die schrillen Keifgesänge ihrer Mutter verfällt, und Axel Bauer als etwas zu treuherziger, selbstlos raunzender Vater Harry: sie alle fänden sich, so wie sie hier sind, auch in eine mögliche andere Inszenierung ein.

Zadek mag, angesichts der unerschütterlichen Konventionalität dieses well made play, erprobt haben wollen, in welchem Maße es eine anti-illusionistische Herausforderung aushält. Aber eigentlich nur in einer, allerdings exponierten Szene schien mir das zu sinnfällig neuem Ausdruck zu gelangen: beim Babymord im sechsten Bild. Nicht ein imaginäres Wurm wird im Kinderwagen mit Theater-Steinen beschmissen, sondern eine Bakelitpuppe wird nach und nach in einem zeremoniellen Umzug zerstört. Dies ist die zutreffende Metapher für eine Szene, in der pure Brutalität in einem unberechenbaren Spieltrieb sich umsetzen soll, damit einem nicht vor lauter moralischer Empörung die eigentliche Gefährlichkeit des Vorgangs aus dem Sinn kommt.

1968

Anläßlich »Kaspar«

1. Wörter untereinander

Im zweiten Teil des Don Quichote-Romans, notiert Michel Foucault in *Les mots et les choses*, einer Philosophie über das Ende der Neuzeit, des »humanistischen« Denkens, nimmt sich Cervantes' Buch selbst zum Gegenstand der Erzählung. Don Quichote trifft hier auf Leute, die den ersten Teil des Buches gelesen haben und in ihm dessen Helden identifizieren. Der schräge Ritter also selbst ist das Buch geworden, und er muß sich so verhalten, wie er gelesen wird. Er vermag sich auch aus seinem »außengelenkten« Selbstbewußtsein nicht zu befreien, denn er kann im Buch, das er selber ist, nichts Aufklärendes über sich nachlesen. Dies Paradox ist nicht bloß eine Spielchance humoristischen Erzählens, es stellt sich mittlerweile als Denkfigur derzeitiger Ästhetik dar. Die Wahrheit des Don Quichote, meint Foucault, liegt nicht mehr im Beziehungsfeld der Wörter zur wirklichen Welt, sondern in der komplizierten Verwandtschaft, in die die Wort-Zeichen UNTEREINANDER verwoben sind. Die enttäuschte Fiktion (»la fiction déçue«) der großen Romane hat den STELLVERTRETENDEN Charakter der Sprache an den Tag gebracht. Die Wörter verschließen sich um ihren Zeichen-Wert, eine in sich stimmige Kunst-Wirklichkeit wird studierbar.

2. Thesen-Theater

Handke, Kaspar, la fiction déçue des Theaters – die Bühne zeigt nichts her als was nicht Theater-Bühne wäre, ein ungeordnetes, eine Vorgeschichte verschweigendes Bühnenmobiliar, der Vorgang ist um eine Theater-Dimension nach hinten versetzt, er trennt nicht mehr die Erwartungen des Publikums vom Anblick der Bühne, er trennt die unvorbereitete Theater-Figur Kaspar vom überraschend vorbereiteten Spielraum, in die sie hineinstolpert, in »theatralischer« Aufmachung, maskiert und pudelnärrisch. Kaspar, zunächst, ist zum

Angucken da, er reizt die Phantasie. Handke denkt an Frankensteins Monster (oder King Kong), Literaten erinnern sich an Feuerbach, Verlaine und Trakl, Volkskundler an das Sagengut aus Mittelfranken usw. Kaspar aber ist eine Chiffre, ein Phantasie- und Kunstprodukt, keine Nullpunkt-Person, kein unbeschriebenes Blatt, denn er führt nicht vor, »wie es WIRKLICH IST oder WIRKLICH WAR mit Kaspar Hauser«, von dessen Legende verbleibt nurmehr ein Zitat, das Handkes Kaspar fortwährend und unbegriffen im Mund führt: *Ich möchte ein solcher werden wie einmal ein anderer gewesen ist.* Diesen nach allen Seiten hin offenen Satz ausgetrieben und eine neue, ordentliche Kommunikations-Sprache beigebracht, bekommt er von einer Handvoll Souffleuren, den »Einsagern«, die hier — anders als in blöde desillusionierenden Operettenscherzen — einmal in ihrer wirklichen Hilfeleistung für Bühnen-Leben ernst genommen wurden und im Stück eine sinntragende Rolle zu spielen haben. Das kommt darauf hinaus: Theater bleibt unter sich, seine Konventionen sind nutzbar gemacht worden; Vorhänge — von einem zweiten wird Kaspar am Ende gleichsam erschlagen — und Souffliierer haben buchstäbliche Spielfunktionen übernommen und weisen gleichzeitig auf die Ausschließlichkeit von Theater-Spiel hin, das hier im Gange ist. Die einfache Fiktion, daß auf der Bühne nachgemachtes Leben stattfände, wird erst dann ent-täuscht, aufgehoben, wenn sie verdoppelt, wenn die Nachahmungsapparatur selbst Gegenstand der Überprüfung wird: *Der Vorhang fällt gerade: Beim Wort Vorhang denkst du schon an einen Vorhang, der gerade fällt. Schon ist kein Satz mehr nötig. Erstrebenswert ist ein gerade fallender Vorhang.* Novalis hätte von »potenzierter Wirklichkeit« gesprochen.

3. Was man bei »Kaspar« lernen kann

Die interessierte, die kritische Notiz, die ich gleichermaßen von *Medea, Hedda Gabler, Mutter Courage* nehme, hängt zum einen von meiner vergleichbaren/unvergleichbaren gesellschaftlichen oder psychologischen Situation und zum anderen von meiner Neugierde für die Fabel, die Geschichte ab, die in diesen Stücken erzählt wird. An einer Satz-Suite wie *Beim Dreinschlagen ist man nie so ruhig wie beim Teppichklopfen* aus *Kaspar* finde ich nicht Gefallen, weil ich hierin eine Anspielung auf dreinschlagende Polizisten am Kudamm

erkenne, sondern erstens: weil ich überraschend das Wort ORDNUNG wiedertreffe, das mir im Stück schon im Zusammenhang mit artigen Kalendersprüchen oder sogar mit sprachphilosophischen Überlegungen begegnet ist und das sich nun auf einmal genauso mit sadistischen Terrorvorstellungen verknüpfen läßt — und zweitens: weil ich mich durch die Musikalität dieses Kreisel-Satzes, die legere, manchmal alberne Reimbildung für den Ausfall einer anderen sinnlichen Qualität, nämlich der Dialog- und Handlungsspannung, entschädigt fühle. Es kommt zwar zu keinem Dialog, doch immerhin zur Zweiteilung: Kaspar-Einsager. Und wenn die einen den Satz sagen: *Der Raum ist klein, aber mein,* und Kaspar nachspricht: *Die Fliege läuft über das Wasser aber maßvoll,* dann sehe ich, worin beide sich (noch) unterscheiden: die einen sprechen einen sinnvollen, aber gemeinplätzigen und abstrakten Satz vor, und Kaspar legt in die syntaktische Schablone einen bildkräftigen, aber sinnlosen Satz ein. Das ändert sich, ich beobachte wie. Anstelle von Dialogverknüpfungen entstehen also Widersprüche, Angleichungen, Überschneidungen, Variationen zweier nicht gleichwertig aufeinander replizierender Sprechpartner. Daher ist grundsätzlich die Bewegungsform des Stücks nicht dialektisch, sondern deduktiv, in der seriellen Abfolge-Logik Wittgensteinscher Aussagesätze.
Ich lerne, daß die Verdoppelung eine formale Grundfigur des Stücks ist, Wiederaufnahme der gleichen Wörter in ungleiche Sätze, symmetrische Anordnung gleicher Sätze mit ungleichen Wörtern, und höre, daß diese Verdoppelung für Kaspar selbst eine wichtige erkenntniskritische Eselsbrücke hergab: *Wenn ich ein Wort nicht verstand, verdoppelte ich es und verdoppelte es noch einmal, damit es mir nicht mehr lästig fiel.*

4. Ende der Dialektik

Daß schon Handkes erste Sprechstücke theaterästhetische Neuigkeiten zu verbreiten hatten, begriffen die meisten und in schlagworthaften Reaktionen von »formalistischen, antiillusionistischen, Anti-Theater« überhaupt, schien zumindest das — wenn auch abschätzende — Interesse wach zu werden, zunächst einmal freilich an der Schockinjektion des Modischen ins modrige Opa-Theater. Seine Anti-Haltung, die in Wahrheit eine nur etwas provokant vorge-

tragene ästhetische Vergewisserung, »Grundlagenforschung« des Theaters bedeutete, hat also der Autor, so wurde mit Genugtuung vermerkt, in seinem ersten abendfüllenden, fast pathetisch ernsten Stück beiseitegesetzt, zugunsten eines durchgespielten, konkreten Themas: der Manipulierbarkeit des einzelnen durch die öffentlich verordnete Sprache.
Das ist, soweit, sicher ein treffender Befund; wenn er hingegen das einzige Resultat bleibt, in mancherlei variierende Gedankengänge verpackt, auf das einer im Umgang mit *Kaspar* gestoßen ist, so erscheint das doch etwas dürftig, zumal über den simplen Inhaltsverlauf von Handke schon in den ersten fünf Zeilen der Regieanweisungen hinlänglich unterrichtet wird und sich zu diesem Thema während des Stücks keine Seitentriebe, keine irritierenden Unter-, Neben- oder Gegenthemen herausbilden. Im Gegensatz zum Eindruck, den manche Kritiken, die das Politisch-Gleichnishafte des Falls genau zu ergründen suchten (und dabei nicht selten das »anarchistische« Ende des Stücks unterschlugen), erwecken mögen, blüht jedoch in *Kaspar* nichts im Verborgenen. Alles, was gemeint sein soll oder könnte, kommt auch zur Sprache. Dies bringt es möglicherweise mit sich, daß dem herkömmlichen Interpretieren das solide Handwerk in Konfusion gerät und eigentlich gelegt wird. Denn Interpretieren, also in eine Lücke vermittelnd eingreifen zwischen Gesagtem und Bedeutetem, nimmt im Grunde sein Ende, wo diese Lücke sich von selber schließt, und wird überflüssig, wenn es schon einmal Gesagtes nur wiederholt. Denn Handkes Abschied vom Imitationstheater (das durchaus nicht, wie manche höhnten, in *Kaspar* heimliche Urständ feiert) bedeutet ja schließlich, daß jene für alles bisherige Theater maßgebliche Spannung zwischen Gezeigtem und Verborgenem, Fingiertem und Tatsächlichem, jenes Trugspiel von zweierlei Wirklichkeiten verschwunden ist.
Roland Barthes hat Wege der gemeinsamen Zukunft von Kunst und Kritik eröffnet: »Schöpfung oder Reflexion sind hier nicht originalgetreuer Abdruck der Welt, sondern wirkliche Erzeugung einer Welt, die der ersten ähnelt, sie aber nicht kopiert, sondern verständlich macht.« Gewiß ist es eben dieses selbsttätige kritische Verfahren, womit derzeitig Kunst beschäftigt ist, die in erhöhtem Maß selbst vorgenommenen Rationalisierungen, das verstandesklare Spiel mit Struktur und Zitat, weshalb der kritische Berichterstatter sich in die Ungelegenheit versetzt sieht, entweder Oberflächeneindrücke zu

beurteilen oder abwegigen Tiefsinn zu verbreiten. Womöglich wird er sich der Gefahr, Überflüssiges zu sagen, nur dann entziehen, wenn er gleichsam »nachgestaltend« zu Werk geht, also sich für seine kritische Tätigkeit ebenfalls die beiden auf uns gekommenen Grundoperationen ästhetischer Erkenntnis: Zerlegung und Arrangement (eben nicht mehr »Synthese«), Fragment und Montage zunutze macht.

1968

»Kaspar«-Aufführungen in Frankfurt und Oberhausen

1. Bewegung

Claus Peymann und sein Hauptdarsteller Wolf R. Redl haben sich im Frankfurter Theater am Turm zu Recht konsequent dafür entschieden, Kaspar von vorneherein als Kunstfigur, als Theaterprodukt aus langen Traditionen ins Bühnenleben zu entlassen. Ein umgekehrter Arlecchino: in hellblauer Hose, mit weit ausfallendem, schlenkrigen Hosenbeinen, in rosafarbenem Hemd und buntscheckiger Joppe, die Hand noch vom hastigen Herlauf an der aufgeschwungenen Hutkrempe — so stolpert er durch den schwarzen Zwischenvorhang und prallt entsetzt auf den Anblick der Zuschauer, wippt bedrohlich schwankend auf den Zehenspitzen, kreist ein wenig um die eigene Achse, bis er endlich zum Stillstehen kommt und minutenlang zur Commedia dell'arte-Figurine versteinert. Es ist nicht die ausgestattete Bühne (Eberhard Matthies), die ihn bannt, noch nimmt er die für ihn vorgefertigte Einrichtung gar nicht wahr, es ist dies schwarze Loch, das auch diese Welt offenbar wieder beendet, so wie der schwarze Vorhang die vorherige — er starrt in den Zuschauerraum. Die erste Bewegung, ein steifer Paradeschritt mit dem linken Bein, ist zu kühn und abrupt, das nachsetzende zweite Bein kommt mit dem ersten nicht überein, die Balance ist wiederum gefährdet; er stakst weiter, die Beine verheddern sich, die rechte Hand liegt immer noch am Hutrand, die Krempe wird zum Haltegriff, dann, in einem Wirbel von ungeratenen Bewegungen, fällt er auf den Hintern, streckt die Füße mit den roten, hochgeschnürten Halbstiefeln weit von sich. Seine obere Gesichtspartie ist mit einer hautfarbenen Maske verhängt — alle Verzweiflung hat sich in den vereckten, stößigen Gehversuchen selbst, nicht im Mienenspiel ausgedrückt. Er ist ein geschmeidiger Arlecchino, der den hölzernen Pinocchio verkörpern muß und dabei mit aller ihm eigenen akrobatischen Gewandtheit eine Typik des Ungeschicks entwickelt.
Günther Büch und Ulrich Wildgruber (Regisseur und Kaspar in Oberhausen) haben sich einen ungleich direkteren, weniger artifi-

ziellen Ausgangspunkt für *Kaspar* erarbeitet. Der Anfang wird so lang wie möglich aus einer geradezu realistischen, »fabulösen« Situation hergeleitet. Nach dem Verlöschen des Pausenlichts fahren über die Lautsprecherkanäle dumpfe Klopfzeichen und verdecktes Vogelgezwitscher ein: Kaspar — nicht, wie Handke fantasierte: Frankensteins Monster — ein vertierter Waldmensch, poltert brüsk und ungebärdig in das eigentümliche Interieur (neben das karge, einfarbige Mobiliar von Tisch, Stuhl und Schrank, Schaukelstuhl hat Peter Heyduck ein popbuntes Kanapee gerückt, der Boden ist mit einer Silberfolie ausgelegt, deren Spiegeleffekt sehr matt bleibt).
Dieser Kaspar trägt keine Larve, man liest an seinen verwundert oder angstvoll aufquellenden Augen, seinem halbgeöffneten Mund, zwischen den sich bei gewaltiger Anstrengung die Zungenspitze schiebt, die verschrumpften Denkvorgänge ab, die den ungelenken Körper verzweifelt organisieren wollen, und es ist, als wäre der Denker doch immer noch etwas klüger als sein motorisches Nervensystem. Diese doppelte Qual stimmt nicht ganz zusammen, abgesehen davon, daß »primitiv« spielen auf der Bühne stets gleich kretinhaft wirkt.
Da Handke in seinem Text für diesen Ur-Auftritt fast jede Bewegungsphase notiert hat, unterscheidet sich im Ablauf die Darstellung Wildgrubers von der seines Frankfurter Kollegen nicht wesentlich, allerdings sehr wohl im Tempo und in den ausgefertigten Details. Wildgruber verlegt sich ganz auf die klobig vorzivilisierte, auch kindhaft verzauberte Realität so eines Findlings. Bei Kaspars Versuchen, vom Hintern wieder auf die Beine zu kommen, kreuzen sich wieder die Bewegungsimpulse, kommen die Waden aneinander nicht vorbei, so daß erneut eine existentielle Notlage entsteht. Wildgruber strampelt sich mit Zerren und Rucken wieder hoch, Redl, aufgrund seiner artifiziellen Gescheitheit, die ihm gestattet ist, darf den alten Clownstrick anwenden und mit einer Hand die überzwerchen Beine auseinandersortieren. Freilich fährt in seine Körperlichkeit zuweilen ein wenig Mechanik ein, das Marionettenhafte, das Handke vermieden sehen wollte.

2. Sprache: Der gehorsame Kaspar von den Stimmen

Aber gerade das dirigistische Vermögen der einverständigen, in ihrer Lakonik so unanfechtbaren Sprache wird hier durch einen einfachen und genauen Kunstgriff szenisch verdeutlicht, ein Zusammenspiel von Wort und Körperbewegung, von Einsagern und Kaspar, das sich mir in Büchs Oberhausener Inszenierung nirgendwo so sinnfällig zu verstehen gab.

Natürlich gibt es in diesem Stück keinen Dialog im hergebrachten Sinn: Handke (-Wittgenstein) ist davon überzeugt, daß ein Satz ein in sich komplexes Gebilde ist, es ist eine Sinn- bzw. Unsinns-Einheit: — jeder Satz ist ein Aussagesatz, man kann ihn suggerieren, übertragen, variieren, wiederholen oder parodieren, aber man kann ihn (dialektisch) nicht mit einem anderen Satz »beantworten« oder infragestellen. Die Logik der Sprache ist deduktiv und: — sie ist repressiv, sie duldet keinen Widerspruch. An die Stelle des Dialogs oder eines Gesprächs tritt die Suggestiv-Beziehung der sprach-mächtigen Einsager zum sprach-proletarischen Kaspar, der zunächst nur pariert und nachplappert und dann selbst vorübergehend zum Sprach-Herrn wird.

Der Komponist Dieter Schönbach hat den Oberhausener Einsagern ein vorzügliches, aber fast eigenständiges Kunst-»Medium« erstellt. Aus der Bühnenbeschreibung, die vor Beginn der Vorstellung vom Band abläuft, hat er eine meisterliche Sprech-Collage gemacht, die freilich nur sich selbst, vom Text kaum etwas mehr vermittelt. Ähnlich geht es mit den Einsager-Texten, sie werden hinter der Bühne »live«, also während der Vorstellung, gesprochen, und durch ein System von acht oder zehn Lautsprecherboxen, die untereinander verschiedenartigst verkoppelt werden können, in den Zuschauerraum und auf die Bühne übertragen. Nun hätte Büch einen gewissen Kontrast zwischen dem perfektionierten Sprechapparat der Einsager und dem »natürlichen« Sprechen Kaspars herausbilden können, aber statt dessen läßt er den eben erst zur Sprache gekommenen Kaspar in aberwitziger Geläufigkeit die vorgesprochenen »Modellsätze« (27) herunterschnellen, das bleibt pure Zungenartistik, kaum daß noch ein Satz auszunehmen ist in dieser Etüde. Unklarheit über den Begriff »Formalismus«, mit dem Handkes Stück so oft geschmäht oder belobigt wurde, scheint dazu verleitet zu haben. Kein Satz hat keinen Inhalt. Jeder Satz hat einen Sinn, wenn schon nicht immer eine Bedeutung. Und Sprüche zu formalisieren, kann nicht heißen, im rasanten Sprechtempo Inhalte aus den Konstruktionen herauszuschleudern, sondern die verschiedenen Inhalte innerhalb gleichartiger Konstruktionen oder umgekehrt miteinander vergleichen, so wie es Wolf R. Redl in Frankfurt, der nur halb so fix spricht wie Wildgruber, getan hat; dabei bekommt man die ganze Unsinnspoesie seiner Sätze eigentlich erst zu verstehen, wenn er die spießigen Gemeinplätze der Einsager (»Je besser das gegenseitige Vertrauen, desto erträglicher das Zusammenleben«) zwar syntaktisch und rhythmisch akkurat, aber völlig sinnentstellt wiederholt und genüßlich so tut, als verkünde er die vernünftigsten und ordentlichsten Sachverhalte der Welt (»Je heller die Wäschestricke, desto mehr Erhängte im Handelsteil«). Dabei hat er nicht nur Zeit, auf die Einsager auch wirklich hinzuhören, sondern auch dafür, die »Modelle« herauszugliedern und ihnen nachzumerken.

Im übrigen hat Peymann mancherlei sprachmusikalische Mittel der *Publikumsbeschimpfung* wieder eingesetzt. Sie kommen diesmal den vier Einsagern zu, die — buchstäblicherweise — während der Vorstellung aus dem Souffleurkasten (natürlich über Mikrofon) sprechen. Die Variationen sind nicht so vielfältig wie die von Dieter Schönbach in Oberhausen, aber z.B. ist das Be-Sprechen Kaspars nicht wie dort auf einen künstlich-unpsychologischen Ton abgestimmt, sondern auf eine fast gleichförmig suggestive Anrede, die durch die dunkel abgetönten Lautsprecher noch an Eindringlichkeit gewinnt. Es gibt keine übertrieben komplizierten Arrangements, lange Zeit wird zu Beginn nur abwechselnd chorisch und solo gesprochen, ab und zu wird der Text synkopisch zerhackt, manchmal alterniert die Mikrofonstimme mit einer natürlichen, dann kommt es schließlich zu zweistimmigen und litaneihaften und zu akkordischem Sprechgesang, und ganz gen Schluß, zwischen dem großen Lärm, bringen sie gar eine veritable kleine Motette für vierstimmigen a-cappella-Chor zuwege.

3. Lärm, Terror — »jeder Satz ist für die Katz«

Kaspar ist der Conférencier seiner eigenen Legende geworden. Er hält ein Mikrofon in der Hand, verschränkt die Arme, lächelt, charmant, für sich, seinen Werdegang, sein Präteritum einnehmend — »nachdem ich das Wort ich sagen gelernt hatte, hat man mich eine Zeitlang mit dem Wort ich ansprechen müssen, weil ich nicht wußte, daß mit dem Wort du ich gemeint war« — er darf dabei einen verschämten Augenaufschlag machen, denn das ist ja nun alles glücklich vorbei. Auf dem Sofa in seinem Rücken drängeln sich fünf Duplikate von ihm, fünf kleinere Kaspars, mit winzigen und großen Paketen auf den Knien, aus denen sie Eßgeschirr, Teller, Feilen und Gabeln auspacken; sie beginnen, auf dem Sofa herumzuzockeln, werden unruhig, kichern, kicksen, räuspern sich, gurren, zischen und pfeifen und lachen gespenstisch hell aus der Kopfstimme. Es gibt jetzt einen Sprechkaspar und viele Lärmkaspars. Nicht nur auf dem Sofa hocken sie, einer sitzt auf dem Schrank und schließt immerzu die Schranktüren, die von alleine wieder aufgehen, einer wälzt sich am Boden, ein anderer versucht, Astern in die Dielen einzupflanzen — sind das Irre?

Als die Suada des Sprechkaspars mehr und mehr ins Straucheln gerät, lachen sie höhnisch auf und formieren sich zu einer ohrenbetäubenden Lärmattacke gegen den Sprecher, sie quietschen mit Kunststoff auf Flaschen herum, sie kratzen mit Kreide auf einer Schiefertafel und ziehen die Messer mit der Schneide über die Teller, sie raspeln mit Feilen über Reibeisen, sie terrorisieren den immer noch sprechenden Kaspar mit brutalem Krach, dann ziehen sie ihre Jacken aus und bauen miteinander einen meterhohen Körper-Koloß, der sich langsam auf Kaspar zubewegt. Während Kaspar resümiert: »Ich — bin — nur — zufällig — ich«, schlägt vor ihm ruckweise der Vorhang zusammen.

Dies — so wie es in Oberhausen inszeniert wurde — das Ende, ein pathetisches Finale des Stücks *Kaspar.*

Er erzählt, anders als Handke glauben machen will, nicht nur eine ausdeutbare Geschichte, es enthält nachgerade einen in gesprochene Sätze, in Sprachprozesse abstrahierten Erziehungsroman, dessen Held Kaspar aus der stumpfsinnigen Ein-sätzigkeit zum etablierten Sprach-Bürger erzogen wird und dem schließlich böse jenseitige, wider die Sprache tobende Mächte alles wieder fortreißen und austreiben.

Peymanns gefälligere und empfindlicher ausbalancierte Konzeption erlaubt hier am Schluß nur mehr eine spielerische, solistisch sorgsam ausinstrumentierte Geräusch-Partitur. Es ist überzeugend, daß Büch in zwei streng kontrollierten Aufgipfelungen eine gewaltige, aber nicht willkürliche Lärmapokalypse (fast so enervierend wie die Mothers of Invention) entfesselt, die aufsteht gegen die scheinbare Ordnung der Sprache, gegen den eingeordneten Kaspar, der lächelnd immer weiterspricht und unterhaltsam sein möchte und schließlich nur noch ein wirres Potpourri aus den eingepaukten Satzbeständen hervorstößt. Und dann gibt es einen Moment absoluter Stille. Die Einsager sind mundtot gemacht. Kaspar überkommt eine Vision von Ziegen und Affen, während die anderen Kaspars sich an ihn heften, sich um seine Beine schlingen und sich an ihm hochranken und ihn beschnüffeln.

»Diese Ordnung erschien nur jemandem, der dazukam, als Ordnung. Sie ist nur die Ordnung des ersten Blicks gewesen.« (*Der Hausierer*) Die Wirklichkeit aber würde zum Paradies, wenn sie nur ihre Unordnung begriffe und nicht verheimlichte.

1968

Beckett — unser Zeitgenosse?

Beckett — na ja, na gut. Genöle, despektierliches Achselzucken: das rare Doppelkunstwerk, das in Berlin zum Theatertreffen gezeigt wird, *Endspiel* und die aufklärende Regie des Autors, das will sie nicht entschädigen für den nicht geladenen Frankfurter *Viet Nam Diskurs*, die ausgebliebene *Notstandsübung* aus Ulm, das nicht wiederhergestellte *Amerika Hurra*. Den jungen Theaterleuten, in der Überzahl angehende Dramaturgen deutschsprachiger Bühnen, setzt sich *Endspiel*, der unbefragbare Rang dieses Stücks, die ihm mittlerweile angewachsene Klassizität und seine vollkommene Allgemeingültigkeit und gewiß auch die sichere, fast noble Spielautonomie der Aufführung in den Verdacht, es habe sich längst einem bildungsbürgerlichen Konsens übers Wahre-Schöne-Gute empfohlen, und von jenen Vorstößen aus den Guerillaverstecken in Studios und Nachtvorstellungen gegen den trägen Kunstgeschmack der Platzmieter hafte ihm nichts mehr an. Nun ist dies bloß ein vorgeschobenes, scheinhaftes Argument, denn es läßt sich vernünftigerweise einem Kunstwerk nicht verübeln, daß es aus der Zeit eines revolutionären Wegbereitens schließlich ins Repertoire der Meisterwerke überdauerte und sich allmählich ein weiteres Publikum gewann oder heranzog. Tatsächlich ist die Ignoranz gegenüber Beckett eher dekretiert im Sinne jener Verabredung der jungen Bühnenangehörigen, in der sie übereinkommen, gesellschaftspolitisch RICHTIGES Theater vor allem bloß ästhetisch GUTEN Theater rangieren zu lassen. So notwendig es ist, daß diese Theaterleute begriffen haben, über den dringenden politischen Erfordernissen der Zeit nicht einfach zur alten Tagesordnung ihrer Kunst umsteigen zu dürfen (obschon sie dann, nach Berlin, an ihrem Heimat-Theater doch es alle wieder tun mußten), so widersprüchlich steht zu dem der Aufruf, die längst hinfälligen Prioritäten vulgärmarxistischer Ästhetik wieder herzurichten — zurück zum alten tapferen Lukács und seinem verhobenen ästhetischen Register: Kurella kommt vor Kafka. Die unrichtige Formulierung bringt den Begriff des Richtigen um seinen verantwortbaren Sinn. Aber was hat denn wirklich diese Manichäer-Gesinnung in die

Kunst fahren lassen, daß wir auf einmal zwischen einem ästhetisch selbstgenügsamen und einem Theater fürs politische Bewußtsein zu unterscheiden und mit falsch und richtig zu bewerten haben? Ein andrer sagte: eine schöne Inszenierung, ein gutes Stück, aber nicht hier und nicht jetzt: ein paar Tage vor der Verabschiedung der Notstandsgesetze durch den Bundestag.

Dies mag andeuten, daß für viele der neuen Generation in einer politisch angestrengten Situation die Befähigung und das Bedürfnis ausfielen oder zeitweilig unterbunden wurden, aus der CHIFFRIERTEN, VERMITTELNDEN und BEDEUTENDEN Ausdruckssprache der Kunst einen Hinweis auf den eigenen aktuellen Standort zu entziffern, und sei es im Sinne der »Bewußtseinserweiterung«, jener eigenschaftslosen Beschwörungsfloskel, die von Theaterleuten um so häufiger im Munde geführt wird, je ungewisser sie sich des Nutzens und der Wirksamkeit ihrer Arbeit geworden sind.

Endspiel und Kunstwerke vergleichbaren Rangs treffen stets die gesamte Mentalität eines Menschen, der sich ihnen anvertraut, die Jungen dagegen verlangen, in einer viel umgrenzteren, überwiegend rationalen Persönlichkeitszone provoziert zu werden, in ihrem Engagement für eine gesellschaftspolitische Zeitgenossenschaft nämlich, die sich nicht in die Universalität eines »Lebensgefühls« wegschwemmen läßt.

Nun schien sich die Authenzität der Berliner Aufführung gerade darin zu beweisen, daß Beckett alle dem Stück angelasteten Bedeutungsinhalte verschmolz und aufhob in der Konzentration auf die inneren Spannungsverhältnisse der wechselnden Spielsituationen. *Fin de partie*, verstanden als ENDE DES SPIELS, das über alles Weiterspielen verhängt ist, die ständig aufs neue verunsicherte Unaufhörlichkeit, die möglicherweise letzte Wiederholung der Abläufe, der Repliken. Es ist eine Inszenierung einer größtmöglichen, der ausschließlichsten Immanenz, die sich denken läßt. Und damit nirgends der unmittelbare Eindruck des Qualvollen entstand, hat Beckett reich abgestufte Ausdrucksformen der Komik erarbeitet, von versöhnlicher Serenität — vom traurig weisen Schmunzeln Clovs über das Vorhersehbare alles dessen, was geschieht, wieder einmal geschehen wird, bis hin zur Motorik slapstickartiger Gänge und Verrichtungen, — etwa die grotesken »Informationsgespräche« zwischen Clov und dem Vater in der Tonne —, worin sich in gesteigerter Anschaulichkeit die durch ihre entleerten Funktionen komisch werdende Normalität dieses zuständlichen, abgedroschenen Lebens vorzeigt. Trivalisierung eines außergewöhnlichen Grauens: Das Gemäre vom Ende als hypochondrischer Klagemonolog eines selbstsüchtigen Apoplektikers, die zum Spott reizende Dienstfertigkeit und notgedrungene Aktivität eines anderen, der nicht sitzen und nicht richtig stehen kann, lächerliche Bewußtseins- und Körperdeformationen der vorschreitenden Vergreisung, weitaus buchstäblicher und direkter, als es das Pathos existentieller Verkrüppelung hervorbrachte, auf das man die Beckett-Menschen für gewöhnlich umschwor. Darüber entsteht eine molièresche Heiterkeit an der defekten, aber durch die Gegenkräfte der Gewöhnung, der zuversichtlichen Wiederkehr und Normalität in Balance gehaltenen Welt. Die Form setzt sich gegen ihren Inhalt durch: das so monoton bezichtigte Ende wird im nicht-enden-wollenden Spiel verewigt.

Das ist, auf ihre Weise, eine tröstliche Erfahrung — und doch hat vermutlich gerade sie, hat diese Besänftigung und Heiterkeit nicht etwa bloß der chiffrierten Realität des *Endspiels*, sondern einer Wirklichkeit, die sich so wie im *Endspiel* porträtieren läßt, die Skepsis und das Mißtrauen gegenüber dieser Berliner Aufführung bei der jungen Generation geweckt. Deren für Veränderung überwaches Nervensystem mochte sich nicht abfinden mit den Erfahrungsresultaten des »Wie es ist«, auf so ungewöhnlichem künstlerischen Niveau man ihnen auch begegnet war. Das existentialistische Engagement, das zwar von vornherein in *Endspiel* parodiert erscheint, aber darin doch insofern vererbt ist, als etwa die Schmerzensgebärde der Camus'schen Revolte, der Auflehnung im Sinne des permanenten Weitermachens wider alle Absurdität, vom Stück durchaus als sinngebend akzeptiert wird, — dies Engagement und diese Rebellion fürs nackte Fortbestehen des einzelnen kommen vielen derzeit gesellschaftlich besonders verarmt vor und vermochte sich gegenüber jener REVOLTE DER IN ANGRIFF GENOMMENEN UTOPIE, der ausbrechenden gesellschaftspolitischen Aktivität der Jugend, kaum mehr begreiflich und glaubwürdig zu machen.

Andererseits führt zur Heiterkeit der Berliner Aufführung gerade der dialektische Trick, daß man im *Endspiel* von allem endzeitlichen Brimborium spätidealistischer Philosophie erlöst wird und dies allerdings wiederum dank einer Spiel- oder (mit Melchinger zu sprechen) »Wahrheits«-Autonomie, die dann zu einem Zeitpunkt in Berlin sehr zweifelhaft wurde, als gerade woanders über jene Autonomie des Staatsbürgers äußerst bedrohlich verhandelt wurde. Dies war, kurz gesagt, der Moment, da die »neutrale Wahrheit« eines Kunstwerks zum ästhetischen Trugbild verschwimmt. Daß dies grad der Fall ist, wenn ein neutrales Verhalten innerhalb der politischen Wirklichkeit ebenso ein Unding geworden ist, ist schließlich nur eine Bestätigung des notwendigen Realitätskontaktes, den jede ästhetische Erfahrung aufrecht erhalten muß. So sehr auch vor den »Falsifikaten revolutionärer Kunst« (Lunatscharskij) zu bangen Grund ist: in Berlin, bei Becketts Inszenierung vom *Endspiel* konnte man erleben, wie das zeitlose Kunstwerk miteins zeitwidrig wurde und, wie hier, notwendigerweise UNANGEMESSENE Erwägungen veranlaßte.

Beckett, our contemporary, unser Autor? Adorno, 1961, hatte es offenkundig noch leichter, bei seinem Versuch, das *Endspiel* zu verstehen. Da gab es z.B. noch so etwas wie ein »zerbombtes Bewußtsein«, ein ziemlich erlittenes, zerschlagen passives Zeitgefühl; und *Endspiel* bot zugleich einen Vorschein auf postkatastrophale Zustände und die Bombe, mit der man leben mußte, dies Grauens-Emblem des kalten Krieges hing noch im Himmel des prosperierenden Nachkriegsdeutschland.

Inzwischen ist dies Grauen in Form von vielen »kleinen« Napalmbomben Wirklichkeit geworden, d.h. die Halluzination von DER Bombe hat sich in DEN Bomben auf Vietnam sozusagen stückweise materialisiert. Ein gut Teil Irrealität, die das Stück bei seiner Entstehung möglicherweise noch inspiriert haben mag, ist unserem Bewußtsein auf solche Weise mittlerweile abhanden gekommen. Also, suchen wir jetzt den Autor, der uns die Gesetze dieser ausweglosen Banalität enthüllt, mit denen das Unfaßbare zusehends in unsere Wirklichkeit überführt wird.

1968

Das Ende einer Clique

Zu Wolfgang Bauers »Magic Afternoon« und der hannoverschen Uraufführung

Daß *Magic Afternoon* überhaupt geschrieben und zuende gebracht wurde, widerspricht durchaus der Mentalität, die im Stück so sehr zu Ehren kommt: der grenzenlosen Faulheit, der enthemmten Langeweile. Die beiden dilettierenden jungen Schriftsteller, Charly und Joe, brechen ihre Schreibversuche stets vorzeitig wieder ab, weil sie ihnen unverträglich erscheinen mit jener permanenten, verzehrenden Faulheit, die sie zu ihrer eigentlichen SENSIBILITY, zu einer selbständigen, umfassenden Erlebnis- und Existenzform entwickelt haben, worin Literatur und Warenwelt sich innig verschwistern, wo es keiner Wahl bedarf zwischen Saul Bellow und Donald Duck, wo in totaler Konsum-Passivität die bestehende Kultur-Hierarchie eingeebnet wird. Sie sagen Wittgenstein und meinen Marlboro, aber auch vice versa. Das, was zu Emblemen wurde, vor allem: das, was gleichzeitig ist. Kein Wunder, die unbeschränkte Bereitwilligkeit allem gegenüber, was ist so wie es ist, verschafft dem Schreiber, der darüber wahrheitsgetreue Aussagen machen möchte, Krisen und Zweifel neuer Art.

> JOE: I wüßt auch net, was man schreiben sollte... Das Schreiben hört sich überhaupt ganz auf bei mir...
>
> JOE: Na, wenn man was machen würde, dann ganz was lockeres... So wie wir jetzt reden... sowas vielleicht, das ist angenehm...

Théâtre vérité — aber die blanke naturalistische Wiedergabe als Folge jener unüberwindbaren ästhetischen Faulheit, noch etwas anderes an Realität als das unmittelbar Vorgefundene zu übertragen. Drängte das Stück, wie der literaturhistorische Naturalismus, auf diese Weise zu umfassender sozialkritischer Form, so wäre der Mitteilungsweg verfehlt und peinlich, indessen geht es hier zuvörderst um die Innenansicht einer Clique, die, wie sich zeigt, per se aus situierten Verhältnissen entstammen muß, aus der »Psychopathologie des Überflusses«, der Susan Sontag die Herkunft derartiger junger Literatur also, unter dem Sammelbegriff »camp« zuschreibt. Eine Gruppe also, worin die definierten, gefestigten sozialen Rollen sich in einer Vielzahl von spezifischen Attributen, Gepflogenheiten, Genuß- und Verhaltensweisen der Beat- und pop-Generation verteilen und auflösen.

Die Clique jedoch, von der hier gehandelt wird, will alles andere als repräsentativ für eine weltweite Jugendbewegung sein, sie grenzt sich sehr bestimmt und eigenartig in ein regionales, ja örtliches Milieu ein. Wie der Autor Wolfgang Bauer, so stehen ganz offensichtlich auch seine Personen Birgit und Charly, Monika und Joe, alle zwischen 22 und 30, in Kontakt mit einem existierenden literarischen Circle, dem Forum Stadtpark in Graz, dort wo Peter Handke debütierte und wo *Manuskripte*, eine österreichische Zeitschrift für experimentelle Literatur und Kunst, herausgegeben wird (in der übrigens *Magic Afternoon* zum erstenmal im Druck erschien und in der aus Reklame und Anhänglichkeit von den Darstellern in der hannoverschen Aufführung zuweilen geblättert wurde). Anspielungen auf Mitglieder dieses Kreises und auf die Wiener Gruppe, namentlich auf den frühverstorbenen Konrad Bayer, sind im Stück nicht selten und verleihen ihm ähnliche inside-Reize und Verschlüsselungen, wie sie etwa Vlado Kristl benutzt, wenn er in einem Streifen alle verfügbaren, nur Eingeweihten vertrauten Münchner Filmleute mitspielen läßt.

Weil mithin die Clique und das Stück vordringlich mit sich selbst beschäftigt sind, deshalb trafen der Regisseur Horst Zankl und sein »Raumgestalter« Manfred Noky vielleicht doch nur eine halbwegs vorteilhafte Entscheidung, als sie die Spielfläche in die Mitte des Künstlerhaus-Saals verlegten. Wohl ließ sich dadurch die unproportionale Anordnung von langgestrecktem Zuschauerraum und gedrungener kleiner Bühne in diesem Theater aufsprengen, aber gerade *Magic Afternoon* scheint es nicht zu vertragen, so randlos und ausgesetzt offen präsentiert zu werden, es ist — bei aller Introvertiertheit — nicht geeignet, im »Umraum« zu verlaufen: ein Notausgang, acht Meter hinter dem Spielzentrum zurückliegend, wird als Clo fingiert, und um Kompott für seine Liebste herbeizuschaffen, verschwindet Charly gleich ganz aus dem Zuschauerraum. Im übrigen werden Zuschauer nie ärger zu Voyeuren, als wenn die Aktion quasi unter ihnen, zu ihren Füßen, aber doch ohne ihre Mitwirkung stattfindet.

Langeweile ist ziemlich gefräßig, die Clique ist an diesem zauberhaften Nachmittag besonders gefährdet. Der Zeitvertreib wird immer schwieriger, der Umgang miteinander immer konfliktreicher. Man kann natürlich eine Platte auflegen, den rauhen Wilson Pickett immer wieder, oder Kompott schlürfen oder ein bißchen telefonieren oder sich an die Schreibmaschine lungern und flache Aperçus sich ausdenken: »Die Faulheit ist die treibende Kraft in dieser Welt...«

Aber dann — aus einer dösigen Tanzerei, entzündet an den Vibrationen einer bevorzugten Beatnummer (der Regisseur hat sich gleichzeitig als einfühlsam stimulierender disc-jockey zu bewähren) steigen die in Rausch und Langeweile abgedämpften Aggressionen wieder auf, aus flapsigem Knuffen und Anrempeln entsteht eine veritable, erbarmungslose Prügelei. Birgit, die schon lange mit Charly geht, bekommt von diesem furchtbar die Hucke voll. Make love with violence, anders machts keinen Spaß mehr.

Die rückhaltlose Konsumbejahung schlägt, im Gesellschaftlichen geradeso wie im Intimsten, an irgendeiner Schwelle um in innige Zerstörungswut, destructures in der Objekt-Kunst, Liquidierung der etablierten Literatur. Charly und Birgit schmeißen sich, die Autoren verfluchend, die Bibliothek um die Ohren. Neo-Bruitismus im amerikanischen Beat.

Es zeigte sich in der hannoverschen Aufführung, daß der Regisseur Horst Zankl gut daran getan hat, dem unschuldigen Naturalismus des Stücks in guten wie in schlimmen Passagen zu vertrauen, freilich bis an die Grenzen von dessen heimlicher Ironisierung durch Donnergegroll oder das authentische Geräusch einer Clospülung oder sogar einen allseits vernehmlichen Gesprächspartner am anderen Ende des Telefonkabels. Verismus solcherart erweist sich aber als unzureichend für das Theater bei Bauers Versuch, die trip-Halluzinationen von Charly und Joe durch veralberte, regressive Sprache, durch Unsinns-Poesie und Micky-Maus-Lautmalerei auszudrücken. In der unmittelbaren Szene — anders als im Film, wo der Rhythmus und die Verunschärfung der Optik dergleichen suggestiv genug vermitteln können — nimmt sich das als recht krampfiges Als-ob-Getue aus. Zankl hat den Einakter nach den wechselnden Begegnungen der Figuren gleichsam in »Boxrunden« skandiert: das Zusammentreffen von Birgit und Charly, Monika und Joe, Charly und Joe usw. wird durch Gong, Lautsprecheransage und Lichtwechsel akzentuiert.

Dabei werden die Figuren enger zueinander getrieben, werden die Motive eher spontan, aus den Schlagchancen einer Ringrunde, bestimmt als aus einem sich allmählich ausbreitenden Klima von Brutalität, aus den sich verändernden Nervenzuständen, denen rhythmische Verschiebungen des Handlungsablaufs entsprechen. Dem Regisseur ist es zuvörderst darum zu tun, Psychologie und Konvention dieser Clique, die ihrem Ende zugeht, sinnfällig herauszustellen. Dabei entfalten sich darstellerisch unterschiedliche Charaktertypen.

So hat Günter Einbrodts Charly etwas prizipiell Argloses, Jungenhaftes, ist intellektuell unselbständig, leicht beeinflußbar und fühlt sich dem Joe, dem gewiefteren und frustrierteren Vorbild, in einer Hörigkeit zugetan, die dann in der Haschisch-Orgie pubertär-homoerotischen Ausdruck findet. Dieser Joe von Erich Ludwig verkörpert in Bewegung und Tonfall, im nachschmeckenden, phlegmatisch-schwerfälligen steirischen Sprachmelos mit der zugehörigen lässigen und elastischen Körperhaltung am ausgeprägtesten, am stimmigsten die Mentalität des Stücks. Wenn er und seine »Puppn« (Christine Prober) gelangweilt ihre »Vergewaltigungs«-Nummer abziehen, so wirkt das auf Charly animierend, mit der Birgit seinerseits mal eine »Runde« zu probieren. Monica Bleibtreu hat ihre Rolle über die geschriebene Vorlage hinaus kompliziert, um manche Wesenszüge und -widersprüche bereichert, die sie eigentlich zur spannendsten dieser Aufführung werden lassen. Sie beobachtet intensiv, immer wieder vom Rand her, was sie hier zu erleiden und zu verschulden hat. Obschon sie reifer, überlegener ist als Charly und mit Verwunderung feststellt, wie sehr sie fortschreitend bei ihm verdummt, kommt sie von ihrem »Burli« nicht los. Im Gegensatz zu Günter Einbrodt, der stets ein wenig zu fahrig, hart, vorschnell die zähe Konversation antreibt (die man guten Gewissens noch hätte verlangsamen dürfen), verfügt Monica Bleibtreu über die angemessenen Intonationen des fad Beiläufigen, untermischt mit Trotz, Ekel, Traurigkeit.

Die Frauen seien arm, irrsinnig arm, hatte Charly mit männlicher Mitleids-Attitüde festgestellt, und dann ist es doch Birgit, die ihren schaurig stolzen Triumph davonträgt. Ihr Mord an Joe verändert die Zustände unwiederbringlich, setzt der Clique, dem Männer-Bündnis, ein abruptes Ende, jenem leeren Kreislauf von Vögeln, Langeweile, Nervosität, Kiffen und Balgerei.

Dieser *Magic Afternoon* nimmt, wie man sieht, ein ergreifend melodramatisches Ende. Und es ist, bei all seiner schönen gefühlsverwirrenden Heftigkeit, doch nichts anderes als richtig schlechte Literatur. Aber solche philiströsen Bedenken setzen dem Wolfgang Bauer nicht zu: was wär denn bitte der Horváth ohne seinen Kitsch...

1968

Brechts Frühwerke: Ist das Chaos aufgebraucht?

Imaginäres Gespräch über Aufführungen von »Trommeln in der Nacht« und »Im Dickicht der Städte«

Nein, sagte der Mitreisende, für die Anarchie hab ich den Geschmack verloren. Zu genau hab ich sie kennengelernt. Zu oft hab ich sie nisten gefühlt dicht unterm Hirn der Bürger und Bürokraten, in verschlagenen Träumen und familiären Aggressionen. In einer Gesellschaft, die es sich nicht leisten darf, ihre Irrationalitäten offen auszutragen, ohne sofort die Liquidierung des Abendlandes in Gang zu setzen, verkümmert die Anarchie zur Nostalgie. So, ganz privat, fühlt sie sich wohl, da wird sie gebraucht.
Ich hätte ihm, sagte ich dem Mitreisenden, zu berichten über drei Aufführungen von *Trommeln in der Nacht* und *Im Dickicht der Städte* an wenig zitierten Theatern oder kleinen Bühnen.
In Oldenburg, wo ich *Trommeln in der Nacht* sah, fiel mir zunächst auf, daß der Regisseur einen penetranten Weg bestimmt hatte, die Schauspieler auftreten zu lassen. Sie saßen allesamt auf einer Stuhlreihe im dämmrigen Hintergrund der Bühne, wo man in allerhand ungeordnete Gerätschaft einblicken konnte, und liefen, sobald ihr Stichwort fiel, in jedem Falle, auch wenn sie ihren Auftrittsort viel kürzeren Wegs hätten erreichen können, einmal, dem Publikum als Auftretende nahegebracht, vor dem flachen Podest, auf dem gespielt wurde, vorbei. Der Mitreisende lächelte, wollte aber von solchen Nebensächlichkeiten, die ich nicht dafür hielt, nichts weiter hören, sondern erkundigte sich sofort nach Kragler. Wie der in Erscheinung getreten sei, ob er nach der Absicht des späteren Brecht denunziert worden sei, ob er Verwesungsgeruch verströmt habe, ob man ihn wirklich apolitisch gezeigt habe.

Ein schöner Kragler

Ich sagte, nachdem ich mich mit den übrigen Figuren des Stücks, deren Schauspieler mich alle wenig beeindruckten, nicht mehr sehr beschäftigt hätte, aber immerhin doch für das verhärmte und verhuschte, dürre und schlampige Geschöpf der Anna Interesse gewonnen hätte, sei auch ich besonders gespannt auf das Erscheinen Kraglers gewesen, der ja als Halluzination schon dauernd anwesend sein müßte und der auch, wenn er vorhanden ist, nie aufhört, zur Hälfte Halluzination zu sein, ein Drohgespenst dem angefetteten Geldbürgertum. Jedoch trat als Kragler ein ganz manierlicher Mann in die Tür, rundum im Gesicht stand ihm ein gepflegter Bart, und er war in eine saubere, uniformartige Lodenjacke und in hübsche Bundhosen gekleidet, ein schöner Soldat. Dieser schüchterne, ein wenig spintisierende, aber überhaupt nicht gespenstische Heimkehrer kann den Murk und Balickes natürlich niemals schrecklich werden, aber es ist ihm auch die stücktragende Entscheidung benommen, sich zur oder gegen die Revolution zu bekennen, denn für diese ist er in jedem Falle zu brav. Oder soll gerade damit das Pech der achtzehner Revolution charakterisiert sein? Der Regisseur verfolgt zumindest drei gegenläufige Tendenzen.

Er inszeniert *Trommeln in der Nacht*, als handle es sich um die Uraufführung von 1922 und als ginge es darum, uns davon abzubringen, romantisch zu glotzen. Die entsprechende Aufforderung (worin Brecht und seine Mitarbeiter ihre Verärgerung über die schwachen Stellen des Stücks abreagiert haben mögen) defiliert auf einer Plakatstandarte vor dem Publikum und wird ihm zudem von der zarten Anna eher verschämt als entschlossen noch mindestens zweimal an den Kopf geschleudert. Beispielsweise abrupt nach einer längeren sentimentalen Unterredung zwischen Anna und Kragler in der Piccadillybar, wozu die gesamte Szene von schummrigem Rotlicht und dem Adagio aus Bruchs Violinkonzert übergossen wird.

Er inszeniert *Trommeln in der Nacht* aus dem kolportierten Brecht-Verständnis der 50er Jahre (das sich ja von den großen späteren Stücken herleitet) unter den Devisen: die Figuren verkleinern (Kragler) oder karikaturistisch entäußern (Balickes), Emotionen verarmen lassen, die Szene entrücken, zum Ende ein Epilog von anderswoher herbeigepflückt: der blöde Zuschauer möge nicht auf den Schluß der Geschichte hereinfallen, sondern lieber deren Hergang ordentlich bedenken.

Er inszeniert *Trommeln in der Nacht* wie von Günther Büch inszeniert. Der Szenenumbau wird dadurch abgedeckt, daß sich die gesamte Spielschar an der Rampe formiert und ein jeder dem Publikum »ins Weiße im Aug'« sieht. Schließlich wird ein langes Banner entrollt und erhoben, auf dem ein markanter Satz, auf den es ankommt, aus der folgenden Szene vorwegzitiert wird, etwa: »Die Welt ist zu alt für die bessere Zeit.« Ganz im Gegensatz zu dieser Überzeugung greift die Kundschaft der Schnapsdestille am Ende gierig zu den Gewehren, die ihr der Wirt hinter dem Tresen hervorholt, und macht sich, die *Internationale* schmetternd und zur Rampe frontmarschierend, auf in die Zeitungsviertel.

Der Mitreisende sagte, es entsetze ihn keineswegs, wenn die Inszenierung die Ungradheit der Vorlage nicht verleugne, stimmte aber zu, daß sich dies nicht in den wechselnden Absichten des Regisseurs ausdrücken sollte. Es handle sich schließlich um ein Stück, gemacht ganz aus Theater-Literatur, ein Vorbilder-Stück. Er könne sich vorstellen, daß für ihn die Spannung, heute *Trommeln in der Nacht* zu sehen, nur in den raffiniert ineinanderverspannten Kopien und Reminiszenzen bestünde. Der erste Akt wäre so getreu wie möglich im Stile Sternheims wiederzugeben, dahinein dringe die Figur des Kragler, den Brecht später als einen KLEINEN REALISTEN abtat, in dem tatsächlich aber die Rezeption von *Woyzeck*, der 1913 im Münchner Residenztheater uraufgeführt wurde, verarbeitet ist und der, eben als »kleiner Realist« (mit Bewußtseinstrübung) auf Horváth-Typen vorgreift. Im *Walkürenritt* kommen kurz und grotesk skizzierte Figuren wie in Grabbes *Napoleon* vor. Es ist – sieht man von den Passagen schwerfließender Rimbaud-Sprache ab – ein Stück, das sich in die Tradition realistischer Stücke eindrängt, es ist, fast, ein realistisches Stück.

Dickicht, sagte ich, etwas gelangweilt, bestehe noch viel entschiedener aus purer Literatur. Rimbaud, Jensen, Sinclair, der Amerikanismus, Tahiti; aber hier liefert die Literatur, vor allem die Trivialliteratur, Form und Material, um den traditionellen Realismus zu überwinden. Brecht hat nie wieder ein Stück geschrieben, das so wenig mit einer vergleichbaren oder modellhaften Wirklichkeit gemein hat wie dieses. Es ist eine reine Kraftprobe der Form, es ist ein formalistisches Stück, nicht wahr?

Stück ohne Körper

Nein, sagt der Mitreisende. Ist *Leonce und Lena* formalistisch, ist es die *Trauung* von Gombrowicz? *Dickicht* beweist nur, daß, je offener es die Arbeit an der eigenen Form, dem Kampf, zur Schau trägt, um so mehr Bedeutungen sich einstellen, daß es Formalismus auf der Bühne nicht gibt, so wenig wie der leibhaftige Kampf zwischen Garga und Shlink zustande kommt. Die Machtverhältnisse schlagen unterhalb eines erklärten, rationalen Kampfstatuts um, weil es keine geregelten Positionen der Kämpfenden gibt, sondern nur Verwandlungen und Tausch untereinander, ohne Berührung. Der reinen Körperlichkeit der Sporthalle entsprechen die Abstraktionen des Theaters, die Leiber gehen verloren, der Kampf verlegt sich ins Innere der Nervensysteme. Die Sprache ist kompliziert montiert aus konkreten Fabelmitteilungen und verdeckten, aufeinander verweisenden Symbolen; nicht die Physik, wohl aber die Chemie der Vorgänge bildet sie nach. Daß diese Vorgänge Bedeutung haben, kommt hinzu; es handelt sich um Prozesse der kapitalistischen Wirtschaftsordnung, aber nicht dialektisch beobachtet, sondern merkwürdig eingefangen in den scheinbar ungesellschaftlichen Magnetismus zwischen zwei Vertretern unterschiedlicher Klassen.

Der Mut und die Methode

»Ihre Ansicht«, zitiere ich plötzlich Shlink, »interessiert mich. Sie ist jedoch keine sieben Pfund wert.«
— für diejenigen, die das Stück ohne Körper (wie Sie richtig sagen) aufführen möchten. In Dinkelsbühl, wo ich *Dickicht der Städte* sah, versteht man sich nicht so ohne weiteres aufs Nerven-Theater. Schon der Verzicht auf die Motive, wie ihn Brecht forderte, fällt schwer und kann eigentlich nicht geleistet werden. Der Zusammenhang zwischen Garga und Shlink wird übermäßig mystifiziert (nicht nur aufgrund der grell bemalten Gesichter): erstens, weil der Regisseur, der gleichzeitig den Shlink spielt, diesem allzuviel Text erspart hat, und zweitens, weil man in der untergründigen homosexuellen Spannung von Shlink und Garga nun schließlich ein Motiv für den Kampf gefunden zu haben meint und es kräftig in den Vordergrund hebt. Shlink als verschwiegener, dunkelmännischer Asiate, immer

mit einem Anflug von ironischem Lächeln über den Brauen, ist dem Garga stets auf den Fersen (was sich wohl auch aus der zu eng aus Kisten verzimmerten, mit gefärbten Gardinen ausgehängten Bühne ergibt), und zwar leisetreterisch, mit kerzengradem Rückgrat und zierlichen Drehbewegungen im Hüftgelenk — ein heimlicher Versucher, ein diskreter Sendbote geheimnisvoller Mächte, und Garga, der so ein- und unförmig, so überanstrengt seinen rimbaudgeladenen Text hervorstößt (wobei er zu den eigentlichen Zitatstellen das Versebüchlein zückt und, vorlesend, von seiner eigenen Stimme aus dem Lautsprecher unterstützt wird) — nein, nein, das gibt kein Kampfpaar, nicht einmal fürs »Schattenboxen«, ab.

Auch der Shlink aus der Berliner Aufführung, die ich sah, führt seinen Garga an der Longe, die er jedoch allmählich strafft und verkürzt, bis Garga vor seine Füße zu stehen kommt und er nurmehr seine eigene Liquidation vornehmen kann. Aber auch hier, wo der Text noch aus der ersten Fassung (1923) angereichert ist, umgibt den Garga eine breite, phlegmatische Ruhe. Es scheint die merkwürdige Übereinkunft zu bestehen, diese Figur müsse partout unterspielt werden. Hier finden sich zweierlei Gründe für diese Maßnahme. Zunächst steht der teilnahmslose Asiate, vom Rande her lauernd und kalkulierend, zu einem ungebärdigen, reichlich übertemperierten Garga und dessen zäher und schlaksiger Körperpräsenz in oberflächlich wirkungsvollem Kontrast, und zum anderen liegt es durchaus im Sinne der Regie-Konzeption, die Figur des Garga zu verselbstlosen, unscheinbar zu machen. In dieser Inszenierung wird ernsthafter, wenngleich nicht so augenfällig wie bei *Trommeln in der Nacht* in Oldenburg, ein — in dem Urteil des späteren Brecht — revisionistisches Verfahren praktiziert. Es muß, was immer mit *Dickicht* einmal gemeint sein sollte, am Ende »dialektisches« Theater (oder was man darunter handelt) herauskommen. Das Mütchen, eines der frühen Stücke Brechts zu spielen, wird im Nu mit der überalterten Methode der Inszenierung wieder gekühlt, und allemal ist dann ein *guter Mensch von Sezuan* oder so etwas ähnliches zu sehen. Beispielsweise greift man tief in die noch metaphernträchtigere erste Fassung, und gesprochen wird dann diese ins Ungefähre abstrahierende Prosa zerhackt, wie von Ekkehard Schall vorskandiert.

Der Mitreisende schien kaum berührt davon zu sein, daß ich ihn wissen ließ, wie heftig mich meine Reise auf den Spuren des jungen

Brecht enttäuscht hatte. Er begann wieder von vorne zu räsonnieren. »Das Theater«, sagte er, »ist noch immer beherrscht von der Sucht, tagesaktuell zu sein.«
Dazu betreibt es, so unbesorgt in den Tag hineinproduzierend, Geschichtsklitterung. Daß man ein Stück wie *Trommeln in der Nacht* zeigt, läßt sich nur darauf zurückführen, daß es kein besseres Stück eines namhaften Autors gibt, das sich zum Anlaß des fünfzigsten Jahrestags der Novemberrevolution damit auseinandersetzt, warum es zu dieser nicht gekommen ist. Und es wird nicht deswegen aufgeführt, weil man es nunmehr für an der Zeit hält, unser Brecht-Verständnis mit den frühen Werken zu erneuern, zu korrigieren, zu erschüttern.
Mehr und mehr erfüllen wir im Theater Erinnerungspflichten. Da wir jedoch seit einiger Zeit eine ausgesprochen reminiszente Passage unseres politischen Bewußtseins durchleben, da über Revolution und Anarchie im Geist und in den Wörtern der Väter und in Begriffen des voratomaren Zeitalters gehandelt wird, ist es verständlich, daß zuerst das Theater zur Erinnerung einlädt, um von heute zu sein. Der im Kampf das Chaos aufbrauchende Garga ist als legendäre Figur zur Zeit aufregend. Der Amerikanismus des jungen Brechts wird gleichzeitig als Frühform des heutigen Amerikanismus in der pop culture empfunden. Gut. Ich meinerseits muß gestehen, daß mir die Beschäftigung mit der subversiven Tätigkeit, wie sie in den possierlichen Prosastücken Günther Eichs stattfindet, dem Stand der Dinge angemessener vorkommt.

1969

Kunst[2]

»Philoktet« von Heiner Müller in München, Frankfurt, Hannover

Die Handlung ist Modell, keine Historie (Heiner Müller). Wir sind in Frankfurt am 30. Januar, 36 Jahre nach 1933, nur unter Gewahrsam eines Bereitschaftspolizisten ins Theater gelangt, das von sieben Hundertschaften von Polizisten umstellt war. Es gab an diesem Abend in der Oper ein Galakonzert für die Prominenz aus Politik, Kapital und Sport. Ohrfeigt Kiesinger Terrorisiert die Terroristen Ohrfeigt Kiesinger BATSCH! – stand auf einem Flugzettel von SDS-AUSS-USSG. Auf der roten, halbrunden Bretterwand von Peter Heyducks Bühne stand: Heute abend Philoktet heute abend Philoktet. Die Kammerspiele waren halb leer, obwohl es hieß, das Theater sei heute abend AUSverkauft. Tagsdarauf stellte sich heraus, daß viele Karten von Josef Neckermann AUFgekauft wurden. Der Reiter und Warenhausbesitzer war Veranstalter des Galakonzerts und wollte die Auffahrt seiner Gäste nicht durch den Zulauf von Theaterbesuchern stören lassen. Die Polizisten pfiffen auf der Straße auf Trillerpfeifen, und mit einem solchen Pfiff, als Startsignal, begann auch die Aufführung. Dann aber setzte sich ein MODELL in Gang, und es zeigte sich, daß ihm die Historie davongeeilt war.

Es gilt zwei Künste zu entwickeln: die Schauspielkunst und die Zuschaukunst. (Bertolt Brecht)

Indem wir das Modell nunmehr als beobachtenswerten Fremdkörper beurteilen, das uns nur unter anderm, ungefähr, irgendwann einmal, gerade jetzt nicht betrifft, entwickelt die Aufführung des »Philoktet« ein ganz anderes, aktuelleres Modell, in der Beziehung von Publikum und Veranstaltung, jenes nämlich von der Teilung von Wirklichkeits-Empirie und Kunst-Empirie, von der wachsenden Einsamkeit der Symbole, von der Unlust und der Unfähigkeit, zu vergleichen, zu interpretieren, Modelle anzuwenden. Dem Kunstwerk, das nicht mehr Wirklichkeit verfremdet, sondern selbst ein Fremdkörper in unserer Wirklichkeit geworden ist, sehen wir mit relativer Beteiligung, aber mit besonderer Konzentration zu. Das Zuschaun wird zum Metier, zu einer bewußten, möglicherweise künstlerischen Verhaltensweise.

Philoktet ist bislang dreimal inszeniert worden, in München, Frankfurt und Hannover. Über die Münchner Uraufführung hat Henning Rischbieter in *Theater heute* ausführlich berichtet. Jetzt sollte einmal geprüft werden, ob die Kombination von Körperbewegung und gesprochener Sprache, so wie sie allen drei Regisseuren, mehr oder weniger ausgeprägt, bei der Arbeit an Müllers Stück einfiel, möglicherweise überhaupt eine Bereicherung der schauspielerischen Arbeit bringt, über das Beispiel *Philoktet* hinaus.

Klassik

Dies kann selbstverständlich nur vor dem Hintergrund einer bereits bestehenden, neueren Tradition von körperlichen Ausdrucksweisen auf dem Theater geschehen, also im Vergleich zur ans chinesische Theater anknüpfenden Mimik des Berliner Ensembles, zu den gymnastischen Exerzitien des Living Theatre, zu der körperlichen Expressivität in Inszenierungen Peter Steins, zu Zadeks Versuch, den Körper zum Material, zum einzigen Inventar der Bühne zu machen. Für Hans Lietzaus Münchner Inszenierung kann keine dieser Praktiken vorbildlich gewesen sein, dazu ist er (und Jean Soubeyran, der ihn choreografisch beriet) zu sehr an artistischer Schönheit, an der treffenden und ansehnlichen Bewegung interessiert, an ästhetischer Harmonie insgesamt; Lietzaus Verfahren ist das der vollkommenen formalen Integration aller Einzelheiten. Tonfällen, Positionen und Gliederregungen. Dabei schafft die Inszenierung einen in sich schlüssigen Kanon, in dem gestische Formel und sprachlicher Hinweis sich derart komplettieren, daß sich die Diktion des Sprechens nicht ändern kann, ohne daß sich nicht auch jene des Körpers änderte. Die Lesart des Systems muß auf minimale Unterscheidungen achten. Bewegungs-Stereotypen, als Zeichen der Zivilisation, kommen vor allem bei Odysseus, bei Martin Benrath vor — so die Auftragsgeste gegenüber Neoptolemos (Wolf R. Redl, der von allen Interpreten dieser Rolle am energischsten den Zwang der Verhältnisse zu durchbrechen versucht): der rechte, eingewinkelte Arm fährt in einem Bogen aus, weist mit vorgestrecktem Zeigefinger auf den Partner hin, währenddessen die linke Hand, süffisant einladend, in einer halben Wendung die Innenfläche nach außen kehrt. Demgegenüber die expressive, weniger schematisierte Ausdrucksweise des verwilderten

Philoktet. Es kommt zu einer speziellen Art von Virtuosität, solch einer, wie sie nur im Sprechtheater möglich ist, die nichts mit Akrobatik und Zungenfertigkeit gemein hat. Diese Virtuosität entsteht, wo immer Körper und Sprache ihre Eigenschaften, halbwegs, vertauschen, wenn sich der Körper auf dem Theater, halbwegs, literarisiert, verkünstlicht und sich die Literatur, halbwegs, verleiblicht.

Archaik

Nur oberflächliche Menschen urteilen nicht nach dem äußeren Erscheinungsbild (Oscar Wilde). Gemessen an der lapidaren Strenge von Müllers Sprache läuft in der hannoverschen Inszenierung Hermann Treuschs die Körperarbeit Gefahr, übergewichtet zu werden. Sie verzichtet darauf, zwischen Sprechen und Zeigen zu synchronisieren, die Gesten sind »länger« als die Sätze, zuweilen auch redseliger. Wollte Lietzau klassifizieren, in der Einheitlichkeit der Ausdrucksweise eine zeitlose Fabel vorzeigen, so sucht Treusch die Archaik und Schwärze auf, den nihilistischen Materialismus, wie er etwa in den Klagemonologen des Philoktet aufklingt. Dabei verzichtet er weitgehend auf die Geste als bloße Chiffre, mutet ihr stattdessen die Ausdrucksgewalt vor- und untersprachlicher Artikulation zu. Konsequenterweise kann es so zu keinem geformten Modell von Haltungen und Abläufen kommen; an dessen Stelle tritt der spontane, von der Situation motivierte mimische Einfall.
Allerdings fehlt es an mindestens zwei grundsätzlichen Voraussetzungen, um eine solche Konzeption aufgehen zu lassen. Zum einen verlangt das Stück, wenn schon der Körper dabei ein Mitspracherecht behauptet, eine seiner rhetorischen Disziplin entsprechende formalisierte Darstellungsweise; zum anderen wirken die Schauspieler, die eine solche intensive Körperarbeit nicht gewohnt sind, zuweilen überfordert und manipuliert. Insgesamt steht die Aufführung unter dem irritierenden Einfluß einer »Fremdbestimmung«, eines von außen herangetragenen Modellierens. Dies verhindert freilich nicht, daß einige überraschend elementare, sinnfällige Szenen glücken; beispielsweise, wenn Philoktet dem Neoptolemos in rohen naturmystischen Metaphern seine physische und auch erotische Einsamkeit zum Erbarmen empfiehlt und ihn dabei wirklich körperlich bedrängt, ihm aufkriechen möchte. So ist gerade durch den (sprach-

lich allerdings etwas kraftlosen) Schauspieler Rüdiger Bahr als Philoktet die Qual dieser Figur hervorgehoben, die dem Odysseus auf dem Rumpf entgegenrutscht und sein totes, vergiftetes, stinkendes Bein vorhält als kreatürliche Waffe. Er hat sich den Geiern, die ihn ständig umkreisen, assimiliert: trägt eine vogelkopfartige Maske, seine Arme schlagen wie Flügel, wenn er sich in den Abgrund stürzen will und die beiden anderen ihn mit einem Strick zurückhalten. Häufig aber fallen die Gesten zur antikisierenden Pose, zum stehenden Bild aus; zu einem zusammenhängenden Bewegungsfluß gelangt diese widerborstig alle Harmonie verweigernde Inszenierung nicht. Nur: die substantiell gemeinte Verstörung erweist sich nach außen hin, an der Oberfläche, auf die alles ankommt, als ästhetischer Defekt.
Der Regisseur nimmt dem Kampf, die Konflikte in *Philoktet* so unerbittlich ernst, daß er die emotionale Relativierung durch die Clowns zu Beginn und in der Mitte des Stücks sich nicht gönnen will. Mag sein, daß in diesem prinzipiellen Unmittelbarkeits-Anspruch der Grund für so manche Verkrampfung und für die Vereinzelung der geglückten Momente zu suchen ist.

Schauspieler

Von Lietzaus Inszenierung übernehmen die beiden nachfolgenden die Einfälle: die Bühne zur Arena, zum Ring werden zu lassen, den Ablauf in die Runden eines Boxkampfes zu gliedern, zu deren Beginn sich die Schauspieler in ihren Startpositionen einrichten und an deren Ende sie zum »relaxing« aussteigen, ihre Rolle verlassen. Das ist überdies für die Schauspieler, denen hundert Spielminuten lang eine so ungewöhnliche körperliche wie intellektuelle Strapaze abgefordert wird, eine geradezu notwendige Unterbrechung. Am Beispiel von Hans Joachim Heyses Frankfurter Inszenierung, die am spannungslosesten ausfiel, weil sie die Oberfläche nicht wichtig genug nahm und nur noch Schwundformen von choreografischen und gestischen Mitteln zeigte, sollte man fragen, was denn eigentlich von den Schauspielern in einem Stück wie *Philoktet* zu leisten ist. Franz Kutschera als Odysseus und Alwin Michael Rueffer als Philoktet in Frankfurt, Hubert Berger als Odysseus in Hannover — diese Schauspieler verfügen einfach über zu wenige, aber routinierte, abgegriffene

Mittel, um der mimischen und sprachlichen Perfektion und Mobilität, die dieses Stück nun einmal verlangt, zu genügen. Es ist deprimierend zu sehen, wie lasch, wie unkonzentriert sich in Frankfurt die Stellungen der drei Schauspieler arrangieren und verändern, nicht zuletzt, weil von den Schauspielern — sieht man von Peter Fitz als Neoptolemos einmal ab — offenbar keine Impulse, sondern eher ein Widerwillen gegen solche ihre Darsteller-Persönlichkeit einengende Rolle ausgeht. Sie streichen umeinander herum, sprechen sich mit einem Text an, der plötzlich von Grillparzer zu sein scheint, so wenig plastisch und schroff wird er formuliert. Kutschera als Odysseus ist sich offenbar absolut sicher, daß er den Neoptolemos seinen Zwecken gefügig machen wird; gelangweilt, über die linke Schulter nach rückwärts redend, weist er ihn an und läßt dabei seinen Blick ins Weite der Insel schweifen (die ringsum mit einer weißbefleckten Zeltplane verhängt ist!). Rueffer hat als Philoktet nicht im mindesten körperliches Geschick, also auch viel zu wenig, um der Figur linkische oder animalische Bewegungsformen anzusetzen. Was dann in Ansätzen gestisch passiert, wirkt vergriffen und verlegen, weil es so beliebig und mühsam eingeübt vorkommt. Einmal läuft Rueffer, fast graziös auf den Fußspitzen hüpfelnd, zu seinem Schlafverhau, jedoch kurz darauf sieht man ihn in der Bühnenmitte (dort hatte Peter Heyduck aus gummiweichem Material einen Sumpfflecken eingerichtet, der die darüber laufenden Spieler stets beängstigend nah ans Straucheln führte) bieder darniedersitzen und sich beide Waden umfassen, als sei nicht eine davon die wunde und die Ursache all seines Elends.

Das, was stimmt in einer Inszenierung von *Philoktet*, kann zuvörderst nichts mit Aussagen, mit Psychologie, Charakterzeichnung, gesellschaftskritischer oder ideologiekritischer Analyse zu tun haben. Bei einem hochartifiziellen Kunstgebilde wie diesem müssen zuallererst die Körperhaltungen und die Tonfälle, die Lautstärken und die Geschwindigkeiten stimmen, und zwar nicht isoliert an sich, sondern in ihren Beziehungen unter- und nacheinander und in ihrer Verantwortung gegenüber dem Sinn des Textes. Sorglosigkeit in der Oberflächenarbeit bringt das Stück sogleich um seinen Sinn. Die schauspielerische Tätigkeit beginnt hier abseits vom Prinzip der Menschendarstellung und führt, bestenfalls, auf eine neuartige zu. Unter diesen Prämissen schienen die Schauspieler in München das Stück nicht nur bewältigt, sondern auch begriffen zu haben; allen

voran Helmut Griems Philoktet, dessen Körperbeherrschung die Disziplin über einen beschädigten, schwerfälligen Körper ist und dessen Pathos, das die Häßlichkeit des Aussätzigen verschönert zu einem eben nicht widerspruchsfreien Gestus zusammenfügt (und der damit natürlich auch die Vollendungs-Tendenzen dieser Aufführung, von Lietzaus Theater-Ästhetik verkörpert).
Dem ist auf diesem Rang nicht wieder zu begegnen, wohl aber, begrenzt auf den methodischen Ansatz, beim Neoptolemos von Till Sterzenbach in der hannoverschen Inszenierung. Dieser Neoptolemos beobachtet überaus neugierig und scheinbar unschuldig. Die Lüge zieht ihn magisch an. Schon weiß er die Macht des Zivilisierten über den Barbaren zu gebrauchen: er schreit auf Philoktet, dem die Sprache zu schwinden droht, derart heftig ein, daß dem vor Schreck der Bogen aus der Hand fällt.
Das politische Stück *Philoktet* wird um so aufschlußreicher, je vollkommener, sinnfälliger die Umsetzung des Modells in die Oberfläche seiner Erscheinungsbilder glückt. Es schult, den äußeren Anzeichen zu mißtrauen.

1969

Albee, der Broadway und der Tod

Die deutschen Erstaufführungen von »Alles im Garten« und »Kiste – Worte des Vorsitzenden Mao Tse-Tung – Kiste« in München

Hierzulande gibt es Beispiele für Stückeschreiber, deren in Veränderung begriffene Erkenntnisprozesse sie nicht nur nach neuen Themen, sondern auch nach neuen Begriffen vom Theater und dessen Ausdrucksformen suchen lassen; Autoren, die, seit sie anfingen, Stücke zu schreiben, mehrfach die Diktion wechselten, deren Werk mit Sprüngen, Wendungen, einem gewissen Übungscharakter versehen ist: etwa bei Max Frisch, Martin Walser, Peter Weiss. Anders als sie hat sich Edward Albee jedoch – das entspricht seiner introspektiven Erlebnisweise gesellschaftlicher Umwelt – nie von der Möglichkeit, politisches Theater zu machen, irritieren lassen. Er hat stets nur auf die Wiederholungen und Verwandlungen seines einzigen Themas gesehen. Dabei treten, fast alternierend, die mißratenen neben die geglückteren Stücke: *Zoo-Geschichten* (1958), *Der Tod von Bessie Smith* (1959), *Wer hat Angst vor Virginia Woolf?* (1962) und *Die Ballade vom traurigen Café* (1963), *Winzige Alice* (1965) und *Malcolm* (1966), *Empfindliches Gleichgewicht* (1966) und *Alles im Garten* (1967).

Der Rhythmus von eigenen und adaptierten Stücken ist nicht ganz zufällig, denn zu Albees Methode gehört auch die extreme, erschöpfende Ausnutzung jeweils eines Aspekts, einer Ausdrucksweise seines Themas. In *Virginia Woolf* hat der Dialog als Spannungszentrum eines psychologischen Dramas eine vielleicht letztmögliche Verschärfung erfahren. In der *Winzigen Alice* wird den tiefenpsychologischen Symbolen und Vorgängen, aus denen nicht selten Albees Gesellschaftsbilder produziert werden, bis in die äußersten Verstiegenheiten gefolgt, werden die Grenzen dessen, was als Metaphysik auf der Bühne darstellbar ist, ermessen. Im *Empfindlichen Gleichgewicht* ist nur die Oberfläche einer Gesellschaftskomödie zu sehen, allerdings so opalisierend, daß man nicht errät, ob Seichtheit oder Tiefe dahinter steckt. Daneben sind die Lehnwerke eigentlich immer nur eine Art Versicherung, Nachprüfung der eigenen Stücke aufgrund gewisser Affinitäten zu anderen Autoren.

Alles in bester Ordnung?

In *Everything in the Garden* (das in Deutschland schon unter dem Titel *Alles in bester Ordnung* ein paar Mal aufgeführt wurde), das sich Albee 1967, nachdem der englische Autor tödlich verunglückte, vornahm, durchkreuzt die ordentliche, aber dürftige middleclass-Existenz eines englischen Ehepaars die geheimnisvolle Erscheinung einer älteren Dame, einer polnischen Emigrantin, die auf dezent verblümte Weise die Dame des Hauses dazu überredet, zur nebenberuflichen Aufbesserung der bescheidenen Finanzbestände in einem Luxusbordell tätig zu werden. Das Unternehmen gerät ganz außerordentlich gut in Schwung, nur kommt der brave Ehemann seiner Frau auf die hochdotierten Seitensprünge, tobt und will sie aus dem Haus jagen. Er faßt sich erst wieder (allerdings nicht, ohne an seinem Verstand zu zweifeln), als er auf einer Party, zu der seine Frau gebeten hatte, erfährt, daß alle anwesenden Damen im gleichen Institut für den Wohlstand ihres Haushalts sorgen, mit der vollen Billigung ihrer Ehegatten selbstverständlich.
Albee hat Coopers Stück, das in der Tradition der Restaurations-Komödie die denkwürdigen Bündnisse von Moral, Gewinn- und Prestiesucht bloßlegt, in die Verhältnisse der amerikanischen Konsumgesellschaft übertragen, aus der polnischen Emigrantin eine Engländerin gemacht, aus dem an der Handlung entlangstreunenden Junggesellen einen millionärrischen Maler und das Ganze um eine dramaturgisch ungeschickt applizierte Erbschaftspointe bereichert.
Alles im Garten soll am Broadway mit beachtlichem Erfolg aufgenommen worden sein. Daran ist einiges auffällig.
Die Tradition des amerikanischen Gesellschaftsdramas, in der Albee steht, wird inzwischen offenbar rechtmäßig bewahrt im Rahmen des etablierten Konsumtheaters, in der Form von Boulevard- und Konversationsstücken. Nicht Albee ist auf das Boulevardstück »heruntergekommen«, sondern dieses bietet sich als adäquates Ausdrucksmittel für jede Art von Gesellschaftskritik an, solange sie nicht in der Lage ist, ihr eigenes Konsumiertwerden zu verhindern. Das Unterhaltungstheater verdeutlicht nur die Lage des Theaters in unseren Gesellschaftsformen überhaupt. Das »eigentlich« gesellschaftlich Abnorme (z.B. der Homosexuelle, der immer öfter im Hauptpersonal von Boulevardstücken erscheint) wird als besonders delikater Spaß

und überdies noch als wohltuende Toleranzbestätigung akzeptiert. Ein derartiges Verhältnis zur Kunst ist nicht anders als pornografisch zu nennen.
Die Satire — und bestenfalls ist *Alles im Garten* dafür zu nehmen —, die immer von denen benutzt wird, die mehr oder weniger verdrossen »dazugehören«, die in der heiteren Verzerrung die wirklichen Konflikte verharmlost, ist eigentlich unfähig, auszudrücken, daß die amerikanische Konsumgesellschaft »über Leichen geht«. Die Tabuzerstörung, die Aufdeckung der Erbsünden der amerikanischen Gesellschaft, also das, was Albee in den letzten zehn Jahren auf dem Theater betrieb, wird heute von den radikalen Kräften des »anderen Amerika« viel unerbittlicher und gleichzeitig — im Gegensatz zu Albees analytischer Passivität — mit militantem Veränderungswillen vorgebracht.
Dies läuft freilich auch auf eine Krise der Subtilität in der darstellenden Kunst hinaus. Die eskalierenden Gewaltsamkeiten, der Terrorismus, in denen sich die außenpolitischen wie inneren Konflikte der USA austragen, sind nicht in feinnervigen Psychogrammen wiederzugeben. Ausdrucksformen der Brutalität, Aggression und Anomalie unterstützen im psychologischen Theater nur die pornografische Selbstgefälligkeit.
Dagegen scheint es in Amerika eine Theaterbewegung zu geben, die unmittelbarer, angemessener auf die politische Szenerie repliziert und die sich noch unterhalb der Gürtellinie gesellschaftsfähiger Veranstaltungen befindet. In Tuli Kupferbergs *Ficknam*-Report beispielsweise ist die Kunstverweigerung Ausdruck einer Haltung, die nicht länger kritisch, sondern radikal feindlich der Nation gegenübertritt. Amerika: eine Fuck-Gesellschaft, in der auch Liebe nicht mehr vor Krieg schützt, sondern ihm, in entsprechend barbarisierten Formen, zuarbeitet. Solch ein Stück versteht sich nicht als Satire, Persiflage, sondern wahrhaftig als Report über eine entsetzlich deformierte Wirklichkeit, deren das »andere Amerika« sich bewußt ist.

Arche Mao

Albee hat diese radikalen Alternativen zu seinem Theater gewiß nicht ignoriert. Der Titel seines neuen Doppeleinakters: *Kiste* —

Worte des Vorsitzenden Mao Tse Tung – Kiste könnte darauf schließen lassen, Albee habe sich zu einer Wendung von der äußeren Gesellschaftskritik zu einer ideologiekritischen Beschäftigung mit dem politischen Bewußtsein der rebellierenden Generation entschlossen.

Jedoch ist *Worte* schließlich genauso wenig ein politisches oder ganz unpolitisches Stück wie alle vorherigen. Man wird nicht behaupten wollen, daß dieses Stück die Kontinuität von Albees dramatischer Produktion aufbräche, daß es sich nicht einpaßte in das System der variierten Wiederholungen, der wechselnden Vorbilder (nach Strindberg und O'Neill ist es hier eher Joyce, Beckett).

Wiederum erfolgt eine Neuerung, indem Albee eines seiner dramatischen Mittel verabsolutiert, extrem verwendet. Diesmal ist es das der musikalischen Formdiszipilin, der bereits *Virginia Woolf* und *Empfindliches Gleichgewicht* unterlagen. Albee zeigt einen ausgeprägten Sinn für zeitliche Abläufe, Dialogkompositionen (obwohl es in *Worte* kleine expliziten Dialoge gibt). Die musikalische Technik ist in dem neuen Stück soweit und bis ins Detail vorherrschend, daß die Aufführung nach Albees Vorstellung den Eindruck von Präludium und Fuge empfinden lassen soll: eine polyphone Arbeit für vier Redende und einen stummen Zuhörer. Es findet eine gleichsam verdeckte, in einzelnen Monologen vermittelte Aussprache statt über ein gemeinsames Thema: Sterben, Vernichten, Verelenden, Vergessen. Die Suada der »langatmigen Dame« kreist unaufhörlich um den Empfindungswert TOD. Einmal ist es der flüchtig beobachtete Unfalltod, der ihr unwirklich, wie für einen Film inszeniert vorkommt, dann der langandauernde Tod ihres Mannes, ein Tod, der ihr geblieben ist, mit dem sie lebt, und schließlich vor allem ihr eigenes Sterben, auf das sie in der immer wieder aufgenommenen Geschichte von ihrem Überbordgehen, vom endlosen Fallen (einer psychoanalytischen Traum-Chiffre fürs Sterben) anspielt. Daß neben ihr im Liegestuhl ein Pfarrer schweigt, wie einer, der die Beichte abnimmt, daß mit dem Schiff einmal der Name »Charon« assoziiert wird, zeigt an, daß Albee auch hier nicht geneigt ist, auf die symbolischen, mythischen Bedeutungsuntergründe zu verzichten. Auf diese subjektive Erfahrung von Tod »replizieren« die Texte Maos, vornehmlich aus dessen Theorie über den gerechten Volkskrieg gegen die Imperialisten zitiert, in denen sich ein anti-persönliches, schmerzloses, total politisiertes Bewußtsein von

Tod und Vernichtung ausdrückt. In dieser Kombination werden die Mao-Texte selbstverständlich auf eindeutige Weise emotionalisiert: nicht so sehr die Vision einer klassen-, als vielmehr einer leidlosen, von privaten Kümmernissen befreiten Gesellschaft scheint darin auf.

Als die Kunst im Sterben lag

Die ungewöhnliche Faszination, die von dem Thema »Tod« ausgeht, dem intimsten Wort in der spätbürgerlichen Literatur, hängt gewiß nicht zuletzt mit deren eigenem Befinden zusammen. Vom Tod der schönen Künste ist denn auch bei Albee in der vor und nach den *Worten* gesprochenen *Kiste* die Rede. Da wird, spezieller, über die Kunst, die anfängt, weh zu tun, räsonniert. Womit aber nicht eine besonders schrille und gewalttätige neue Kunstform gemeint ist, sondern nur jemandes Bewußtsein von der Unangemessenheit, der Unwirklichkeit der alten, schön geordneten Kunst und von der Einbuße ihrer utopischen Kraft. Doch spätestens zu Beginn der kunstvollen Tirade der »uppermiddle-class« Dame weiß man, daß die Scheu, noch weiterhin Kunst zu produzieren, zum elegischen Thema des Stücks selber gehört, dieses nur stimmungsvoll akkompagniert. Denn, so zeigt sich, die Kunst tut gar nicht weh, weder in der Simultaneität von Telemannmusik und den Bildern ausgehungerter Biafra-Kinder, mit der die Münchner Inszenierung beginnt, noch in der Konfrontation eines prophezeiten Vernichtungskampfes mit der einsamen Agonie einer reichen, älteren Dame.
Die scheinbaren Antagonismen, die Albee heraufbeschwört, kommen in Wahrheit bloß dem verwöhnten Feingeschmack einer bürgerlichen Todesästhetik zu Gefallen.

Die sortierende Inszenierung

Die Inszenierung der beiden Einakter im Werkraumtheater der Münchner Kammerspiele, die allererste von Ulrich Heising, begeht zunächst einen nützlichen Unterlassungsfehler: Albees peniblen und gewiß irreleitenden Formalisierungswünschen, der Forderung, die ganze Aufführung müsse quasimusikalisch durchstrukturiert werden, gibt Heising nicht statt. Stattdessen bemüht er sich, erst einmal auseinanderzusortieren, die vier Ausdrucksweisen für sich, in ihren besonderen Eigenarten, durchzubilden und auf diese Weise zumindest drei vom Theater her bekannte Figuren herauszubringen: so ergibt sich in der redseligen alten Dame (Grete Mosheim) eine sublime Vereinigung einer Beckett- mit einer Somerset-Maugham-Figur; so wird das alte, verlumpte Mütterchen (Else Quecke) als Reminiszenz eines rührseligen Armeleute-Naturalismus und der Sprecher der Mao-Texte (Dieter Kirchlechner) als Faktenzitierer des Dokumentartheaters vorgeführt. Anstelle der einförmigen Kontrapunktik, der in sich stimmigen Komposition, versucht diese Inszenierung, die Gleichzeitigkeit des Disparaten, die Simultaneität von ALLEM bewußt zu machen, so wie sie einem in den schönsten Momenten des Sterbens begreiflich werden muß. Wenn am Schluß der *Kiste*-Monolog von Therese Giehse noch einmal gesprochen wird, lang hingehalten, und wenn man in die hellausgeleuchtete Kiste des Bühnenbildners Karl Kneidl einsieht, lösen sich die *Worte* in eine meditative Ruhe auf, man wird sanft wieder aus dem Stück entlassen.

Kneidl hat übrigens in diesem bewegungsarmen Spiel eine ungewöhnliche wirksame Raumspannung aktiviert. Analog der sortierenden Arbeit der Inszenierung zerlegt er die Ansicht eines Schiffes in die verschiedenen Perspektiven, in denen man ein Schiff ansehen kann. Eine diagonal die Szene durchquerende Reling, grün-rot-schwarz gestreift, wie Kinder Wellen malen, ist also auch gleichzeitig das Wasser, auf dem das Schiff fährt; und der spitze rote Bug, der sich von rechts auf die Wellen schiebt, kann ein Rettungsboot sein oder eine andere Ansicht von dem Schiff, auf dem die Dame die Geschichte erzählt vom Überbordgehen auf einem anderen Schiff, dessen Verbildlichung es auch darstellen könnte. Die ambivalente Perspektive bietet eine Bewegung im Stillstand, die Verwendung von großflächigen, »minimalen« Formaten ist unbedingt einsichtigen und veränderbaren Zwecken unterstellt, so etwa auch die Verwandlung der Kiste zur rotgeschmierten Rückwand, an der die alte Frau niedersitzt. Das ästhetische Niveau dieses Bühnenbildes bescheinigt den in der *Kiste* vorgetragenen Reflexionen über Kunst und Kunstgewerbe nur mehr ihre Überflüssigkeit.

Martin Benrath, Grete Mosheim

Auf ähnliche Weise übertrafen in den beiden Münchner Aufführungen die Leistungen zweier Schauspieler den Rang der Stücke, in denen sie auftraten. Martin Benrath baut in Hans Schweikarts routinierter, flacher Inszenierung von *Alles im Garten* mit aller Konzentration, mit unbeirrter Ruhe die Architektur seiner Rolle, jenen braven Amerikaner, zu einem Ende, dort wo der Autor schon längst nichts mehr für ihn übriggelassen hat. Wenn er am Schluß in die Fortsetzung des Nebenverdienstes seiner Frau einwilligt und dennoch versucht, zärtlich zu ihr zu sein, zeigt er die irreparable Trennung zwischen dem liebenswürdigen, heiteren Mittelständler, der eine glückliche Ehe führte, und der ausweglosen Verfassung eines Ehemanns, der mit einer Fünfzigdollar-Hure trotzdem eine glückliche Ehe führen muß. Benrath führt die Verschärfungsgrade einer nicht mehr nur privaten Desillusionierung vor: über die nervöse, aufgeregte Fassungslosigkeit, den stolzen Zorn und die resignierende Traurigkeit bis hin zu einer bleibenden Verstörung. Ohne die konsequente Ernsthaftigkeit und Intaktheit dieser Darstellung, hätte es bei diesem Unterhaltungsstück nichts zu lachen gegeben.
Ohne die Heiterkeit, den Charme eines gesellschaftlichen Fossils, das noch immer von seinem Tod redet, ohne Grete Mosheim, wäre auch der zweite Albee-Abend eher deprimierend verlaufen. Für diese Rolle ist der phasenhafte Aufbau nicht das Entscheidende, sondern die durchnuancierte Gleichförmigkeit des Ausdrucks. Für diesen Monolog, der zu einem Schein-Dialog mit einem stummen Partner, dem Pfarrer (Jörg Schleicher), wird und dessen willkürliche Zerstückelung immer erneut sicheres Intonieren verlangt, dessen Kontinuität immer erst wieder hergestellt werden muß, stellt sich die Mosheim keine geringen Anforderungen: den Vorgang des Erinnerns bis nahe an den Anschein von im Augenblick wirklich produziertem Erinnern heranführen, die Wiederholungen beachten und akzentuieren (vielleicht mit einem flüchtigen Griff in die Haare), die Stimme in den Kopf wandern lassen, und danach eine Passage im dunklen Brustton, vornehm ordinär sein, das linke Handgelenk unter dem Kinn umknicken lassen, die Decke zurechtzupfen, immer lebendig sein, während man sich zu Tode redet, das Denken denken, literarische Beschreibungen zur eigenen Diktion machen, ins Leere fragen, Sätze abbrechen, die Falten neben dem Mund verhär-

ten. Schweigen, Kopfschütteln, Text verschweigen. Sich noch einen Dialog zurichten im Selbstgespräch...

»Sind Sie glücklicher?«
»Ich habe Angst.«
»Vor dem Tod?«
»Nicht besonders.«
»Glaubten Sie früher an Gott?«
»Ja, aber jetzt glaube ich nicht mehr.«
»Auch an Hölle und Teufel?«
»Der Teufel steckt in den Menschen.«
»Trinken Sie weniger als früher?«
»Vielleicht.«
»Wie erklären Sie sich, daß Sie mit Ihren letzten Stücken nicht mehr an Ihre früheren Erfolge anknüpfen konnten?«
»Die Leute möchten heute nicht mehr vom Tode reden hören. Vielleicht schreibe ich auch weniger gut als einst.«
Tennessee Williams schreibt auf alle Fälle weiter.

(*AZ*-Gespräch mit Tennessee Williams, 6.2.69)

1969

Das schöne Umsonst

Peter Stein inszeniert »Tasso« in Bremen

Während der Dichter Torquato Tasso im letzten Drittel des 16. Jahrhunderts sein Heldenepos *Das befreite Jerusalem* schrieb, das zum Lobpreis der Gegenreformation gedacht war und die Utopie eines erneuerten »Heiligen Krieges« gegen alle Feinde der päpstlichen Kirche herbeibeschwor, geschahen in Frankreich die tausendfachen Morde der Bartholomäusnacht, tobten die Hugenottenkriege, verfolgte die Inquisition Glaubensminoritäten in ganz Europa.
Während Goethe zwei Jahrhunderts später seinen *Tasso* abschloß, in dem die politische Realität des historischen Vorwurfs in der nervösen Spannung zwischen Genie und Gesellschaft verinnerlicht wurde, brach mit dem Sturm auf die Bastille nebenan in Frankreich ein Zeitalter der revolutionären Emanzipation heran.
Während Peter Stein, wiederum etwa zweihundert Jahre später, seine Version des Goetheschen *Tasso* auf der Bühne vorzeigt, weisen zur gleichen Zeit revolutionäre Bewegungen und Kämpfe in allen Teilen der Erde auf die Fragwürdigkeit jeglicher ästhetischer Produktion hin. Zur Substanz des *Tasso* mag gehören, daß er sich zu der Gegenwart, in der er entstand, gleichwie zu derjenigen, in welcher man sich mit dem Stück auseinandersetzt, entlegen, wenn nicht gar reaktionär befindet. Die nicht leicht vergleichbare Qualität der Bremer Inszenierung liegt begründet in dieser Erkenntnis von einer objektiven Unangemessenheit, Bedeutungslosigkeit des Goetheschen *Tasso* gegenüber den zeitgenössischen Verhältnissen von ehedem und jetzt.

Der Widerspruch an sich

Freilich ist ausschlaggebend, daß Stein sich nicht darauf eingelassen hat, einen solchen Widerspruch in eine mehr oder weniger »kritische« Inszenierung hineinzuschieben, um eine »offene«, kontrastreiche Interpretation vorzulegen; die Aufführung ist sehr wohl stilistisch einheitlich und, auf akzentuierte Weise, geschlossen. Die Erkenntnis vom Widerspruch hat indessen das Vorverständnis des Stückes, hat die gesamte Methode, es so auf den heutigen Tag zu zeigen, radikal vorwegbestimmt. Zu bestaunen ist in Bremen ein *Tasso* wie eine kostbare uns verbliebene Rarität in der übersteigert schönen, überaus nutzlosen Isolation, die ihm heute als Prototyp eines Kunstwerks allein zuzukommen scheint.

Theater ist Luxus

Wilfried Minks hat den Bühnenboden ausgelegt mit einem Teppich von grasgrünem Langflorplüsch, und ringsum ist dies Belriguardo aseptisch abgeschirmt von einer hohen mattspiegelnden Plexiglaswand, durch die im Hintergrund eine zartgoldene Wand hindurchschimmert. Die delikate, niemals üppige oder kolossale Pracht der Gewänder (Minks' Mitarbeiterin: Susanne Raschig), von samtenen Decken und Umhängen, von dunkelgrün changierenden Capes und lamettierten Strickkleidern, von edel ornamentierten Tüchern aus japanischer Seide, mit denen die Leonoren ihre geziert anmutigen Verhüllungsspiele treiben, und die sorgsam aufgelöste Römerinnen-Frisur der Prinzessin und das braune, mit Perlen gerahmte Netztuch als strenge Kopfbedeckung der Gräfin — das alles ist fern von Talmi-Glanz und Theaterplunder und sichert jene Grenze preziöser Kostbarkeit vor vulgärem Gepränge. Und damit wird etwas zu verstehen gegeben. Je luxuriöser, nobler sich das Theater derzeit drapiert, desto unverhohlener zeigt es sein wahres Gesicht: es ist dem Wesen nach das Dekor, das sich eine spätkapitalistische Gesellschaft ausstellt, und in der Langeweile, die Stein so betörend inszeniert hat, findet sich die Atempause wieder, die nach profitgierigem Tageslauf im Theater sich vergönnt wird. Für das Stück *Tasso* liegt zumal im luxuriösen Ambiente ein sinngemäßer Ausdruck für seine zweckentbundene, narrenfreie Existenz als Kunstwerk, die das Theater ziert, wie Tassos Anwesenheit zu Belriguardo das Renommee des Herzogs.

Die Interpretation des Stücks wird grundlegend von der Definition des Theaters in unserer Gesellschaft als eines schönen Anachronismus' vorgenommen. Das macht den aktuellen Ernst, die strenge Glaubwürdigkeit dieser nach außenhin scheinbar in entstellten Posen

und Outragen sich ergehenden Aufführung aus. Indem hier das Theater das ihm angetragene bürgerliche Schönheitsbedürfnis gleichsam zynisch in aristokratischer Übersteigerung erfüllt, vermag es dann wiederum auch, den Bürger an seinem Pläsir irre zu machen.
Steins Umgang mit dem Stück ist keinesfalls denunziatorisch, aggressiv oder parodistisch. In der idyllischen Verinselung, in die er das Kunstwerk evakuiert, entfalten sich die Poesie, die Kostbarkeiten der Sprache und der Gesten, vielleicht als Reminiszenz, als Widerschein, jedenfalls auf verblüffend dialektische Weise aufs neue. Nicht der unmittelbare rhetorische Glanz, nicht die manierierte Seelen- und Stimmungskomposition werden wiederentdeckt, vielmehr finden sich neue ästhetische Valeurs etwa in der verströmenden Langsamkeit der Gliederbewegung, der illustrierenden und zierenden Gebärden, in manchem wie fantasierend gesprochenen Monolog, in den bildhaften Arrangements der Figuren, die zuweilen wie nach klassizistischen Gemälden, aber auch nach den Klischees aus Salonstücken und Kostümfilmen geformt sind, und die allesamt doch nichts weniger produzieren als baren Kitsch, weil sie einerseits einen sehr bewußten stilistischen Kanon niemals durchbrechen und andererseits niemals ihre eigentliche FUNKTION einbüßen: Verhaltensweisen einer Überflußgesellschaft in ihrer sonderbarsten Reinkultur zu designieren. Im Gegensatz zu manch anderen Regisseuren, die sich in eine sogenannte kritische Konfrontation mit einem Stück begeben, benutzt Stein an der Stelle der hämischen Entlarvung das Verfahren der übergenauen Verdeutlichung, der klärenden Übertreibung (so wie er das von Kortner gelernt hat) von offenbar unerhörten, paradoxen oder idiotischen Zuständen. Dazu stehen ihm differenzierte Mittel der Komik bereit. Don Quichote-Komik etwa in Tassos Hang zum körperlichen Ungeschick. Gleich zu Beginn, nachdem er sich in seine Genieposen hineingebettet hat, fällt er rücklings neben dem Sitz zu Boden, dort landet er ebenfalls, wenn er mit überschäumender Freundschaftlichkeit dem Antonio sich an die Brust werfen will und der betreten zur Seite weicht; oder wenn er in einer bizarren Anwandlung seiner Triebe die Prinzessin zu besteigen versucht. Das ist Tasso, der Narr, nicht dem hehren Wahnsinn, eher dem peinlichen Schwachsinn nahe. Das Geniebewußtsein aufrecht zu erhalten, währenddessen man in nüchterner Wahrheit nichts anderes als Schmuckwaren für das Ansehen des Herrschenden produziert, das muß in debiler Verwirrung enden. Daß ihm ein

Gott zu sagen gebe, wie er leide, verkündet dieser Tasso schließlich mit verkniffenem Trotz als Privileg. Wie dies zu verstehen ist, das klärt sofort darauf die hinreißende Schlußschiffre dieser in expressiven Zeichen mehr noch als in Worten sich artikulierenden Inszenierung: Tasso, bei diesem letzten Monolog im Rasen hockend, streckt sich auf dem Rücken lang vor Antonio aus, richtet sich aus halbgespreizten Beinen in die Höhe, unmittelbar am Körper des Antonio entlang, klettert an ihm empor und kauert auf seinen Schultern, gafft von dort mit verblödeter Zufriedenheit in ruckartigen Kopfdrehungen in die Runde: ein Affe, der nach sauber gefertigter Nummer von seinem Dressurherrn aus der Manege getragen wird.

Steins Bühnenfassung

Stein hat den Goethe-Text, ohne in Wort und Vers zu verändern, zu einer eigenen Bühnenfassung arrangiert, und dies gewiß im Zusammenhang mit einer szenischen Konzeption, derzufolge alle fünf Personen auf einer Simultanbühne ununterbrochen anwesend sind. Wie dabei diejenigen sich verhalten und beschäftigen, die »nicht im Dialog sind« – denn der schwenkt filmartig in zuweilen knappen Schnitten von einer Gruppe zur nächsten über – ist bereits eine Sehenswürdigkeit für sich. Die Leonoren lustwandeln elegisch oder trippelnd aufgeregt mit flatternden Tüchern über den Rasen, Antonio ergeht sich staatsmännisch; der Herzog fläzt sich elegant in seinen Patriziersessel und studiert die losen Blätter des »Befreiten Jerusalems«, mit denen Tasso zuvor, sie wie ein Kind in der Luft wiegend und herzend, durch die Gartenlandschaft gesprungen ist. Und dies geschieht so nebenher, ohne jede Verlegenheit und Störung. Die Aufführung beginnt mit einem Präludium, in dem sich sozusagen die Figuren mit den charakteristischen Aphorismen aus ihrem Text vorstellen, etwa nach Art eines Schäferspiels oder einer italienischen Komödie. Der folgende Text ist in zehn Szenen und zwei Zwischenspiele zäsiert, versetzt die wichtigsten Kulminationen des Goetheschen Stückes selbstverständlich nicht, korrigiert insgesamt den Ablauf nicht. Jedoch ist der ursprüngliche Text stark gekürzt und zuweilen collagiert; so ist z.B. das erste Zwischenspiel (nach der Bekränzung Tassos) ganz zusammengestückt aus Dialogstellen der verschiedensten Szenen; diese kurze Passage führt nur die verschiedenartigen Erwartungen und Meinungen vor, die die Hofleute dem Tasso entgegenbringen, sie ist aus Fetzen der großen Gespäche Leonore—Prinzessin (I, 1 — im Original), Tasso—Prinzessin (II, 1), Alfonso—Antonio (V, 1) komponiert. Die symmetrische Bauform des *Tasso*, die die Germanisten so erfreute, weil sie das lauernde Chaos im Hirn des Helden in der »äußeren Form« gebannt fühlten, wird hier aufgegeben zugunsten eines flexiblen musikalischen Gefüges und synchronisierter Beziehungen zwischen szenischer Handlung und Dialog. Nicht der literarische Spannungsbogen des Dramas herrscht vor, obschon er nicht unterbrochen wird; vielmehr entsteht ein in die Fläche verspanntes Netz von sich bindenden, sich wieder lösenden, sich spiegelnden und kontrastierenden Arrangements und Dialogbegegnungen.

Formalien, Denaturierung

In der überzüchteten Gesellschaft von Ferrara gibt es keine Motive mehr, weder aus Sitte noch aus Psychologie, da gibt es nur noch Manieren und Interessen, Unartigkeiten und Kaprizen. Tassos enormer Frevel: gegen Antonio zu ziehen (und er zieht nicht nur den Degen, sondern umfuchtelt den Verhaßten so ausfällig mit blanker Klinge, daß er nahezu dem herbeieilenden Fürsten eins damit versetzt), kann hier nur für eine Hanswurstiade erachtet werden; bloß um seine Interessen zu wahren, die der Staatssekretär Antonio geradeso wie der Dichter Tasso ihm garantieren, muß der Fürst den Streit mit der Bestrafung Tassos schlichten, gibt ihm jedoch mit legerer Ironie zu verstehen, daß es sich hierbei letztlich nur um eine nebensächliche Formalie handelt.
Formalien, in den unterschiedlichsten Stilisierungen, kennzeichnen im übrigen auch die schauspielerischen Ausdrucksmittel. Der Antonio (Werner Rehm) führt sich in ein paar lautstarken Sätzen ein, mit denen er auf sich aufmerksam machen muß, um die standhafte Gesichtslosigkeit, die der Schauspieler dieser Figur zu Recht verschreibt, zu überkommen. Persönliche Antagonismen, wie jener traditionelle zwischen Antonio und Tasso, sind für Stein uninteressant (auch das ist in den dramaturgischen Veränderungen mitbeinhaltet). Antonio kommt für Tasso als unmittelbarer Widersacher keinesfalls infrage. Dieser biedere, kleinmütige Staatssekretär ist bloß der beflis-

sene Adjutant seines Herrn. In den Geschäften beim Papst, die er angeblich so vortrefflich erledigte, wird er nicht viel mehr vorgestellt haben als eine Marionette im längst abgekarteten Spiel. Die Denaturierung der Figuren zu Puppen und Popanzen wird bisweilen bewußt mit Mitteln aus dem Trivialgut der Darstellungskunst besorgt. So stammt der Herzog (Wolfgang Schwarz) in seiner geschleckten Positur, seinen generösen Handschlenkern geradewegs vom Operetten-Adel her. Bei weitem »natürlicher« beherrschen die Leonoren die Kür ihrer Stilfiguren. Hier ist die Preziosität der äußeren Erscheinung restlos in Gliederbewegung und Sprachmelodie übergegangen. Jutta Lampes Rokoko-Prinzessin hüllt sich in schlafwandlerische Laszivität, singt versonnen mit glockenheller Kinderstimme ihren Text dahin, — sie liefert ein Meisterstück bukolischer Entartung. Die Gräfin (Edith Clever), mit der sie sich alle Augenblicke liebkosend umfängt, löst sich geradezu auf in mondänen und verzückten Gebärden, in Jugendstilarabesken; sie steckt dabei voller Schwatzsucht und geschäftiger Durchtriebenheit. Es ist wahrhaftig selten zu beobachten, daß eine Schauspielerin sich mit solch vollkommener, innerster Sicherheit eine »synthetische«, eine durch und durch künstliche Figur herstellt und durchbildet bis hin ins feinste Ornament einer Geste, einer Intonation.

Während die beiden Schauspielerinnen aus einem einzigen Stilisierungszentrum heraus sich vermitteln, arbeitet Bruno Ganz als Tasso im bewußten Kontrast zu seiner Umgebung an einem varianten, sich entwickelnden System von Ausdrucks-: Ausbruchsformen. Er führt beispielsweise vor, wie in diesem verzärtelten Lieblingskind der Gesellschaft mählich eine kräftige Portion Anarchismus sich heranbildet, wie der Dichter, ohne es sich je offen einzugestehen, »Einsicht in seine Lage« gewinnt: je mehr Tasso sich als von der Gesellschaft korrumpiert, benutzt erkennt, um so deutlicher nimmt Ganz das Posieren zurück, um so mehr ergibt er sich der verzweifelten Narretei; und dann trifft er mit dem unmittelbaren Ernst, der zum Schluß in dem Moment des Umschlags von Verzweiflung in stupide Affirmation aufkommt, unser aller unbehagliche Situation im Produktions- und Rezeptionsprozeß von schöner Kunst.

Zur Realität dieser Erkenntnis gehört notwendig, daß sie sich ihrerseits nicht vollends durch Kunst vermitteln läßt. Zu Beginn der Pause liefen Stein und seine Schauspieler an die Rampe und beklagten, daß sie bei weitem nicht alles, was sie anläßlich des *Tasso* empfänden, in der Aufführung hätten unterbringen können – das war nicht als Störung eingelegt, es stand der »fertigen Ablieferung des Produkts« (Stein über seine Inszenierung) nicht im Wege, aber diese Fragen waren eine notwendige Demonstration des Zweifels, ob es mit der immanenten Kritik am Kunstwerk-Geist, wie sie die Inszenierung praktizierte, sein Bewenden haben könne, ob das, was an kritischem Bewußtsein zur Zeit erforderlich ist, überhaupt in solchen Veranstaltungen zu schulen sei. Skepsis – wohlgemerkt – wurde nicht inmitten eines mangelhaft verkommenden Theaterabends laut, sondern während der durchdachtesten, aufregendsten Inszenierung, die seit langem dem Theater hierzulande vergönnt war.

1969

Versammlungsverbot

Marginalie zu »Frauenvolksversammlung« von Aristophanes/Bremer

In Bremen wurde, so haben es Wilfried Minks und Burkhard Mauer erst kürzlich in der *Zeit* bekräftigt, in den glücklichsten Fällen theatergemäßes Theater gemacht. Es wurde ein Medium mediumsgerecht bedient. Es wurden die Mittel vermittelt. Es wurden Formen zu Botschaften. Das Plädoyer für ein solches Theater versichert sich der Unwiderlegbarkeit von Tautologien. Das Theater ist das Theater.

Doch wurde inzwischen im Bremer Theater die ausgesperrte Dialektik der Verhältnisse auf verblüffende Weise rehabilitiert: gerade hier, wo das ganze Selbstverständnis in einem beruhigenden Satz unterzubringen war, hier wurde aus den eigenen Reihen heraus energisch der beunruhigende Gegen-Satz beteuert: Das Theater ist eine Institution.

Darauf müssen weitere Sätze folgen, denn der versteht sich keinesfalls von selbst. Die Institution, von der frühen Soziologie vor allem in ihren Schutz- und Ordnungsfunktionen für das Individuum definiert, wird nun erkannt als System von Leistungs- und Normzwängen, von Abhängigkeiten und Unterdrückungen. Welchen Platz bekommt darin der Schauspieler, dem es — nach Max Reinhardts euphemistischer Metapher — eigentlich »gehören« sollte, zugewiesen? Barbara Sichtermann/Jens Johler haben ihn kurzerhand zum »Arbeiter« des Theaters erklärt.

Schauspieler haben Einsicht in ihre Lage gewonnen. Diese Erkenntnis wollen sie vermitteln, doch das Medium, in dem sie sich auszudrücken gelernt haben, ist nicht die politische Rhetorik, sondern das Theater, eben das Objekt ihrer Kritik und Anfechtung. Was sollen sie tun? Ein Schauspieler, der einen Schauspieler spielt, der Einsicht in seine Lage gewonnen hat, ist schizophren oder ein windiger Formalist. Ein Schauspieler, der die Einsicht in seine Lage auf der Bühne vom Blatt abliest, befindet sich, allem Anschein nach, eben auch nur in einer Leseprobe für einen noch zu inszenierenden Protest. Es geht so und so nicht glaubwürdig zu.

Susanne Amrain Sabine Andreas Rolf Becker Peter Benje Claus Bremer Ellen Esser Hermann Faltis Jan George Iris Hahnemann Monika Hansen Helga Hartung Brigitte Janner Michael König Hans Jürgen Plaumann Karsten Schälicke Wolfgang Schneider Ute Uellner Gisela Zies haben *Frauenvolksversammlung* von Aristophanes/Claus Bremer am 29. März, 23 Uhr, auf der Hauptbühne des Bremer Theaters am Goetheplatz nicht veranstaltet, sondern sie haben ihren Text und ihre Meinung dazu und ihre Meinung zum Theater überhaupt vorgelesen, und das z.T. erbärmlich schlecht, mit erzwungener Undeutlichkeit. Realisiert habe ich vor allem den zähen (allerdings selbst auferlegten) Zwang der Vortragenden, Kunstformen um jeden Preis zu vermeiden; dessen Eindringlichkeit wurde von der Mitteilung über die objektiven Leistungszwänge der Institution bei weitem nicht erreicht.

Fast genau vor einem Jahr hat es im selben Bremer Theater wirklich mal eine Veranstaltung gegeben. Da hatte Wilfried Minks eine Revue erfunden und in Szene gesetzt, die Friedrich dem Großen gewidmet war und vor deren Uraufführung Bazon Brock sich erhob und, ohne zu wissen, was er zu sehen bekommen würde, verkündete, die Revue sei von rechtswegen ihm zu widmen, wo sie doch in allerletzter Wahrheit Kurt Hübner und der Idee eines »progressiven Konsumtheaters« gewidmet war. Es war ein Publikumserfolg. Es wurde was geboten. Aber während auf der Bühne ein Dutzend Rocker auf Motorrädern herumkurvten, besann man sich: sollte hier das Medium Theater beschworen sein, das mit diesen behelfsmäßigen Anleihen bei Filmprojektionen, Beatmusik, psychedelischer Beleuchtung einen so kümmerlichen Widerschein von Zeitgenossenschaft produzierte? Die politische Leistung dieses Formexperiments jedenfalls bestand darin, alle Realitätszitate austauschbar und indifferent zu machen.

Wir sind nicht das Bremer Theater, sagten die Protestler und machten keinen Erfolgsabend. Die Zuschauer saßen auf Holzbänken rings um die leere Bühnenfläche. Die Schauspieler saßen in den vordersten Reihen und standen beim Lesen manchmal auf. Man konnte Cola und Würstchen kaufen, aber es kam keine »gelockerte Atmosphäre« zustande, kein Dialog mit dem Publikum. Dunkel. Eine Riesen-Glühbirne (Kunst-Objekt) kommt aus dem Schnürboden, Beatmusik, eine Frauenstimme sagt über ein übersteuertes Mikrophon der Eröffnungsmonolog der Praxagora auf, jenes Weibsbilds, das seinen Geschlechtsgenossinnen rät, die Regierungsgeschäfte zu übernehmen und das Privateigentum aufzulösen. Dann wieder Probenlicht, und Rolf Becker stellt fest, soeben sei Kunst konsumiert, Realität weggeschafft, suggestiv erlebt worden.

Die Mediums-Ästheten sind Illusionisten, denn sie wissen nicht, daß im Theater ihre einzigen Mittel die Schauspieler sind, daß, wenn die nicht mehr als Mittel parieren, es ein anderes Theater geben muß. Die Kunst-Verweigerer sind ebenfalls Illusionisten, denn Formlosigkeit an sich beweist nicht plausibel, daß eine Rolle zu spielen bereits eine Zwangsmaßnahme ist. Seine Fähigkeiten für einen mitternächtlichen Sonderfall auf den Nullpunkt von Könnerschaft zu reduzieren, das ist keine wirksame Demonstration gegen eine Institution, die an den darauffolgenden Abenden wieder frei und in gewohnter Zuverlässigkeit von diesen Fähigkeiten profitieren darf. Um wirklich gegen die Institution anzustehn, hätten sie beweisen müssen, daß man mit demokratischen Arbeitsmethoden, aus dem Kollektiv heraus ein prinzipiell anderes, offeneres, besseres Theater machen kann als unter den normalen Bedingungen.

Der Bremer Gruppe ist es nicht gelungen, mit dem Publikum in eine spontane Auseinandersetzung zu kommen: sie haben keine Angriffsfläche geboten. Durch die Verweigerung war alles sonderbar aus der eigentlichen Konfliktsphäre herausgehoben, wurde zuviel vorwegverbalisiert, was man erst im Kontakt mit den Zuschauern hätte auskundschaften müssen.

Es ist ihr nicht gelungen, ihr Thema, die Anhängigkeitsstrukturen innerhalb der Institution, verständlich zu machen.

Es ist ihr nicht gelungen, sich mit dem vorgetragenen Stück, das, aus einer dekadenten politischen Ära heraus, sich satirisch mit einem illusionistischen Kommunismus-Gedanken beschäftigt, kritisch und aktuell auseinanderzusetzen, zu erläutern, warum dieses Stück neu übertragen wurde, warum und wie es gespielt werden könnte usw.

Es ist ihr nicht gelungen, anschaulich zu machen, daß dieser Abend als erste Veröffentlichung eines weiterreichenden Arbeitsprozesses zu gelten habe: die Negationen traten zu gefestigt, zu endgültig auf.

Daß allerdings das ganze Unternehmen zu dem geworden ist, was es a priori nicht sein wollte, zum Produkt nämlich, das hat eine Verfügung des Intendanten erst besorgt: daß *Frauenvolksversammlung* aufs nächste nicht wieder zu veranstalten sei. Damit hat er einen Versuch, sich in andere Arbeitsweisen einzugewöhnen, die Vorgänge mitzuteilen und öffentlich beurteilen zu lassen, Unfertiges als Material, in das man eingreifen, das man verändern kann — damit hat er einen Prozeß abgebrochen und dem, was bislang gezeigt wurde, auf unzulässige Weise Resultatcharakter aufgezwungen.

Damit sind auf verblüffende Weise die Argumente des Kollektivs ins Recht gesetzt: der Schauspieler hat im Theater Kunst zu produzieren, und zwar auf einem dem Renommee des Hauses angemessenen Niveau. Für Diskussionen sind Matineen da. Alles wird zur Frage des richtigen Zeitpunkts, und damit des sturen Reglements und der Kompetenzspaltung zwischen dem spielenden und dem denkenden Schauspieler.

Es ist nicht einzusehen, wofür das gut sein soll. Die Emanzipation des Schauspielers ist so nicht zu unterbinden, sie wird notwendigerweise fortschreiten und womöglich für einige die Konsequenz der Emigration aus dem System haben. Vielleicht wird der Konflikt mit der Institution und die Erfahrung, daß sie sich letztlich immer so verhält, wie es zu erwarten steht, sich auf manche so frustrierend auswirken, daß sie nicht mehr bloß Kunstverweigerung markieren, sondern sich gezwungen sehen, sie auch zu praktizieren.

1969

Peter Handkes Drinnen- und Draußenwelt

Die beiden Aufsätze, in denen Peter Handke für die *Zeit* vom 30. Mai und 13. Juni zusammenstellt, was er auf dem Berliner Theatertreffen und der Frankfurter experimenta erlebt hat, setzen in vielem eine polemische Pauschalabrechnung außer Kraft, die Peter Hamm kürzlich in *konkret* (vom 2.6.69) Peter Handke zuteil werden ließ.

Die bedauernswerte Überflüssigkeit des *konkret*-Reports wird verursacht von dem mittelmäßigen und überholten Verständnis, daß der linke (?) Großkritiker für die Arbeiten Handkes zu entwickeln imstande ist, und wird verursacht von der illustriertenhaften Oberflächlichkeit, mit der er über ein Drittel seines Aufsatzes das populäre Abziehbild, das sich die literarische Öffentlichkeit mittlerweile von Handke gemacht hat, beflissen nachporträtiert: »Handkes Image beruht also primär darauf, daß er es versteht, als Außenseiter aufzutreten — ohne einer zu sein; wäre er einer, fände er gewiß kein Forum für seinen Auftritt.« Dieser Satz ist nicht zuletzt deshalb so nichtssagend, weil in seiner kurzgeschlossenen Beweisführung kein Platz ist für den Hinweis etwa, daß dieses Image nicht allein auf Kosten der Handkeschen »Privatproduktion« (Hamm) gehen kann, sondern daß gewisse gesellschaftliche Zusammenhänge zwischen literarischer Produktion und persönlichem Erfolg bestehen, und daß es noch die Frage ist, wie und warum gerade in den letzten drei Jahren eine Schreibweise wie die Handkes entstehen und reüssieren konnte.

Im übrigen läuft Hamm einigen Gemeinplätzen der bisherigen Handke-Interpretation auf, um die sich weiter zu kümmern gar nicht lohnt: im Roman *Die Hornissen* werde doch eine viel ödere Beschreibungsliteratur geliefert als es die realistische ist, gegen die Handke 1966 in Princeton Einspruch erhob; seine literarischen Techniken habe er der Wiener Gruppe abgeguckt und fast alles weitere habe er der Subkultur zu verdanken, deren Trivialgut er wieder zurück in die bürgerlichen Konsumssphären veredelt habe (als sei es je woanders verbreitet worden!).

Nur noch ein paar Worte zu dem, was Handke als Sprachfetischismus vorgeworfen wird. Auch hier erreicht die kritische Auseinandersetzung ihr Gegenüber nur vom Hörensagen: Handke wolle vermutlich die Bedeutungen aus der Sprache ausräumen (der arme Sisyphos!), er dulde die Metapher nicht und strebe der Wittgensteinschen »vollkommenen Sprache« entgegen (der Purist! der Formalist! der Faschist!). »Er insistiert beharrlich darauf, daß sich erst die Sprache ändern müsse, wenn die Welt sich ändern solle.« Da liegen die Grenzen einer wirksamen Polemik, wenn man den Gegner auf die eigenen Beschränkungen hinunterverdummt. Was man Peter Hamm allem Anschein nach nicht zutrauen darf, kann man getrost bei Peter Handke voraussetzen: die Kenntnis einiger elementarer Begriffe der Semantik; Ignoranz gegenüber der grundsätzlich zweiseitigen Struktur der Sprache, von Bezeichnendem und Bezeichnetem, von Ausdruck und Bedeutung, wird man Handke nicht unterstellen können; deren Funktionsmodell zu beobachten, den Vorgang, wie Sprache Bedeutung schafft, zum Gegenstand erkenntniskritischer Spielformen zu nehmen, das ist in der Tat Handkes Leidenschaft.

Der passive Zuschauer

Wie hilflos und unangemessen linke Kulturkritik solcherart sich äußert, zeigt sich, wenn Peter Hamm als Theaterkritiker einmal gezwungen ist, auf einen konkreten Beobachtungsfall zu reagieren; in der österreichischen Zeitschrift *Neues Forum* las ich in einer Hamm-Kritik über *Das Mündel will Vormund sein*: »Bei Handkes neuestem Stück wird das Publikum jedoch leider wieder in seine passive Rolle zurückversetzt, das heißt, es wird bevormundet... Daß Handke sicherlich das gerade Gegenteil beabsichtigt, ändert nichts am Ergebnis, seine Mittel sind diesmal falsch gewählt. Die pure Bedeutungslosigkeit, die er wohl auf die Bühne bringen wollte, verwandelt sich dort permanent zu Bedeutungen.«
Handke hat nun in die beiden *Zeit*-Artikel, die von der Redaktion etwas großzügig als Teile einer neuen Dramaturgie vorgestellt werden, eine Handvoll theaterästhetischer Überlegungen hineingestreut, die, da sie zum großen Teil sich als Definitionsversuche der eigenen Methode lesen, hoffentlich auch dazu dienen, daß die Handke-Kritik die gewohnte Voraussetzungslosigkeit sich künftig nicht

mehr leisten kann. Dort ist u.a. die Passivität des Publikums in jenem Brechtschen Sinn neu kommentiert, daß nämlich Zuschauen Kunst sei, zumindest Arbeit. Handke knüpft dabei an Rezeptionstheorien an, die in der bildenden Kunst schon einige Zeit lang im Gebrauch sind; der ästhetische Gegenstand wird als etwas betont Inkomplettes gezeigt, um die Aufmerksamkeit auf die subjektive Betrachtungsweise, auf die Methode zu lenken, in der er wahrgenommen wird. Das ist schon ein ziemlich gängiges Verfahren, Bazon Brock beispielsweise schult es fleißig seit Jahren ein. Handke leitet für seine Dramaturgie daraus folgendes ab: das Theater wird zunächst entschieden in seine Guckkastenbeschränkung verwiesen, jede aktive Wechselseitigkeit zwischen Bühne und Publikum ist obszön. Die Vorgänge auf der Bühne sind für den Betrachter um so aufregender, aktivierender, je hermetischer, künstlicher sie vor sich gehen. Und dann: je inständiger dies der Fall ist, »desto klarer und vernünftiger kann der Zuschauer diese Abstrakta auf seine eigene Situation draußen konkretisieren.« Dies scheint, auf den ersten Blick, eine Neuigkeit in Handkes Denken zu sein, zumindest, wenn man dem Hammschen Verdikt vertraute, daß Handke »die Ontologie gegen die Utopie ausspielt«. Ganz im Gegenteil, laden manche der *Zeit*-Sätze zur Utopie ein, erläutern sie das poetische Theorem vom Theater als einem Mittel, auf die Welt zu kommen, das Handke einmal erfunden hat. In seinen dramaturgischen Überlegungen nun wird dieses Theater als Vorschule der Wirklichkeit genauer, aber ein wenig Brock-haft präzeptoral verkündet.

Totale Ästhetik

Das im Theater, »drinnen«, Gezeigte soll nach Möglichkeit einen Doppelpunkt nach »draußen« hin setzen: in der Außenwelt sollen die Erfahrungen des Theaters anwendbar gemacht werden. Wie ist das denkbar etwa mit der Experimenta-Erfahrung von Beuys und dem Schimmel, die, so ging es mir auch, erst als »Nachbild« ganz zu sich kommt? Aber wenn das geschieht, so handelt es sich doch nur um eine Erfahrung, die lediglich auf eine Außenwelt anwendbar ist, die mir wie ein Bild aus meiner Innenwelt vorkommt — »die Natur als Dramaturgie durchschauen«. Handkes Trennung von drinnen und draußen ist trügerisch und im Grunde ganz unpragmatisch gemeint, weil für ihn in Wahrheit nur ein ästhetisches Kontinuum von *Innenwelt der Außenwelt der Innenwelt* in Frage kommt, in das Erkenntnis und Anwendbarkeit einbeschlossen sind.

Die Möglichkeit eines Aufbruchs zu einer anderen als ästhetischen Praxis hin wird also von Handke nicht eröffnet. Eine Welt wird restlos in ein ästhetisches Vokabular hineinbuchstabiert, und die Gefahr, daß diese Welt scheitert, vom Widerspruch des Konkreten aufgehoben wird, gehört nicht ins Konzept. Die Erkenntnis, etwa beim Sammeln von Indizien gegen den Faschismus, bleibt drinnen wie draußen gleichermaßen folgenlos, da sie es nicht mehr für ihre Sache erklären kann, gegen diesen Faschismus aktiv zu werden. Das Sammeln der Indizien mündet in ein Erstaunen über die Indizien. Folgenlosigkeit kennzeichnet so auch Handkes Utopie- und Anarchiedenken, es bildet nur Gegensätze zum politischen Denken. In der Rede über das Kurras-Urteil (alle Gerichte gehören abgeschafft), im Aufsatz über Straßentheater (die Straße insgesamt könnte Theater sein) hatte sich bereits der Utopiegedanken zum kindhaften Desiderat entpolitisiert.

Ich will das hier nicht fortführen, es ist alles sowieso noch zu oberflächlich und kurzangebunden. Augenblicklich ist nur wichtig, daß die linke Betrachtungsweise es sich schuldig sein muß, die Handkesche Arbeit erst einmal in ihren kunsttheoretischen und gesellschaftlichen Voraussetzungen zu begreifen, wenn sie sie schon des Interesses für würdig befindet. Um diese Betrachtungsweise zu erleichtern, wäre es nett, wenn Peter Handke die Trennung von Drinnen- und Draußenwelt als einen Denkfehler bezeichnete und zurücknähme.

1969

Geschichte ist nicht, was geschah

Tankred Dorst, »Toller«

Toller von Tankred Dorst ist das Stück des Jahres. Bereits deshalb, weil der Stoff vom Autor in so oft verwandelter, anpassungsfähiger Form unter die Leute gebracht wurde, wie es nicht oft geschieht: Dorst zeichnet für drei Theaterfassungen, eine davon in zwei Suhrkamp-Ausgaben, der »edition« und in »Spectaculum 11« erschienen, für einen Materialienband über die Münchner Räterepublik, einen Fernsehfilm (*Rotmord* von Peter Zadek), ein daraus hervorgegangenes McLuhansches Anschauungsbuch (bei »dtv«) und für einen Szenenverschnitt aus allem übriggebliebenem Material *Dem Gegner die Faust aufs Auge und das Knie auf die Brust.* Und der Autor scheint darüber hinaus bereit, für jedes Theater, das seinen *Toller* aufführen mag, eine um ein weiteres Mal veränderte und angemessene Textfassung herzustellen. Die Geduld, in der er sechs Jahre mit dem Stoff rang, muß nun ihren Profit zeitigen. Aber *Toller* von Tankred Dorst ist für mich vor allem deshalb ein Stück des Jahres, weil in der vergangenen Saison kein anderes, gleichermaßen diskutiertes so exemplarisch bewies, daß eine gewisse und verbreitete Sorte von Theater unserer politisch wie ästhetisch veränderten Sensibilität nicht mehr entspricht.

Henning Rischbieter hat zu Beginn seiner Uraufführungsbesprechung festgestellt, daß in *Toller* nun endgültig zur Erfüllung gelange, was bisher floskelhaft nur debattiert und scheinbar nur in Stücken von Weiss und Kipphardt sich verwirklicht habe: das Prinzip des Dokumentar-Theaters.

Dies sei nun in Erscheinung getreten vor allem dank der Offenheit der szenischen Struktur von *Toller*, in der Fiktives sowohl wie Authentisches gegeneinander arrangiert seien, derart, daß »ich Szenen, Reden, Lieder, Aktionen unverbunden und vor allem gleichwertig nebeneinandersetzen konnte« (Dorst). Dazu ist folgendes zu sagen: Das Dokumentarische leistet hier eher Vorschub dem historischen Falsifikat, das entsteht, wo die Fakten sich hineinmischen in das illusionistische Personendrama, das wiederum aber seine Personen auf eine Faktensprache verarmt hat (insofern entsinne man sich lieber nicht auf *Dantons Tod*); Lenins skeptisch nachfragendes Grußtelegramm an den Zentralrat von »Sowjetbayern« taucht auf im *Toller* als scharfe Inquisition, der Leviné den Sympathie und Beistand suchenden Toller, — in der ersten ihrer beiden »großen Szenen« — unterzieht: so sieht das Dokumentarische aus, und alles übrige ähnelt ihm. Kaum voneinander unterscheidbar ist des Autors Unvermögen, Geschichte und Figuren dialektisch und realistisch und doch auch aus persönlicher Entschiedenheit heraus entwickeln, von seiner Begabung, Dialoge überall, an der Restaurantheke wie im Bett, unter proletarischen wie dekadenten Menschen, in politischer Redeweise sprechen zu lassen, in »Partikel der Wirklichkeit« zu verwandeln, jede Regung als historisch zu beglaubigen.

Nicht sehr viel besser scheint es mir um die gelobte Offenheit der Form zu stehen, die den Eindruck nicht vertreibt, als sei sie sehr unfreiwillig zustande gekommen, als helfe sie lediglich, die verstreuten Restbestände eines zerschlagenen, parabelhaften Individual-Schauspiels — der Künstler und die Politik, Dorst: »Toller, der Schauspieler« — zu organisieren, mit dem es im Großen und Fiktiven nicht hingehauen hat, weil der skrupulöse dramaturgische Verstand des Autors durch stetig vertieftes Faktenstudium zusehends an der Ganzheitsform einer Fabel, die alles in sich aufnehmen könnte, irre wurde.

Nichts wäre dagegen vorzubringen, wenn gerade diese Lernprozesse im Stück sich als offene Form auswiesen, oder zumindest die sich verändernden Schwierigkeiten mit dem Stoff erhalten und seine Vermittlung selber problematisiert worden wäre; nun aber wird das disjunktive Arrangement von Zitat und Phantasie, von Fragmenten aus den verschiedenen Entwicklungsschichten des Stücks ausgegeben als eigenständige und notwendige Struktur, um dem nicht beschlossenen Thema der Rätselrepublik den gemäßen Ausdruck zu verleihen — opportun aber vor allem in Form einer Revolutions-Revue, die manche Kritiker sogleich an Piscator erinnerte, obwohl sie in Wirklichkeit nichts mehr unternimmt, als alles was Piscator wollte, alles was auch den unglücklichen Münchner Republikanern am Herzen lag, auf eigentümlich willentliche-willenlose Weise zu diffamieren.

Nichts wäre auch gegen den Autor vorzubringen, wenn er sich zum durchschnittlich erkenntnisfähigen Subjekt erklärte, das sich mit einer komplizierten Geschichtspassage befassen möchte, doch nur einen Eindruck von Verwirrung und Torheit gewinnt und dafür ein Symbol in dem Schwarmgeister-Regime von München zu fassen sucht — das heißt: objektive Geschichte also nicht mit deren subjektiver, karikaturistischer Interpretation identifizierte. Gleich in der ersten Szene von *Toller* sind wir vergewissert, daß das München von 1918/19 einem roten Schildbürgerstreich anheimgefallen war. Wir sehen versammelt eine Schar überspannter, egoistischer, verträumter und dummer Menschen, die gemeinsam Politik und Fraktion machen wollen. Diese Figuren sind mehr oder minder auf ihren ideologischen oder programmatischen Standpunkt zusammengeschmolzen, das Private kommt nur als Anekdote vor. Herr Dr. Lipp besorgt sich Rosen aus Bozen. Es stellt sich heraus, er ist ein Psychopath.

Geschichte durch Figuren repräsentieren oder geschichtliches Denken erzeugen?

Die politische Denunziation ist das — vielleicht unfreiwillige — Resultat der volumenlosen, etikettierenden Figurengestaltung, die zum anderen aber zu sehr persönlichkeitsgeprägten Konflikten dienen soll. In dem Bestreben, das Offizielle auf der Bühne für sich sprechen zu lassen, verarmen die Figuren zu funktionierenden Bedeutungsrapporteuren und repräsentieren, so um alle Rätsel der Person und Reflexion gebracht, verfälschte Geschichte. Denn diese Figuren — so semi-dokumentarisch sie auch bezeugt sein mögen — werden auf dem Theater in dem Moment historisch repräsentant, sobald sie in eine illusionistische Fabel eintreten. Und das tun sie weiß Gott im *Toller*, mag diese Fabel nach außen hin in noch so fragmentarisiertem Zustand sich zeigen — ihrer inneren, ihrer ideellen Struktur nach gehorcht sie einer geschlossenen, gefertigten Dramaturgie.
Der Interpretation von Geschichte, derzufolge sie geregelt wird von bedeutenden Individuen, scheint das Theater, in Form der persönlichen Menschendarstellung, wie selbstverständlich verbunden zu sein. Dorst versucht das zu vertuschen, indem er seine Figuren sich in eintöniger Offizialität produzieren läßt. Horváth jedoch — denn an ihn erinnern sich Rischbieter und Karasek beiläufig während *Toller* — hat uns beigebracht, daß Theater den Zwang zu personaler Geschichtsbetrachtung aufzuheben vermag, wenn es ihn in der

Schizophrenie der Figuren spiegelt: diese geben ihre intimsten Äußerungen nicht selten von sich im dumpfen, gemeinplätzigen Bewußtsein von Geschichte »an sich«.
In der kuriosesten Szene, die die dramatische Literatur je hervorgebracht haben dürfte, um verstörte Beziehungen zwischen privatem und öffentlichem Bewußtsein darzustellen, liegen Toller und seine Freundin Olga im Bett und diskutieren über revolutionäre Strategie und anderes, wobei sich Olga der KP-Organisation Levinés zugeneigt fühlt und dem Vorsitzenden des Zentralrats, Toller, der immer so »hui« ist, in Aussicht stellt, daß sie ihm die Liebe aufkündige, wenn er die Idee der Revolution je verraten würde. Einige der kontaktlosen Repliken will der Autor »ironisch« gewechselt hören. Ironie, die die Brechung zwischen Intimem und Offiziellem überwindet? Auf dem Theater gerät das zu unbeschreiblicher Lächerlichkeit, und in dem Moment, wo Olga sich aufrichtet und über ihre Brust keusch das Bettlaken hüllt — und das vor jemandem, mit dem sie doch wohl gerade geschlafen hat, eine Geste wie in einem drittklassigen Boulevardstück, in dem man damit aber immerhin noch Lüsternheit erweckt — in diesem Moment ist ein symptomatisches Zeichen gesetzt für die tiefe Unwahrhaftigkeit solcherart Theater, für die Achtlosigkeit, mit der Nebensächlichkeiten behandelt werden, dem oberflächlichem Funktionalismus, dem alles untergeordnet ist — gerade auch in der Inszenierung des sonst so vorsichtigen und intelligiblen Peter Palitzsch.
Nun müßten aber gerade an dem zwitterhaften Gebilde des Stücks *Toller* Zweifel aufkommen, ob denn politisches Theater weiterhin »Geschichte« repräsentieren oder eher geschichtliches Denken zu erzeugen helfen sollte. Möchten wir denn, nach wie vor, wie in der Operette Figuren nur als Charaktermasken und Vorgänge nur in fertiggedachten Finalzuständen konsumieren, »offen« arrangiert zum Problemstück (Themen: »Intellektuelle in der Politik«; »Antisemitismus«; »Masse — Individuum«...)? Niemand möge doch behaupten, Dorsts magerer Text erhebe sich darüber hinaus in modellhafte Handlung und beispielhafte Figuration — wer die Mittel des Theaters zu funktionellen dramaturgischen Zwecken degradiert, darf nicht erwarten, aus diesem Verfahren Symbolwert zu gewinnen. Sollte man nicht das einförmige Nach- und Beispiel des Historischen völlig außer acht lassen zugunsten des strukturellen und dialektischen Spiels?

Über die Faktizität von Geschichte gibt Theater nur behelfsmäßig Bescheid

In Palitzschs Inszenierung treten Toller, der Dichter, und Leviné, der Realpolitiker, auf grobe Widersprüche reduziert einander entgegen. Diese ausstellend, befleißigt sich Palitzsch einer redlichen Neutralität: dem Toller von Peter Roggisch wird alle heroisch ausschweifende Hochfahrenheit versagt, er ist der zäh um die nutzbringende Erkenntnis der realen Verhältnisse bemühte Visionär; und der Leviné leiht sich nicht die Spur vom kaltem Glanz des Robespierre aus, er ist nüchtern ans Konkrete fixiert und weiß es zu handhaben. Und dennoch sind die beiden Kontrahenten gegeneinander derart schematisiert, daß sie, bei aller Parteilosigkeit der Präsentation, sich offen dem Verdikt durch das Publikum empfehlen. Auch die sorgfältig geklärte Sachgebundenheit, in der sie Palitzsch vollends aufgehen läßt, kann nicht verhindern, daß beide Figuren sehr gewöhnlichen, kleinbürgerlichen Empfindungs-Derivaten entgegenkommen: in Toller muß man das Klischee vom verstiegenen Intellektuellen wieder erkennen, der in die Politik in jedem Falle Verwirrung trägt; in Leviné das Zerrbild des inhumanen, ungebildeten politischen Vollzugsbeamten nachgerade stalinistischer Prägung. Das liegt an dem simplen Dualismus-Prinzip des Stücks. Hier hätte die Inszenierung die Figuren insgeheim auf Begriffe zurückführen müssen, auf deren Entartung allein sie bei Dorst fixiert sind. Wenn Leviné schon am Lenin-Bild gemessen wird: Lenin hat ja nicht nur den Parteigedanken und die Kaderpolitik in den dialektischen Materialismus getragen, er war nun schließlich auch ein theoretischer Denker und Philosoph von nicht geringen Graden. Andererseits trägt Tollers Enthusiasmus in sich etwas vom Luxemburgschen Spontaneitäts- und Massen-Gedanken, verströmt sich also nicht nur in purer human-sozialistischer Schwärmerei, kurz: gegen den hoffnungslosen Anarchismus der Landauer und Mühsam hätte die latente Möglichkeit einer Synthese von intellektueller Inspiration und organisatorischer Disziplin in dem Versuch, eine sozialistische und räterepublikanische Politik zu begründen, nicht ausgespielt werden dürfen, wenn überhaupt in der Münchner Episode etwas anderes als das definitive Scheitern eines Projekts durch die unzulängliche Qualifikation ihrer Urheber bewiesen werden sollte. Aber offenbar ging es Stück und Inszenierung darum in erster Linie — und natürlich auch darum, zu zeigen, was »wirklich war«. Jedoch über die reine Faktizität von Geschichte gab das Theater stets schon einen behelfsmäßigen, kaum fesselnden Bescheid. Politisches Theater hat immer entscheiden müssen, ob es Geschichte pessimistisch oder utopisch, auf ihr Ende oder ihre Vollendung hin zu interpretieren gedenkt. »Ideologische Auseinandersetzungen, denen keine realen Konsequenzen folgen« (Karasek) vorzustellen, mithin empfindsame Neutralität zu bewahren, das kann sich, zumal heute, das Theater nicht länger zum obersten Ziel erwählen.

1969

Für Gombrowicz

Nicht lange vor seinem Tod, in einem Gespräch mit Piero Sanavio (abgedruckt in der italienischen Theaterzeitschrift *Il Dramma*), hat Gombrowicz noch Andeutungen gemacht, als wolle er sich, nach *Yvonne, Prinzessin von Burgund* (1935), *Die Trauung* (1945) und *Operette* (1967) nun an ein viertes Theaterstück machen: ein Stück solle es werden, voll der einzigen Realität, die ihm noch verblieben sei, der Realität dessen, was weh tut, des Schmerzes.

Die Dialektik, sagt er in diesem Zusammenhang, sei auf den Hund gekommen, und alle seien sie jetzt Hegelianer, und Schopenhauer dagegen stehe zu Unrecht in Verruf. Schmerz, solipsistische Individuation, Leere, doch keine Furcht: »Wenn man den Tod lebt, vergißt man ihn...« Das Endgültige in einer Bewegung aufheben, Leben als verfolgbares Dahinsterben, FORMENZERFALL, Auflösung selbst der konservativen Philosophie, die solches Denken beschattet, auch sie im Zustand des Komposts:

»Misthaufen. Da ist ja der Hund begraben, daß ich meinen Ursprung aus eurem Misthaufen ableite. In mir ruft das, was ihr durch Jahrhunderte als Abfall hinausgeworfen habt. Ist meine Form eine Parodie der Form, so ist mein Geist eine Parodie des Geistes und meine Person eine Parodie der Person... Ihr habt alles auf den Mist geworfen, was in euch Theater und Schauspielerei war, und habt euch bemüht, das zu vergessen — heute seht ihr durchs Fenster, daß auf dem Misthaufen ein Baum gewachsen ist, der die Parodie eines Baumes ist.« (Tagebuch)

Das also ein Prinzip, das nicht in Schwärze ertrinkt, sondern wo im Zerfall die neuen Werdeprozesse auftauchen, wo sich gegen die Versteinerung die UNREIFE behauptet, jenes hellere Leitmotiv in Gombrowicz' Philosophie, die existenzialisierte Pubertät, der andauernde Anfang — dies Prinzip nennt sich »Parodie« und drückt sich aus, als sei es eine moderne Synthesenform der alten analytischen Ironie der Romantiker. Denn um Parodie im abwertenden Wortsinn handelt es sich keinesfalls, um klamaukartige Entstellung vorgefundener Werke; vielmehr ist eine Denkfigur gemeint für die skrupulöseste künstlerische Tätigkeit: die Parodie des Baums, des Kunstwerks, welcher auf dem Formendünger gedeiht, bezeugt die Erkenntnis von der künstlichen Zusammenfügung ihrer Teile, obwohl sie nach außen hin zur ganzheitlichen, geschlossenen Form findet. Gombrowicz' Stücke sind allesamt an naive Fabeln gebunden, die freilich aus Reminiszenzen an alte Stücke, an alte Formkonventionen verfaßt sind, doch niemals diese in offener »Collage«, als Fragmente aufreihen. Auf Shakespeare, auf *Hamlet* im besonderen sind *Yvonne* und *Trauung* fixiert, geradezu wie auf ein Urbild des Theaters der Neuzeit, und in dieser Wahlverwandtschaft zu *Hamlet* überträgt sich auf die *Trauung* auch dessen spannungsvolle Enigmatik. Der König, die Königin, der Prinz und der Hofstaat treten in *Yvonne* auf wie zu einem Märchen, wenngleich etwas schräg, etwas demoliert und lächerlich, ein wenig an die bizarre Heiterkeit Offenbachscher Operette erinnernd. Die Figuren in diesen Stücken entäußern nicht ihr Inneres, formulieren keine psychologischen Konflikte, sie reden daher in einer lockeren Allerweltssprache (die in der deutschen Übersetzung zuweilen kindlich albern klingt), und doch steckt, was sie sagen, voller verschlüsselter Zusammenhänge, in einer umfassenden Syntax der Anspielungen. Sie repräsentieren keine Persönlichkeiten, sondern Mythologismen des Theaters, sie sind die Spielfiguren einer Theaterphilosophie. Die einfachen Themen dieser Stücke (oder auch ihre Struktur wie bei *Operette* verlängern sich stets in die mythologische Interpretation des Theaters selbst: die sinnlich-sprachlose, anarchistische Formlosigkeit und das geordnete Zeremoniell, der Konflikt also, in den die häßliche Yvonne und der burgundische Hofstaat eintreten, den Gombrowicz lieber als biologisch denn als soziologisch verstanden wissen will, deutet zugleich elementaren Fähigkeiten des Theaters, Ritual und Sensualität; oder der Mythos der Präsenz, der leibhaftigen Gegenwart des Theaters, er wird im Augenblick der sich selbst FABRIZIERENDEN Szene, in der »genetisch« sich entfaltenden Struktur der *Trauung* ins Bild gefaßt; oder schließlich, der Mythos des Kostüms in der Verkleidungs- und Maskeradensucht einer herrschenden Gesellschaft und deren Gegenteil, der innige Wunsch, nackt und nur Körper zu sein, den Albertinchen, ein weiteres jener skurril-außerweltlichen Mädchengeschöpfe des Gombrowicz, so innig hegt. Die Magie des Gombrowicz'schen Theaters rührt vor allem daher, daß ein jedes äußere Zeichen auf solche Mythen hinführt.

So ist bis jetzt zu wenig geleistet worden, wenn man diese Stücke, aufgrund der Vertrautheit mit Gombrowicz' Tagebüchern, als einfache Allegorien entzifferte oder gar als Schlüsselstücke verstand wie etwa die 1945 entstandene *Trauung* als typisches Nachkriegsstück. Wie kommt es aber zu dieser Art »absoluten Theaters«, das ins Konkrete nicht übergreift, das auf keinerlei politische Absichten setzt, das vielmehr eine Gegen-Realität erfindet, das Bild des »anderen Menschen« vorspiegelt, und zwar nicht des kommenden, des durch die revolutionierte Gesellschaft neugeformten Menschen, sondern das seiner immerwährenden Mythologien?

Gombrowicz sagte zu Piero Sanavio: »Man könnte sich die Menschheit vorstellen wie die griechische Mythologie, eine Welt der Menschen und eine Welt der 'anderen Menschen', 'Übermenschen', wenn das nicht ein so abscheuliches Wort wäre, die in der *Trauung* die 'Form' wäre, die sich unter den Menschen unvorhergesehenerweise konsolidiert und ihre Richtungen, Eröffnungen bestimmt...«

Die Form, mit der Gombrowicz die private Vision in die öffentliche Anschaubarkeit überführte, bestand darin, daß er alles Darzustellende nicht nur den »Mitteln« des Theaters überantwortete, sondern daß er dessen Wesen darin auszudrücken suchte.

Nicht zuletzt kehrt hier ein Anliegen der Romantik wieder, ein Theater im Kontinuum der Selbstreflexion, um Friedrich Schlegel abzuwandeln, dem wir eigentlich ein intimeres Verständnis als bisher entgegenbringen sollten. Doch wie Büchners *Leonce und Lena*, das in seiner Verbindung von Reflexion und Spiel Gombrowicz ein Vorbild hätte sein können, so ergeht es auch der *Trauung* und *Yvonne*: die meisten Aufführungen überzeugen nicht, bringen nur einen äußeren Schimmer dessen, was an Vorstellungen und Gedanken assoziiert wird. Es ist, als habe das Theater für diese Stücke die nötige Sensibilität noch nicht entwickelt.

1969

Ein Traum von einem Stück und böse kleine Leute

Denn was eine Veränderung kennzeichnet, ist die Verschärfung und die Verlagerung des KRITISCHEN ASPEKTS. Angesichts der neuen Praxis politischer Kritik droht die inhaltlich und methodisch bloß reproduzierende kritische Haltung von Theateraufführungen überflüssig und lächerlich zu werden. Nicht von ungefähr also, daß zuletzt das Theater sich selbst zum ersten Gegenstand der Kritik erklärte, nicht nur in Diskussionen, Aktionen, sondern auch, beispielsweise, in Inszenierungen selbst, wie im Steinschen *Tasso*. (Kritisches Theater konnte nur als Status- und Funktionskritik der Institution sich rechtfertigen.) Die Form, in der sich damals die Schwierigkeiten der Selbstkritik ausdrückten, trug ausgeprägte Stilzüge von MANIERISMUS, und dessen Geschichte hat ja wohl immer schon die gestörten, entfremdeten Beziehungen zum Bild der »schönen Kunst« nachweisen können. Hier gehen Form und Kritik eine neue, unglaublich gefährdete Verbindung ein. Die manieristische Form setzt keinen Gesten-Apparat zusammen und legt keine Modelle bloß, die irgendwie ins Konkrete reichen oder von dorther stammen, sie weiß von einer Gesellschaft zunächst einmal nur das zu zeigen, was deren Kunstgeschmack verrät.

Aber wenn man jetzt Rainer Werner Fassbinders Goldoni-Bearbeitung *Das Kaffeehaus* liest, ist man verblüfft, daß Manierismus noch ganz etwas anderes sein kann als eine negative Methode, die gesellschaftliche Situation des Theaters zu interpretieren.

Kein Vergleich

An zwei aufeinanderfolgenden Abenden sah ich Fassbinders und Peer Rabens Inszenierung vom *Kaffeehaus* in Bremen und Ulrich Heisings Inszenierung von Sperrs *Jadgszenen* in München. Autoren und Regisseure dieser Aufführungen sind allesamt knapp oder weit unter dreißig. Sperr und Fassbinder sind in Bayern geboren. Fassbinder spielt zur Zeit in einem Film von Volker Schlöndorff Brechts

Baal, den Sperr auch schon immer gerne gespielt hätte. Plausible Gemeinsamkeiten aber gibt es wohl nicht. Weil man beide nicht vergleichen kann, werden sie in ein und demselben Artikel behandelt.

Schön

Etwas ist SCHÖN; SCHÖN soll es sein. Irrsinnig SCHÖN, ungeheuer SCHÖN, ganz einfach SCHÖN. Versuche, das Neue positiv zu beschreiben, enden nicht selten bei diesem nichtssagenden Wörtchen. Fassbinder hat es reichlich verwendet in einem Gespräch über seinen Film *Liebe ist kälter als der Tod*. SCHÖN anders als etwa »Gut« teilt mit, daß man die Ausdrücke hergebrachter Normen für unpassend hält, daß man die eigene Sensibilität für wichtiger nimmt, daß diese Sensibilität aber mit der Sympathie vieler anderer rechnet. Schließlich, wenn man übers *Kaffeehaus* spricht, kann man SCHÖN genau so gut verwenden, auf einmal ist es keine Floskel mehr, sondern ein Begriff.

Traurig

Fassbinder hat Goldonis *Kaffeehaus*, einen konkreten sozialen Ort, an dem eine nutzlose Clique aus dem frühen italienischen Bürgertum zwischen Geld- und Liebesspiel verkehrt und sich zu erkennen gibt als vollkommen identisch mit der Mechanik der Komödie, den Intrigen, Gaunereien, Leihgeschäften, komplett verwandelt in einen AufführungsSTIL, d.h. er hat nicht interpretiert und bezeichnet, hat nicht nachgespielt, in »modernisiertem« Wortlaut, was im Original geschrieben steht. Dieser Stil ist auch, zu den Erwartungen, die man für eine Goldoni-Komödie hegt, ein Gegen-Stil; anstelle von flinken Rededuellen, allerhand Apartwitzen und Wortkaskaden breitet sich hier ein verhaltener, und gemessen hingesprochener Dialog aus, und wenn es ganz perfide zugeht, klingt er besonders elegisch. Das bleibt auch keine Komödie mehr, das ist ein ganz schön trauriges Stück geworden.

Fassbinder hat das ursprüngliche Stück einmal gründlich gelesen, die wichtigsten Handlungsverknüpfungen und Charaktere im Gedächtnis behalten, sodann aber in eigener Sprache und freier Paraphrase niedergeschrieben, wozu ihn die Lektüre anregte. Und so ist ein ganz neues Stück entstanden, es nützt gar nichts, es mit dem alten zu vergleichen.

Fassbinder erzählt nun sein Stück:

Man kann es nicht erkennen, ob Don Marzio der Kaffee schmeckt. Und dazu ist er auch nicht da, Ridolfos Kaffee, daß er jemand schmecken sollte. Er dient als Vorwand zu Gesprächen. Die sind hier ergiebig, denn es liegt gut, so zwischen Spiel- und Freudenhaus, das Café, in dem der Gangster Trappolo bedient. Man sagt, er habe Geld, er selber sagt es auch und tischt so Märchen auf von Goldfund in Arkansas oder Arizona — was weiß ich. Auf jeden Fall wird ihn bald Leander, der sich auswärtig und adelig nennt, an Reichtum übertreffen, denn er setzt seit ein paar Tagen bei Pandolfo auf die Neun und gewinnt das 18fache. Da muß Eugenio, der schöne blonde Junge, so manches Heiligtum erbrechen. Heut sinds die Ohrringe, die er Vittoria als Liebespfand gegeben, von denen eben Marzio berichtet, sie lägen gegen etwas Bargeld hinterlegt bei einem Juwelier. Das hört Lisaura, die mit Graf Leander, der kaum angekommen, schon Gemeinsamkeiten pflegt, und will von diesem sie als Pfand der Treue, die jener wiederum schon einer anderen geschworen hat, vor der er flieht und die jetzt auf der Suche nach ihm ist. Ihr Name ist Placida, doch sie macht zum ersten ein Geheimnis aus dem Leben, während Trappolo das seinige zum Drama macht und unbedacht Don Marzio sein Hab und gut zu Spekulationen anvertraut. Und Geld, wenn er es einmal hat, vergißt ein jeder gern — zumindest wo ers her hat. Und ist ein guter Mensch, der Kellner, weil er Eugenio aus der Not half, daß er weiterspielen konnte und ihm Vittoria zurückkam, die vorher davon war, weil Eugenio spielte (und nicht einmal gewann).
Diese beiden jugnen Leute sähe Pandolfo gern als Erben seines Spielsalons, denn Schulden stehen ihm bis an den Hals — und Alter sowie Schulden hat er bisher bei Ridolfo mit ein paar Tassen Kaffee hinuntergespült. Nun hat ers satt, wie es Ridolfo satt hat, der hinter seiner Theke sitzt, den Diener dienen und Gott den lieben sein läßt. Denn der hat Wünsche genug gepflanzt, daß Ordnung wächst und Wohlstand. Trappolo wünscht Freundschaft mit Eugenio und zahlt, Leander zahlt und wünscht die alte Herrschaft nur der Männer, alle Wünsche bei Lisaura

muß man zahlen, Vittoria wünscht sich Eugenio zurück und ist bereit zu zahlen, mit Arbeit bei Pandolfo. Placida wünscht sich einen, der Flaminio Ardenti heißt — und jeder wünscht sich Ruhe. Was ist bei so viel Wünscht gut, was böse? Auf jeden Fall: der Graf Leander flieht, er heißt Flaminio Ardenti und ist der, den Placida sucht und schließlich findet, Trappolo lebt weiter die Tragödie seines Lebens, Ridolfo zählt den Umsatz nach, den ihm der Kaffee bringt, Don Marzio kann sich jetzt Lisaura kaufen und ist mit und ohne Geld ein guter Mensch, Pandolfo hat Eugenio und der hat Vittoria und diese beiden haben jetzt Pandolfos Spielhaus; jener hat die wohlverdiente Ruhe, dieser hat sein oder irgendeines Geld, jener hat Romantik, Liebe, dieser Treue und Ehrbarkeit. Jeder hat sein Stückchen von der großen Torte, ist zufrieden und trinkt seinen Kaffee bei Ridolfo, wo er auch nicht anders schmeckt als anderswo...

Schlimmes Glück

Bezeichnend ist nur, wie Fassbinder den Schluß verändert hat; bei Goldoni wandert der Schuft Pandolfo auf die Galeere, Marzio aber, der ihn an die Polizei verspitzelt hat und überall üble Nachrede in Umlauf brachte, wird aus der nun ehrbar gewordenen Gesellschaft ausgestoßen, sie wird fortan ohne Lumpen wie ihn glücklich und in Frieden zurechtkommen. Im neuen Stück aber hat die Stadt Venedig den Pandolfo so hoch beliehen, daß sie durchaus kein Interesse zeigt, ihn ins Gefängnis zu setzen, weil sie sich dann aller Chancen beraubte, ihn jemals liquid zu kriegen. Auf dieser absurd-ironischen Pointe gründet das verräterisch glückliche Ende, in dem sich die Verhältnisse, wer mit wem die profitabelste Verbindung eingeht, aufs harmonischste entscheiden, vererbt wird an die Zukunft die verfaulte Gegenwart. Die Happy-end-Konvention ist zugleich jene, welche eine skrupellose Kapitalwelt eingeht, um ihre Ökonomie ausbalanciert und im Fluß zu halten. Einzig der Diener Trappolo bleibt angeschmiert zurück; er, der im zirkulierenden Finanzgeschäft stur sich seinen profitlosen Sparbrauch erhält, wird um alles Eigentum gebracht, nachdem er schon dem blonden Eugenio, in dem er sentimental sich selber liebt, ein paar glücklose Spiele finanziert hat. Das schöne hier am Schluß, der untermalt wird mit süßen *Rosenkavalier*-Tönen, steckt voller Bitternis über den unzerstörba-

ren Börsenmarkt von Leidenschaften und von Zugehörigkeiten. Aber die Wut muß reden wie die Zartheit und die Hölle muß aussehen wie das Paradies.
Wer Fassbinders Sprache spricht, die preziös ist, in antikisierendem Satzbau nur umständlich vorwärtskommt, zuweilen angehoben wird von freiem Jambenrhythmus, der ist gehalten, sich zunächst um ihre Künstlichkeit und um ein emotional indifferentes Sprechen zu sorgen, nicht um den flüssigen Tausch von Mitteilungen und Scherzen.

Bewegung in der Totale

Von dieser Sprache her ist das bewegungsarme, sparsam und statisch arrangierte Spiel vorherbestimmt, das Fassbinder und Raben hineingestellt haben in die Bühne von Wilfried Minks, die ausgelegt ist mit einem blaßrosafarbenen Teppich, auf dem die Darsteller, elegant, z.T. im Western Look gewandet, barfuß laufen, in deren Mitte eine riesige Kitschvase mit einer ausgeschnittenen Tortenattrappe darauf emporragt und in deren goldenen Portalrahmen Adam- und Eva-Gemälde eingefaßt sind, wohingegen im Hintergrund eine serielle Komposition in Rosa changiert — das Ganze ist etwas zu fesch geraten, manieriert in einem modischeren, ironischeren Stil, als es das Stück und die Inszenierung erlauben.
Dort nun sitzen die meiste Zeit unbeweglich die neun Schauspieler auf Holzstühlen, deren Sitze mit schwarzem Plüsch überzogen sind, und blicken scheinbar teilnahmslos ins Publikum. Im Sitzen entstehen Gespräche, bringen ein Arrangement hervor oder auch keins. Einen Szenenablauf gibt es natürlich nicht; eine Szene ist ein Arrangement, eine Stellung ist eine Szene. Selten sind alle in Bewegung: einmal, ein Begrüßungszeremoniell, Handschläge, Handküsse, Umarmungen machen die Runde; vor dem Finale: Partnerwechsel von Stuhl zu Stuhl, da finden sich die Richtigen zusammen. Lange Einstellungen nach Straubschem Vorbild, gewiß, die unveränderbare totale des Guckkastens, aber das will auf dem Theater erst einmal wahrgenommen werden; und das heißt, daß jeder Gang und vor allem jeder verweigerte Gang im Bezug zum gesamten Tableau kenntlich wird. Es passiert also, daß Eugenio vorn an der Rampe mit dem Gesicht ins Zuschauerhaus ruhig dasitzt und von der Stuhlreihe im

Hintergrund Ridolfo, der Kaffeehausbesitzer, auf ihn zukommt und ihn fragt: wen suchst du, obwohl doch er, der läuft, den Eindruck des Suchens macht. Es ist wichtig, wider die »Logik« der Szene zu verstoßen.

Dialektik der Sentimentalen

Mit Stilisierung hat das alles nichts zu tun, nichts mit Gestensprache oder sowas, nichts mit krampfhafter Minimalisierung der äußeren Vorgänge: mehr kann gar nicht passieren, es passiert eben gerade genug, alles übrige ist Textsprechen, und da haben manche Figuren einen einförmigen Modus zu halten und andere einen differenzierteren, das ist sehr schwer, und begreiflicherweise haben einige Schauspieler über Nichtstun und Monotonie vergessen, daß sie trotz allem hier eine Funktion zu vertreten haben, andere (Michael König als Eugenio, Margrit Carstensen als Vittoria) geben zuweilen zu verstehen, daß sie *sonst* auch gute Schauspieler sind. Am Darsteller des Trappolo, Hans Hirschmüller, der vom Münchner »antiteater« mitgebracht wurde, konnte man studieren, wie bei aller Aussparung noch verschiedene Schichten einer individuellen Gestalt auffällig zu machen sind, er macht das Ding von einem Menschen so sympathisch, daß man den »Gangster« erst erkennt, als er geprellt worden ist und mit allzu gezierter Gebärde zeigt, wie ihm schier das Herz zerbricht. Ein anderer, Hermann Faltis, hat dem schuftigen Marzio einen Tonfall von weicher, stiller Melancholie gegeben, und das trifft genau das Prinzip der Irritation, mit dem in der ganzen Inszenierung gearbeitet wird: obgleich alle Empfindungen vollständig an materielle Beziehungen geknüpft sind, so entstehen doch immer wieder (von Peer Rabens dezenter Flöten- und Klaviermusik hervorgehobene) Augenblicke der Zartheit, der Zuneigung, der Fantasie und des Träumens, die, an den objektiven Verhältnissen gemessen, nichts anderes als barer Schwindel sein können, die aber deshalb gerade nicht verheuchelt und verkitscht vorgebracht werden, weil man erstmal ein bißchen die Dialektik der Sentimentalität spüren soll: worin was schön ist und was von einem depravierten Konsumgeschmack als schön erhalten wird, noch nicht so klar zu scheiden sind.

Schlecht und gut, was ist das?

Was also schön ist: für jemanden wie Fassbinder gibt es einen intellektuellen Begriff von Kitsch nicht mehr, sein Manierismus hat nichts gemein mehr mit dem Zitierverfahren in der Kunst der letzten Jahre. Herren, die auf der Bühne Colts und runde Sonnenbrillen und weiße Rüschenhemden unter den Westen tagen, benehmen sich dennoch nicht wie in Western-Saloons und verbreiten keineswegs eine »Aura von Trivialfilm«. So sehen Typen wie Leander und Ridolfo in Fassbinders Fantasie halt immer aus, egal ob sie aus einem Goldoni-Stück kommen oder sonstwoher. Durch Begabungen wie Fassbinder schreitet die Abschaffung von sowas wie Subkultur voran (und nicht etwa nur, weil er vom einzigen namhaften deutschen Untergrundtheater ins Bremer Theater arrivierte), weil zu ihr Zwanzigjährige einfach keine sentimentale Beziehung unterhalten, sondern eine sehr vitale, die ihr ästhetisches Bewußtsein vom Erwachen an geprägt hat.
Natürlich führte das »antiteater« zunächst mit »schlechter Kunst« eine aggressive Parole gegen die verdorbene wahre-schöne-gute Kunst im Munde, die einfach nicht verenden wollte. Aber mittlerweile gehört das »anti«-Pronomen gestrichen, weil man mit den alten Stücken nun anders umzugehen weiß, als sie nur zu verhöhnen, weil man gelernt hat, sie nutzbar zu machen, sie auf SCHÖNE Stellen zu reduzieren und weil man eine Spielweise erarbeitet hat, die es erlaubt, Zufälliges neben Geregeltem, Unfertiges neben Gelungenem, Lockerheit neben Anspannung miteinander auskommen zu lassen. Diejenigen, denen das Ganze ZWAR, ABER im einzelnen manches nicht gefällt, beurteilen diese Theaterarbeit eigentlich ungerecht. Darin ist nämlich die Freiheit, auch etwas Schlechtes machen zu dürfen, eine nichtige Instanz, um die Relativität von gut und schlecht erst einmal bewußt zu machen.

Normalität ist Infamie

Wenn dagegen in einer Inszenierung von Martin Sperrs *Jagdszenen aus Niederbayern* nur eine Kleinigkeit unbedacht bleibt oder danebengeht, wenn beispielsweise die Leiche eines ermordeten Mädchens nicht rechtzeitig genug aus dem Amtszimmer eines Inspektors ge-

schafft wird, dann wirkt das bei sonst so kompakter, erbarmungsloser Glaubwürdigkeit, die da auf dem Theater ihren Lauf nimmt, unverhältnismäßig schluderig. Hier hat alles akkurat und fehlerfrei zuzugehen, Spielräume des Unfertigen sind hier leider keine vorgesehen. Das ist eigentlich nur zu bedauern, denn Sperrs erstem Stück scheint es gar nicht gut zu bekommen, wenn man es nur sauber und gewissenhaft in separaten Szenen AUSFERTIGT; da müßte man sich ab und an ins Detail verlieren, ganz vom Nebensächlichen ausgehen, um gegen die banale Evidenz dieses »Soziogramms« etwas ausrichten zu können. (Daß diese Heisingsche Inszenierung aber doch den Tatsachen des Stücks entspreche: — um so schlimmer für dieselben.) Tatsächlich sind nämlich die *Jagdszenen* arm an wirklichen Schreckmomenten, obwohl uns dauernd das nackte Grausen kommen soll; schreckenerregend ist allein die Identität zwischen dem, was die Leute von Reinöd hier sind und dem, was wir von ihnen zu halten haben; sie zwingt uns, die Geschichte vom armen schwulen Abram, der aus Wut und Unzumutbarkeiten zum Mörder wird, und seinen gierigen Häschern, mit ruhigem Gewissen zu verfolgen. Und da finde ich die Selbstverständlichkeit, mit der in Ulrich Heisings Inszenierung das Erwartete geschah und sich vollzog, eigentlich genauso brutal wie die dargestellte Jagd selbst.
Dabei sollte mit besonderer Fairneß vorgegangen werden, und es wurde darauf geachtet, daß die Reinöder als normale, schlichte Zeitgenossen zu erkennen sind, damit niemand behaupten wolle, hier handle sichs um abnorme Mentalität und ausgefallene Zustände. Aber Normalität ist Infamie, auf dem Theater noch eine weit trostlosere Hypothese als im Tagesgebrauch.
Also, der Regisseur und sein Schauspieler-Kollektiv, das, wie es heißt, mitbestimmen durfte, haben sich für die Ausfertigungsarbeit an einem realistischen Stück entschlossen, nicht für eine kritische Auseinandersetzung damit. Aber gerade unter dieser Voraussetzung ist man nicht mit der gehörigen Subtilität, Geduld und Genauigkeit vorgegangen. Nicht nur, daß von jener düsteren Sinnlichkeit und Irrationalität, von der geheimen Imbezilität in aller Hirn so gut wie nichts zu spüren war — sogar zentrale Szenen sind, offenbar an einem Unempfinden für Zeitverlauf und Dialogkomposition, gescheitert. Beispielsweise die Mordszene, in der es eigentlich schleierhaft bleibt, warum der Abram nun so plötzlich seine von ihm schwangere Tonka niedermetzelt. Hans Brenner, dessen Abram sich seiner

selbst weitaus scharfsinniger bewußt ist, als es einige seiner Reden zuließen, wirkt hier eher zerstreut, desinteressiert, unwirsch, statt physisch angeekelt von dem Mädchen, von ihren Semmelbröseln am Mundrand, und wütend über den ausweglosen Zwang, in den sie ihn versetzt hat; das müßte ihn allmählich aufbringen zu den Messerstichen, mit denen er hier nur aufs Stichwort von der »schwulen Drecksau« mechanisch loslegt. Monica Bleibtreu (Tonka) hat ihn vielleicht nicht tief genug gereizt, sie schlägt zu früh zänkische Töne an, statt ihm mit zäher Anhänglichkeit auf die Nerven zu gehen, alsbald wird sie selbstgerecht und bösartig, nur um Nuancen scheint das Nervenspiel verfehlt zu sein, und doch genügt das, um eine solche Szene zerfahren zu lassen.

Schreckmomente

Manche Figuren bleiben randläufiger, als es ihnen zukommt, zum Beispiel Therese Giehse als Abrams Mutter, sie wird — zu Unrecht — in die Dorfgemeinschaft eingeebnet. Aber immerhin hat sie einen verblüffenden Moment: als Abram zurückkommt aus der Stadt und sie begrüßt, wendet sie uns ihr Gesicht zu, verzerrt, verkniffen, man weiß nicht, vor Schmerz oder vor Abscheu.

Nur eine Figur noch erreicht, daß man ein bißchen über sie nachdenkt: Ruth Drexel, die die Maria spielt, die Mutter des schwachsinnigen Rovo und die Wirtin von Abram, die mit dem jungen Bauern Volker zusammenlebt und jeden Tag die Bescheinigung vom Tod ihres Mannes erwartet. Sie stellt in der Tat eine Brechtsche Person her. Maria ist dumm und gefühlvoll, sie ist gutherzig und sie macht sich gemein, sobald alle beginnen, Abram zu hetzen. Sie ist eine temperamentvolle, geschwätzige, doch ganz bewußtlose Kumpanin der Ausgesiedelten; sie beherrscht geradezu eine Koloratur von Empfindungen: sie huscht im Nu vom Keifen über ins Liebkosen, von gereizter Verdrossenheit in anschmiegsame Sorge. Und dann rät sie in aller Unschuld ihrem Kretin: sie an seiner Stelle würd den ganzen Tag schlafen, damit sie nichts sehen müßt. Das läßt sie so liebevoll klingen, daß man kaum bemerkt, welch unmenschliches Rezept sie da verordnen möchte.

Der Rhythmus der Aufführung ist ebenso wenig ausgeprägt wie die Zeitstruktur vieler einzelner Szenen (es war falsch, die schöne Blasmusik von Peter Fischer nach jeder Szene aufspielen zu lassen — damit segmentiert man sie zu »Einheiten«). Die valentinesken Miniszenen wurden eher als Einschiebsel verwendet in diesem zergliederten Ablauf; nur einmal, in der 11. Szene, in der nur zwei Sätze über das erwünschte Wetter des kommenden Tages gewechselt werden, da übernimmt heimlich der Bühnenbildner Karl Kneidl die Inszenierung: schwerfällig und grotesk aufwendig gehen vor dieser Minutenszene monumentale Holzstämme aus den Soffitten nieder, denn — und nur dieses eine Mal wird der Realismus des Stücks sachte karikiert — die Szene spielt im »Hochwald«. Kneidls Bühne ist nach hinten im Halbrund mit hellem Zelttuch ausgehängt, über das hinweg grell die Scheinwerfer in die Szene hineinstrahlen; die Vorderbühne wird abgeteilt von einer quergestellten Mauer aus aufgeschichteten Wackersteinen, mit einem Kreuz in der Mitte, links und rechts grenzen an die Portale hohe Scheunentüren — ein sehr schlicht strukturierter, sparsam ausgestatteter Raum, der den sonst für Bühnenbauten Kneidls kennzeichnenden Reiz, ihn auch zu benutzen als Material, nicht anbietet; danach scheint es den Regisseur auch nicht verlangt zu haben, ihm genügte es, diesen Raum zu *be*spielen.

Schlußsätze

Kein Vergleich, zwischen Fassbinder und Sperr und Heising und Fassbinder, gewiß nicht.
Über Sperr schreiben sie: er ist eine große Begabung.
Über Fassbinder schreiben sie: es war ein seltsamer Abend, bei Ihnen.
Heising hat ein Stück von 1965 AUSGEGRABEN und 1969 gezeigt, wie 1965 Sperr sich 1948 vorgestellt hat. (Das Stück gehorcht einer pubertären Psychologie, es ist politisch ziemlich ungründlich.) Kein Zwischenraum zwischen Regiezeit — Schreibzeit — vorgespielter Zeit.
Fassbinder hat ein Stück gemacht aus einem schönen Traum von einem alten Stück.
In seiner Fantasie kommt nicht ein Schimmer von Historie auf. Sein Stück und seine Inszenierung erklären die Zeitgegend, der sie entstammen.

In ihr z.B. sind BEARBEITUNGEN keine Gelegenheitsbeschäftigung. Sie drücken aus, daß man, um Theater zu machen jetzt, eine Reihe von Widerständen, Ungleichzeitigkeiten, Interpolationen ganz notwendig braucht.

1969

Die schönen und die schlechten Szenenbilder: Sie hängen alle schief...

Aufzeichnungen nach einer längeren Theaterreise

Clavigo von Kortner ist eine unheimlich kostbare Arbeit.

Die Bürger haben ihre Naivetät verloren und sind darüber ganz verstockt und böse geworden, schreibt Adorno einmal.

Die Bürger im Theater haben ihre Naivetät verloren, jedoch das, was ihnen stattdessen als kritischer Blick eingeschult wurde vom Spruchband-Theater, stellt sich schließlich heraus als Amputation ihrer sinnlichen Auffassungsgabe. Dieser Blick wird trübe, wenn er nicht auf der Stelle durchschaut.

Die Bürger im Theater wurden durch zu viele Klartext-Inszenierungen daran gewöhnt, böse und verstockt zu reagieren, sobald sie sich Spielvorgängen überlassen sehen, die nicht in jeder Phase ihres Verlaufs ETWAS zeigen (was schon im Programmheft und auf Projektionen zu lesen steht), sondern zeigen, WIE etwas sich entwickelt.

Daß alle Macht vom Übel und alle Kriege verheerend sind, um das zu erfahren, hätte ich mir nicht dreieinhalb Stunden Schillers *Wallenstein* (Hansgünther Heyme führte in Köln Regie) vorbrüllen lassen brauchen. Das sowie die fortschrittliche Werk-Deutung, daß nämlich Wallenstein ein moralisch schlechter und dazu noch glückloser Heerführer war, konnte man schon, in Schillers Worten aus der *Geschichte des Dreißigjährigen Kriegs*, dem Programmheft und dem Projektionsvorspann entnehmen. Denn die szenische Darstellung liefert zu ihren Titeln nicht etwa gründlichere Informationen, sie repetiert sie bloß, und zwar in einer Form, die weit verrohter ist, als sie das Schauspiel-System, wovon dieser verkümmerte Rest »kritischen« Theaters sich herschreibt, jenes von Brecht, je geduldet hätte. Vom Geschick des Widerspruchs, von dialektischen Spannungen verbleibt nicht die Spur in dieser Darstellungsweise von öder Redundanz.

Verletzender als gegen die gesellschaftlichen Gewöhnungen der Vernunft läßt sich womöglich gegen die gesellschaftlichen Gewöhnungen der Sinne verstoßen. Leisheit und Langsamkeit sind unheim-

lich-unrealistisch. Dem Bürger des Abends im Theater seinen Zeit-Sinn aus jener sicheren Fasson zu bringen, die allein es ihm erlaubt, daß ihm jeden Tag ein Tagwerk glückt, hieße ihn an den Rand der Anarchie versetzen.
Irgendwer hat geschrieben, Kortners *Clavigo* hafte berserkerhafte Schwere an.
Die Zärtlichkeit und Stille und Unerbittlichkeit der ENTFALTUNG, die man als mählichen und besessenen Prozeß erlebte, einige Figuren im Gespräch aufeinander überempfindlich zu machen... bis zur physischen Unerträglichkeit, daß einer vor Entsetzen die Hand vor den Mund schlägt, daß einer des Einflüsterers Kopf von seinem Ohr wegdreht, daß das Mädchen, bei dem einer um Vergebung anhält, unter seinen Worten hinweg auf den Knien aus dem Zimmmer zu entfliehen sucht... Der Diskurs und die Idiosynkrasien... Der Besuch Clavigos bei Marie, von deren Schwester diskret und ahnungsvoll vorbereitet, als gelte er einer Sterbenskranken, ist dann ein vom Bittsteller selbst theaterhaft eingeleiteter Auftritt: da steht er hinter weggerafftem Vorhang in tief ergebener Verbeugung, ganz in feierliches Schwarz gekleidet, und auch der Marie steckt ja ein dunkler Schleier im Haar: weil dies schon ihrer beiden letzte Begegnung ist vorm Tode. Diesem Clavigo hat Kortner mit Gewalt die Sensibilität untersagt; der hat nicht tatsächlich zwischen Marie und den bevorstehenden Ämtern zu wählen, diese sind in jedem Falle sein Ziel, es ist nur eine Frage der Taktik, ob es mit oder ohne Heirat der Marie ihm näherrückt. Über diese Frage aber befindet der Freund Carlos mit geduldiger, weicher Dämonie. Gegen diese Macht der Rede bietet die Frauenseite, Marie vor allem, nur ein Übermaß an Schwäche, Fragilität und schwindender Sinne auf. Von der Empfindsamkeit, der literarischen Zeit auch, der Goethes Stück anhängt, vom Klischee also der schönen schwachen Nerven, geht hier plötzlich eine Übertreibung aus ins Realistische der Gemütspathologie, an der ein Mädchen erkrankt, das einmal bereits dem höfischen Diskurs, der höfischen Inszenierungsart zum Opfer fiel. Und beim ersten Anblick dieser hauchzarten Marie weiß ein jeder, daß sie ein wiederholtes Falschspiel nicht überleben kann.
Und das wird die stringenteste, aber auch empfindlichste Inszenierung Kortners seit dem *Vater* von Strindberg, gerade auch wegen dieses Schauer-Finales, das bei der Premiere so unverständig verlacht wurde.

Die Unvorstellbarkeit, die unermeßlichen Folgen der zweiten Täuschung, die Kortner von Anfang an inszeniert hat, sprengen, als sie prompt sich auch ereignen, in einer Aufführung, die in solch subtile Überspannungen eingewöhnt hat, die realistische Vernunft: das kann nurmehr als wortloses Melodram passieren (den schluchzenden Goethe-Text des über Maries Sarg niederfallenden Clavigo hat Kortner, wie viel Geschwafel sonst auch, gestrichen). Diese Theater-Hypertrophie – der düster-feierliche Begräbnisgang auf der verschatteten Bühne, die schwülstige spanische Trauermusik – bezeichnet den Überschlag von Sensibilität in stummen Kitsch, in dem das überforderte Schmerzempfinden seine Ruhe findet, Übergang auch in kaltes, starres Pathos, das die noch mit geradezu krankhaft realistischer Sorgfalt ausdetaillierte Sterbeszene der Marie ablöst, wo bei aller nervösen Emsigkeit, fahrlässigen Umständlichkeit, mit der Bruder und Schwester die Arzneien zusammensuchen und der Zusammengebrochenen verabreichen, eine schwer zu bestimmende Wirtlichkeit, bürgerliche Häuslichkeit im Katastrophalen sich entfaltet.
Allerdings: in einer Phase der allgemeinen Restauration, wie wir gegenwärtig sie erleben, darf Sensibilität der Erkenntnis erster und letzter Zugang nicht sein. Der simple Akt, einer vortrefflichen Theateraufführung ihre Qualitäten zu bescheinigen, hat sich unendlich kompliziert. Schmerzen bereiten nun gerade die seltenen guten, nicht mehr die vielen elenden Inszenierungen. Die schönen Szenenbilder sind auf einmal hochgradig politisiert, weil sie der bekämpfte, reaktionäre Theaterapparat wie zu seinem Alibi zu projizieren scheint, und plötzlich stecken sie nurmehr voller Argumente gegen Mitbestimmung und Arbeitsgruppen-Regie. Kortner z.B. kann man zwar nicht beschuldigen, er arbeite nach restaurativem Geschmack, *Clavigo* gewährt den meisten nicht das Erlebnis, endlich »wieder einmal« Theater gesehen zu haben, im Gegenteil, das von der Springer-Presse verrohte Publikum hat sich über diese Aufführung eher geärgert. Jedoch Kortner arbeitet, wie bereits die Legende weiß, extrem im Sinne autoritärer Regiepraxis: wenn man deren Ergebnis für erstklassig erachtet, muß man deswegen stillschweigend die Produktionsform billigen, die sie hervorbrachte, und gar als einzig mögliche Basis für solche Erzeugnisse anerkennen? Ich glaube nicht. Was man von Kortner lernen kann, zu wirken durch die Empfindlichkeit der Darstellungsweise, ist nicht an die Außerordentlichkeit

einer Regiepersönlichkeit für immer gebunden, das ist verwertbar auch unter Voraussetzungen einer demokratischer verfaßten Theaterarbeit.

»Wir schlagen aus nach links und rechts«

Eine Theateraufführung, die annähernd die Konflikte der augenblicklichen Lage auszudrücken suchte, hat es bislang nicht gegeben. Im Gegenteil, es scheint, daß einige Inszenierungen, unfreiwillig vielleicht, der Restauration hinterherlaufen, indem sie etwa »das Theater über die Realität siegen lassen«. *Titus, Titus* z.B. (50 theatralische Vorgänge von Hans Hollmann nach Shakespeares *Titus Andronicus*) beginnt gleich selbst mit einem solchen Täuschungsmanöver: 25 Typen, die nach Haltung, Kluft und Miene den Eindruck machen, als hätten sie mit der bürgerlichen Gesellschaft ihre Rechnung gemacht, stürmen das Basler Theater, allerdings von der Verladerampe der Hinterbühne her und die Bannliste der Rampe nicht durchbrechend; hinter ihnen fällt das Tor ins Schloß, sie können nicht wieder raus, der Ausgang ist verriegelt. Eine Verhaltensstudie bricht aus: wie benehmen sich Rocker, drop outs auf einer leeren Bühne in einem städtischen Theater, das sie zum Vordereingang freiwillig sicher niemals betreten würden? (Die ganze Situation: halb Wunsch- und halb Alptraum der Direktion.) Sie laufen zunächst einmal »spontan« an die Rampe und drücken stumm ihre Wut und ihre Verachtung für das fette Premierenpublikum aus. Kurz und klein geschlagen wird dann ein goldener Portalrahmen, der offenbar nur zu diesem Zweck in die Mitte der Bühne gestellt wurde. Der Wut folgt die erwachende Neugierde: der Vorhangzug wird betätigt, auf der Galerie findet jemand ein Paket mit Kostümen und wirft es in die Meute, die sich mit dem Plunder drapiert. Unversehens tauchen Textbücher auf, ein gepflegter Herr, ein Liliputaner und offensichtlich Freund junger Leute, verliest den Titel: *Titus Andronicus* von Shakespeare ... fortan fungiert er als Spielwart, trägt die Szenen- und Auftrittsfolge vor.

Das Spiel also von den unfaßlichen Greuelanhäufungen wird getragen von der Hypothese, es entstünde ganz authentisch und nicht etwa rein zufällig im Gewalt-Klima unter jungen Leuten von heute. Ist es schon peinlich genug, eine Schar artiger, endsilbenartikulierender Schauspieler wilde Jugend simulieren zu lassen, ja, sie gar noch als einen von der Straße hereinbrechenden Schlägerpulk zu verkaufen, so wird es schlechterdings ekelerregend, zu verfolgen, welch reaktionärer Analogie-Technik sich die politische Interpretation der 50 theatralischen Vorgänge bedient. Das geht stramm nach dem restaurations-deutschen Motto: »Wir schlagen nach allen Seiten aus, nach links und rechts« — tatsächlich aber schlagen diese scharfsinnigen Wahrheitssucher beharrlich auf die eigene Mitte ein, sie kastrieren sich selbst. Allein schon durch die volksverdummende Methode, mit der sie ihre wirklich verblüffende These abhandeln, daß Machtrausch und Brutalität allüberall und immerdar am Werke sind, wo Menschen miteinander... weil eben homo homini lupus und weil es eben immer nur Führer und Verführte geben wird und weil alle Extreme ein extremes Ende nehmen — diese differenzierten Einsichten werden mit zum Teil bildzeitungshaften Anspielungen vermittelt: nur einer geringfügigen Modulation bedarf es, daß der Schauspieler des Saturninus von seiner Hitler-Parodie in die Rudi Dutschkes verfällt oder daß der Gesang des gläubigen Volks in einem Takt vom Deutschlandlied in »Auferstanden aus Ruinen« überwechselt.

Hollmann, wie Heyme auch, gehört zum Typ des Intentions- und Entlarvungs-Regisseurs, der seinen Zuschauern nurmehr die Resultate seiner »kritischen« Auseinandersetzung mit dem Stück und seinen Personen vorsetzt. Die Regisseure verzichten weitgehend darauf, die sinnlichen Prozesse des Theaterspiels zur Vermittlung von Information zu benutzen, sie versuchen nicht aus Beziehungen (der handelnden Figuren, ihrer Psychologien und Ideologien) heraus zu interpretieren, d.h. sie gehen niemals STRUKTURELL-analytisch vor, sondern stets präjudizierend, ihre Aussagen und Intentionen vor die Darstellung schiebend. In der Berliner *Kabale und Liebe*-Aufführung von Hollmann bieten die Personen nur noch vorgefaßte Figurationen einer Interpretations-Devise dar, deren politisch-argumentative Klischeehaftigkeit sich am sinnfälligsten in dem massiven Fürsten-Popanz, der die Szene überthront, ausdrückt. Wenn etwa diese Regisseure anführten, gerade mit der Simplizität ihrer Devisen das Theater als politisches Kampforgan wieder aufzurüsten, in die Nachfolge Piscators vielleicht sich gar stilisierend, so kann man ihnen nur entgegenhalten, daß das wirklich agitierende Theater (Wallraff, Kelling u.a.) sich mittlerweile längst von den emotional-plakativen Appellen befreit hat und mehr und mehr zum Medium der konkreten, differenzierten Faktenvermittlung geworden ist. Das gewöhnliche Kunst-Theater aber hat seine Chance zu nutzen, mit Hilfe seiner ästhetischen Mittel in politisches Denken einzuüben, das nicht gleich auf unverbindliche Schluß-Sätze wie »Alle Kriege bringen Elend« oder »Jede Gesellschaftsordnung produziert Gewalt« verfällt. Gemeingefährlich sind solch grenzenlose Wahrheiten.

Fluchtwege des artifiziellen Stils

Against interpretation hatte Susan Sontag aufgerufen. Keine Distanzen mehr, nur noch involvement, Flucht in eine neue Schönheit, paradis artificiel, camp statt Straßenschlachen, Eigenliebe statt Klassenkampf, Revolution nur von innen – das ist bekanntlich das Pendant zur neuen politischen Szene. Und auch für diese Stimmung findet das Theater seine Bilder. Zum Beispiel eine mit braunem Sand vollständig aufgeschüttete Bühne mit Marmorstatuen zwischen hohen Schilfhalmen, überwölbt von einem Regenbogen aus popfarbenen Neonröhren und abgeschirmt von einem Horizont aus goldenen Metallplaketten: die Insel des *Sturm* ist die Insel des Bremer Theaters, ein ästhetisch verwunschener Ort, wo es sich, den Konflikten der Zeit enthoben, ein wenig schlafwandlerisch selber feiert, hoffentlich nicht: um in Schönheit zu sterben...
Klaus Michael Grüber, der längere Zeit am Piccolo Teatro unter Strehler arbeitete, sah sich in Bremen vermutlich einem auf Kontinuität drängenden ästhetischen Programm konfrontiert, in das er seine Vorstellungen von Shakespeares *Sturm* ganz offenbar nur zum Teil überführen konnte. Die Tendenz zum artifiziellen Darstellungsstil ist vorangetrieben bis in die Sprachbehandlung hinein, gedacht war wohl an eine durchgehende Musikalisierung des gesprochenen Texts: dafür liefern die exotischen Lautmalereien, die Caliban und Miranda, immer im Hintergrund der Bühne irgendwo in den Sand gekuhlt, produzieren, ein bizarres Kopfstimmen-Gezirpe und Gegurre, das von dem unentwegten Surrton der Maultrommel des mit nacktem, bronzefarbenen Leib ruhig einherschreitenden Ariels begleitet wird, die grundierende Klangkulisse. Auch im einzelnen sind dann die Sprechweisen rhythmisiert, in Töne gesetzt, so ehrgeizig z.T., als hätten Kagelsche Kompositionen als Vorbild gedient. Leider aber beschränkt sich die ganze Methode eigentlich auf zwei Figuren,

auf Caliban — kein gefallener Engel, eher ein gefallener Artist, der dauernd Schulterrollen aufführt und plumpe Ballerinen-Figuren in den Sand setzt — und auf Ariel, der seine »künstlerische«, also artifizielle Ausdrucksweise sicher beherrscht. Damit ist zwischen den beiden polaren Figuren des Stücks eine sinnfällige Beziehung hergestellt, bedauerlicherweise die einzige, die es in dieser Inszenierung zu sehen gab. Und auch die wirkte eher befremdend neben den konventionell komischen Säuferszenen, neben den blassen, unkonturierten Auftritten der adligen Verfolger, neben den verquälten, in artifiziellen Ansätzen scheiternden Begegnungen zwischen Ferdinand und Miranda und, schließlich, neben einem sozusagen gar nicht vorhandenen Prospero: der Regisseur hatte kurzfristig vor der Premiere diese Rolle selbst übernommen und nicht wieder abgegeben: da saß er nun, ein fauler Märchenkönig, in seiner Sandburg und las den Text aus einem riesigen Buch ins Mikrofon, so vernuschelt, daß ich nicht ein Wort verstand.
In der manieristischen Szene vom Bremer *Sturm* ist der politische Eskapismus der verzaubernde Luftgeist, aber nicht so sehr im Sinne der Stück-Interpretation als vielmehr in bezug auf die ästhetische Situation des Theaterspielens überhaupt, und ohne Scham gibt er sich als solcher zu erkennen.

Warum denn spielen sie das Stück?

Als ich einige Tage später losfuhr, um Tschechows *Kirschgarten* anzuschaun, inszeniert von Claus Peymann an der Berliner Freien Volksbühne, dachte ich, dieser Scham begegnen zu müssen. Wie will man, wovon das Stück handelt, heute ausdrücken, wenn nicht darin, wie man es behandelt: man wird sich selber flüchten müssen in die Schönheit des Stücks und sie allmählich an jene Grenze führen, wo sie verschwindet: wo die Kirschbäume fallen, denn man wird das Verschwindende, nach einem Hegel-Wort, selbst als das Wesentliche betrachten müssen.
In dieser Inszenierung vernimmt man am Ende in monotoner Folge einige Brummtöne, es hört sich an, als morde jemand die Bäume mit Elektroschocks. Peymann hat das Stück nicht so inszeniert, daß man erfahren hätte, warum er und wir alle das Stück für ungeheuer halten. Er hat einige Pläne darüber angelegt, Pläne über die äußeren

Erscheinungsbilder und ihre Bewegungen, diese Pläne hat er verhältnismäßig penibel ausgeführt.
Und das Schmerzlichste ist, daß über jenen Stellen, wo die Figuren Erinnerungen aussprechen oder egozentrische Bemerkungen, dort, wo sie plötzlich Subjekte des Stücks werden, nicht innegehalten wurde... die Billardfantasien des Gajew, die schläfrig gemurmelte Nonsens-Philosophie des Gutsbesitzers Boris, die ungeheuren, zwischen Skeptizismus und Fortschrittsglauben hin und her tastenden Betrachtungen des Studenten Trofimow und schließlich jene das ganze Stück erschütternde Stelle im 2. Akt, wo die unheimliche Stimmung in der Natur dem Firs die geschichtliche Reminiszenzen eingibt: genauso wars, bevor die Katastrophe von der Aufhebung der Leibeigenschaft hereinbrach... alle diese Augenblicke, die Unendlichkeits-Perspektiven in der Leute Bewußtsein, kommen nur am Rande, manchmal bloß als Glossen oder Stimmungs-Schnörkel vor, und doch entfaltet sich das Stück erst in ihnen und nicht in den handlungsführenden Dialogen. Aber wenn man, wie im zweiten, im Freien spielenden Akt, die Personen um eine Bank so bildhaft starr gruppiert wie für eine fotografische Aufnahme und wenn ein vor dem braunen Rundhorizont im Hintergrund aufgebautes Miniaturdorf mit beleuchteten Häuschen und einer durchfahrenden Modell-Eisenbahn die Hauptattraktion der Szene wird, kann man die Unruhe, die minutiösen, ungeschickten Befreiungsversuche, die in dieser Szene unternommen werden, und die numinose Spannung, die über ihr lastet, nicht mehr exakt genug wiedergeben.
Die Schauspieler, die Peymann führt, zeigen allesamt nur verschiedenartig temperierte Gemüter vor, sie sind ununterbrochen Objekte, Spielfiguren des Stücks, nicht einen Augenblick teilen sie ihr Bewußtsein mit dem des Stücks bzw. der Inszenierung, und das wäre vielleicht auch nur möglich gewesen, wenn der Regisseur den Sinn der Aufführung aus einer geschichtlichen Haltung begründet hätte, die den *Kirschgarten* selber zum Symbol der eigenen Theaterarbeit erklärt hätte.

Die immanente Verunsicherung

Vielleicht ist es überhaupt nötig, daß die Regien eine übergeordnete, die Meta-Kritik am Stück in ihre Interpretationen miteinarbeiten, d.h. sichtbar machen, warum dieses Stück jetzt, unter welchen Bedingungen, aufgrund welcher ästhetischen Anschauungen und für wen gezeigt wird. (Das wären Ansätze zu einem Verfahren strukturalistischer Interpretation.) Man kann nun nicht eben behaupten, daß ein »konservativer« Regisseur wie Hans Bauer bei seiner Inszenierung von Molières *Tartuffe* in Basel von derlei exzentrischen Ansprüchen geleitet worden wäre. Jedoch führt er seine geschlossene, stabilisierte Harmonie der Komödie an einen kritischen Wendepunkt heran, der diese eigentlich auffliegen lassen müßte, handelte es sich bei der Irritation nicht um die Schlußpointe. Zunächst wird man eingeführt in eine heitere, ungewöhnlich sorgfältig gearbeitete Inszenierung, erlebt gewandt und geschwind sich bewegende und sehr flexibel sich Parole bietende Schauspielerbegegnungen und findet das Stück gleichsam interpretationslos vom Blatt gespielt. Weder leidet Orgon, ein rundlicher, etwas cholerisch veranlagter Dummkopf, unter verklemmter Homosexualität, noch gar stellt der Tartuffe, ein schmales, unansehnliches Männlein, dem die Falschheit und die schwer nur bezähmte Begierde im verkniffenen Gesicht geschrieben steht, einen exemplarischen Menschenverführer vor. Dies hier sind nur genau aufeinander akkordierte Spielfiguren, einen offenbar weltbekannten Komödienfall auf besondere Weise nachspielend. Doch dadurch schon, daß sie soviel psychologische Geschmeidigkeit aufbringen, daß sie die Versdiktion bis dicht an die Grenze des Alltagsgeschwätz erniedrigen, vergewöhnlichen sie sanft, trotz Kostüm und Maske, das literarische Werk und machen es gerade so leutselig, daß man gewahr wird: hier spielt man die Komödie von der siegreichen Vernunft der schwachen Unterdrückten, der jungen Frauen und des Dienstpersonals. Dann aber am Schluß wird der Deus ex machina der Handlung unversehens zum Deus ex machina jener interpretationslosen Regie: der Polizeibeamte, der im allerletzten Moment von des Königs Gnade kündet, tritt auf als zahnloser Höfling mit Allongeperücke und leichengrau geschminktem Gesicht; wie der mit seniler Geziertheit das Lob der Obrigkeit hervormümmelt, das hört sich absichtlich an als Spottgedicht auf sie. Und in dem schwulstigen Gefasel von gerechter Herrschaft hört man vor allem durch: dem König hat der Orgon einmal mit der Macht seiner Güter aus der Klemme geholfen, klar, daß man solche Freunde nicht verstößt, da man sie jeden Augenblick wieder nötig haben kann. Das ist eine sehr subtile Zerstörung der Komödienkonvention durch eine kritische Pointe, die dem Stück, ganz am Schluß, ein überraschendes Licht aufsetzt: was wir sahen, war eine höchst gefährdete bürgerliche Komödie, die keineswegs unter dem schützenden Patronat einer alles letztlich gerecht ausbalancierenden Staatsgewalt sich sicher wissen durfte; deren Eingreifen, zeigt sich, ist ziemlich willkürlich und stets von einschlägigen Kapitalinteressen bewegt.

Warum überhaupt, für wen denn und zu welchem Zweck betreiben wir das Theaterspiel: was die Regisseure zur Zeit produzieren, gründet allemal auf den verweigerten Antworten auf Fragen mit solchen Pronomen, obwohl gerade sie vor nicht allzu langer Zeit im Mittelpunkt der Diskussion waren und gelegentlich auch inmitten der Produktionen selber wirksam wurden. An den Rückschlägen und Versperrungen, die sämtlichen Reformvorschlägen für die Arbeitspraxis in den Theatern widerfahren sind, leisten einige Regisseure vorläufig eine Verdrängungsarbeit ab, die sie mitunter zu einem nervösen, vorschnellen Rekurs auf einen ganz pragmatischen, unkritischen Qualitätsbegriff antreibt. Und gerade diese Qualität ist es, welche im Handumdrehen zum Argument gegen alle strukturellen Veränderungen verwendet werden kann. Man sollte deswegen nicht aufhören, von dem zu reden, was diese Qualität zur Zeit nicht mehr zu beinhalten scheint: die systematische Kritik an ihren eigenen Herstellungsbedingungen und -normen. Die Situation für die fortschrittlichen Theatermacher stellt sich augenblicklich dar als denkbar disparat: mit dem linken, ein wenig erlahmten Arm halten sie noch ihre Reformmodelle hoch, mit dem rechten aber geben sie zügig Anweisungen fürs Arrangement einer guten und schönen Theateraufführung, die nach allen restaurativen Regeln der Kunst Gefallen bringen soll. Dieser Zustand kann unmöglich von Dauer sein. Gewiß passiert irgendwo mal irgendwas.

1970

Erinnerung an ein Stück von heute

Wolfgang Bauers »Magic Afternoon« in Berlin und Hamburg

Ich habe die Stücke Wolfgang Bauers immer halbwegs gern gemocht. Ihre äußerlich altmodische und gewöhnliche Form wurde von innen, von einer allmählich zersetzenden Sensibilität aufgelöst bzw. ins Unwahrscheinliche getrieben. Seit kurzem aber beobachte ich Wolfi, den Dichter, der als Talentbestie in unserem Theater-Zwinger unter begeistertem Applaus die Posen »Gegengesellschaft« oder »underground« vorführen darf. Mit den populären Gefährdungen und Subversionen des gesamten anständigen Milieus wird er, soweit das für den Theater-Bürger reizvoll und eben noch bekömmlich erscheint, sogleich in Verbindung gebracht, obschon gerade seine Stücke nur unter striktem Ausschluß jeder Verallgemeinerung, konzentriert allein auf die präzisen Untersuchungen in einem abgegrenzten, intimen und spezifischen Spielraum das gesunde und rohe Empfinden zu schädigen vermögen. Ist dies banale Image erst einmal ausgerufen, sind die Klischees des Modischen ins Leben gesetzt, so geht darüber zuvörderst die ruhige Selbstverständlichkeit der Stücke entzwei, und umfassend in sie hinein dringt ein ideologischer Optimismus, welcher mit diesem durch und durch »authentischen« Dialogdichter das flaue deutsche Theater der »Stückeschreiber« von Grund auf sich verjüngen sieht. An diese Authenzität nämlich, über die Bauers Schreibweise ganz fraglos verfügt — freilich in viel artifizielleren Zusammenhängen, als das ihre unkritischen Bewunderer wahrhaben mögen — heften sich vor allem die platten restaurativen Erwartungen derer, die nun endlich WIEDER wahrhaftige Dialoge, WIEDER echte Menschen und WIEDER ein wirklichkeitsnahes Milieu auf der Bühne erleben wollen, statt sich noch länger auf die heiklen Herausforderungen, Denunziationen und Verletzungen der »natürlichen« Gepflogenheiten in der darstellenden Kunst einzulassen.

Als ich nach anderthalb Jahren *Magic Afternoon* wiedersah, kurz hintereinander in zwei verschiedenen Aufführungen, teilte ich jeweils sehr bald die Stimmungen, welche die handelnden Personen

untereinander verbanden: Langeweile, Fadheit, Frustration, Wut: Stimmungen freilich, die ich nun auf das Stück hin verspürte und auf die Inszenierungen natürlich.
Das Stück hatte sich gut ERHALTEN, so gut bereits, daß ich selbst seine wirkliche Authenzität, jenen empfindlichen und transparenten Verismus, als konserviert empfand: dinghaft, körperlich, anschaulich und undurchsichtig präsentierte sich nun das Nervenspiel, das mich nicht mehr aufbrachte, genauso wenig wie mich heute irgendeine Stelle in der *Satanic Majesties Request* von den Stones, die Handke ehedem während *Magic Afternoon* einfiel, aufbringen würde, es sei denn aus Lust an reminiszenten Gefühlen. Einige andere Leute im Publikum aber vermag *Magic Afternoon* zuweilen von den Sitzen zu reißen, aus Empörung. In Berlin und in Hamburg verließen sie, zum Teil unter Geschimpfe, den Saal bereits während der ersten Prügel-Sequenz zwischen Birgit und Charly. In Berlin hatten sich zu Wolfgang Bauers eigener Inszenierung in der Freien Volksbühne, zu einer normalen Repertoirevorstellung montagabends, kaum mehr als zweihundert Leute eingefunden. Ein paar jüngeren Leuten, die sich während der Vorstellung entspannt unterhielten, muß die ganze Situation zu unwahrscheinlich vorgekommen sein: hinter ihnen ein zu vier Fünfteln leeres Zuschauerhaus, vor ihnen eine gewaltig breite Bühne auf der zwei, höchstens drei miteinander selbstverloren und verdrossen THEATER spielen wie die Alten, während sie etwas vom neuen Milieu, der Platten-, Kino-, comics-, pot- und fuck-Szene darstellen sollen.
Man kommt über die lächerliche Situation nicht leicht hinweg und hinein in die inneren Konfliktverhältnisse des Stücks. Trotz ihres verhältnismäßig gelassenen (zum Teil auch leeren) Verlaufs schien mir Bauers Inszenierung u.a. durch eine merkwürdig nervöse, krampfhafte Fixierung an den gesprochenen Dialog diesen Einstieg zu erschweren. Insgesamt verhindert jedoch wurde er in der entsetzlich fühllosen, blödsinnig aufgekratzten Aufführung im Hamburger Deutschen Schauspielhaus, wo dem Hochdeutschen, das dort nebst einigen, befremdlichen Überbleibseln von idiomatischen Floskeln, durchweg gesprochen wurde, mit dem Klang und Melos der Bauerschen Kunst-Sprache auch das ganze komplizierte Stimmungs-Syndrom zum Opfer fiel.
Dieser österreichische Dialekt ist von *Magic Afternoon* deshalb ein so grundsätzlicher, integraler Bestandteil, weil diese Sprache, anders

als bei Horváth, nicht kritisch ein Bewußtsein der Sprechenden »entlarven« will (sondern es nur lässig konstatiert), weil sie stattdessen das »natürliche Geschehen«, den »gewöhnlichen Schrecken« beglaubigt und gleichzeitig dessen sprachlosen, destruktiv-gewalttätigen Untergrund dauernd anbahnt und provoziert. Das heißt nicht, eine Aufführung dieses Stücks könne prinzipiell nur gelingen, wenn sie mit Original-Österreichern besetzt ist. Nur: verzichtet man ganz aufs Idiom, und also zunächst auf alles, was irrational damit verbunden ist, muß man wohl die Mentalität des Stücks mit anderen (darstellerischen) Mitteln auszudrücken suchen. Der Verzicht ist jedenfalls nicht, wie Eberhard Pieper in Hamburg offenbar glaubte, mit einer überkonturierten, die heiklen Konfliktbalancen des Stücks einseitig entscheidenden INTERPRETATION von *Magic Afternoon* wettzumachen.

Da die dialektfrei redenden Schauspieler nie so ganz genau wissen konnten, was sie mit ihren Bemerkungen alles sagten bzw. eigentlich sagen wollten, schien sie diese Unsicherheit dazu zu bringen, den Dialog zuweilen im persiflierenden Ton abzuhalten, sich seiner besonders energisch und salopp zu entledigen, in den widersinnigsten Phrasierungen und Spielereien mit dem Tonfall. Das betraf vor allem die beiden männlichen Darsteller, und diese Unsicherheit, die sie nie überwanden, wurde dann ein Mittel der Stück-Deutung: diese Kerle sind aufgeblasene Nichtse, Maulhelden, Sexualprotze, und ihre willenlosen Opfer sind die kleinen unschuldigen Mädchen.

Mit solch massiver Vergröberung der tatsächlich viel labileren gegenseitigen Abhängigkeiten unter den Personen bot sich für Volker Lechtenbrink als Charly, den schreibfaulen Poeten, die ungerechtfertigte Chance, mit geradezu »komödiantischen« Tricks zur Zentralfigur innerhalb der Vierergruppe emporzukommen. Die überdrehte Lockerheit, die souverän sich gebende Robustheit, mit der er — laut Regieplan — den falschen Helden, der immer wieder eitel vor dem Spiegel posiert, aufbaut, nimmt schließlich derart überhand, daß seine Aggressions-Akte als willkürliche, motivlose Einlagen zur sportlichen Ertüchtigung passieren. Ganz in die Brüche geht diese »anti-maskuline« Interpretation an einem Schauspieler wie Horst Reckers, dem Joe, dem der Charly in unterschwelliger erotischer Hörigkeit anhängt; dieser fette junge Mann hat seine Rolle auf einen laschen, erkünstelten Gestus von schmieriger, gelangweilter Kumpanei verarmt. Den Mädchen, zwei, im Kontrast zu ihren beleibten Partnern, besonders winzigen und zarten Erscheinungen, wurde es in diesem Konzept kaum ermöglicht, sich eindringlicher als durch trotzige Passivität kenntlich zu machen: vom viel zu schleunig durchgezogenen, episodenhaften kurzen Auftritt der Monika (Kornelia Boje) ist mir schließlich nicht viel mehr in Erinnerung als ein überanstrengtes, offenbar simuliertes Schmerzens-Gequäke, denn ihr Nasenbeinbruch erfolgt ohne jedes Blutvergießen. Und Birgit (Christiane Schröder), die eigentlich nicht erst am Schluß, als sie die beiden »Hascherln« zu ihrer verzweifelten Befreiungstat, dem Mord an Joe, treiben, aktiv wird in diesem Stück — sie zeigt sich hier dagegen vor allem geschickt im sentimentalen Erdulden, wirkt provozierend allenfalls durch ihr kindhaft unschuldiges Mitspielen-Wollen, aber scheint im Innersten an den raffinierten Wechselspielen von Langeweile und Brutalität, ruhiger Zärtlichkeit und sexueller Besitzgier sich nicht beteiligen zu können.

Im Bühnenraum (Karl Gröning) war dann das gesamte Mißverständnis, das sich über *Magic Afternoon* zu bilden scheint, in den verwegensten Farbfantasien (giftgrün und rosa und kackbraun an-, neben- und untereinander) ausgeschlagen — eine aufgedonnerte Twenbude mit Neonröhren an den Fenstern und dem Spiegel, gelben Scheinwerfern links und rechts und gelben Ornamenten selbst auf dem blutrot gefärbten Kühlschrank: »ein poppiges, psychodelisches Stück für junge Leute...«

»...the beautiful, sexy, marvellous, happy and fucking... Magic Afternoon«: so etwa, nach dem Muster einer Hitparade-Ansage hat Bauer seine Berliner Inszenierung starten lassen — und düpierte mit solchen Angebereien nur die Leute, die dann vielleicht wirklich sauer waren, daß sie statt eines erstklassigen Hits so ein zähflüssiges Problemstück fast zwei Stunden und noch ohne Pause durchstehen mußten. Immerhin wurden in dieser Aufführung ausführlicher und besser Platten gespielt als in Hamburg, und zwar teilweise über Stereo-Verstärker, so daß auch die Zuschauer was davon hatten.

Immerhin hatte Manfred Noky eine plausiblere, soziologisch aufschlußreichere Bühne gebaut: einen weiten, salonartigen Raum im solid großbürgerlichen Stil, in einer Erkerbucht ausrundend, mit Schränken und einem Schreibtisch aus massivem Eichenholz und einem großen, in eine Marmorplatte gefaßten Spiegel an der Wand:

dieses Interieur verfügt gerade über jene Ausstrahlung von gediegenem, gesättigtem Wohlstand, von dem das Verhalten der neu-sensiblen Bürgerkinder schließlich stimuliert wird.
Die Inszenierung gibt sich nie so wichtigtuerisch wie die Hamburger, geht zuweilen recht schön gedämpft und sogar nebensächlich vonstatten; allerdings spielen die Darsteller ziemlich separat vor sich hin, und dementsprechend verliert sich das Zuschauen ans Separate und Nebensächliche. Ich kann mich nicht mehr erinnern, wie Heribert Sasse als Charly war — ich kann mich aber genau an seine Art, sich zu bewegen, diesen viel zu schleunigen, drahtigen, jedenfalls ganz vom öffentlichen Beobachtetwerden gelenkten Gang erinnern und daran, daß ich aufgrund dieser falschen Gehweise dem, was er sagte, mißtraute. Dagegen dem Joe, dem Erich Mülbüsch, ihm habe ich alles abgenommen — denn so einen schlechten Schauspieler hatte ich noch nie gesehen. Jedoch dieser schlechte Schauspieler gehörte nicht zur Klasse derer, die ihre Miesheit mit irgendeinem angewöhnten Geschick zu drapieren und verkäuflich zu machen verstehen, und er schien auch nicht mit seinem auffallenden Unvermögen gegen die schöne Schauspielkunst an sich protestieren zu wollen — wenn er so dastand, eingefroren in seine Position, die Hand ans Kinn legte und SCHEINBAR nachdenklich zu Boden nuschelte »Weißt, Charly...«, dann sah es aus, als übe er mit seinem sturen Dilettantismus eine Notwehr gegen sein öffentliches Auftreten und Beobachtetwerden aus.
Es war schon sehr merkwürdig, neben diesem Sonderling eine so geläufig ihre stereotypen Mienen regulierende Schauspielerin wie Christine Prober (Birgit) zu beobachten. Wenn ich in ihr Gesicht sah, erkannte ich fast immer diese zwischen Morosität und Verbitterung, nervöser Erwartungsspannung und müder Pikiertheit wechselnden Gesichtszüge. Aber ich sah nie, daß das überraschende Verhalten eines anderen dieses Gesicht durcheinander gebracht oder nachhaltig verändert hätte.
Etwas sehr Überraschendes war z.B. in dieser Aufführung der Auftritt der Monika, gespielt von Libgart Schwarz, nach etwa fünfzig Spielminuten. Die kommt, wenn Birgit und Charly dem Joe entgegengehen, allein herein, setzt sich an den Tisch unter dem Spiegel, kämmt sich und zündet eine Zigarette an und geht dann, sorgfältig sich umschauend, durch den unbekannten Raum zum Schreibtisch hin, blättert in Büchern; sie benimmt sich jedenfalls so ausführlich,

als wolle sie sich von jetzt ab fest in der Handlung etablieren. Wer zuschaut, wartet, daß jeden Moment jemand zu ihr stößt, wodurch geklärt würde, wen man vor sich hat. Es kommt aber niemand, und das Mädchen geht wieder davon, die Bühne bleibt eine Weile unbelebt.

Es ist gut, daß Bauer diesen Vorgang so auffällig herausgehoben hat. Es wird verständlich, daß er, der sagt, über hundertmal habe er die Sätze aus *Magic Afternoon* nun schon gehört, keine Lust mehr hat, sein Stück als Regisseur IM GANZEN zu interpretieren, sondern sich gezwungen sieht, die randläufigen Begebenheiten wichtiger zu nehmen. Ich glaube, ich möchte von *Magic Afternoon* jetzt auch nicht mehr sehen als gerade noch das Nebensächlichste.

1970

Was heißt Frustration?

Kupferbergs "Ficknam" in Wuppertal, Adriens "Offenbarung" in Heidelberg

Es ist durchaus denkbar, daß in der Nähe der politischen Psychologie eine Art Theater-Dramaturgie entsteht, die — anders, als sie die revolutionäre Deklamations-Bühne bislang kennt — sinnlich einprägsame mit analytisch fundierten Qualitäten neu verbände. Anregungen, noch ziellose Initiativen zu einer solchen Entwicklung, die sich von den beschränkten individualpsychologischen Traditionen des europäischen Dramas abkehren möchte, erbrachten seit einiger Zeit Theaterexperimente, vor allem aber auch die Theorieansätze zur ästhetischen Rezeptionslehre. Die meisten dieser Tendenzen verbindet das vorherrschende Interesse besonders an einem Kernbereich der politischen Psychologie: dem Prinzip der Frustation. Unter Korrektur des Freudschen Energie-Paralellogramms, das Liebes- und Todes(Zerstörungs)-Trieb gleichberechtigt miteinander bestimmen, haben die Reich-Schule und andere Destruktion und Aggressivität dialektisch analysiert auf der Grundlage der gesellschaftlich verweigerten bzw. partiell-angepaßten Bedürfnisbefriedigung.
Dieses Modell — in der anschaulichen Simplizität, deren eine nichtwissenschaftliche Institution sich nun einmal bedient — spielt neuerdings auf dem Theater bzw. zwischen Bühnen-Aktion und Zuschauer-Verhalten.

Sexueller Imperialismus

In Tuli Kupferbergs sarkastischer Pop-Revue *Ficknam* werden die Antriebe des amerikanischen Aggressionskriegs in Vietnam in Bilder, z. T. grotesk verzerrte Hyperbeln sexueller Potenz gefaßt. Die Steuerknüppel stehen den bombenden Piloten als erigierte Penis-Plastiken aus dem Schoß empor, an denen sie wild onanieren: selbsterregte Ejakulation und Bombenabwurf verschmelzen zu einem gemeinsamen Symbol der frustrierten Triebbedürfnisse.

Denn die Sexualität, die Kupferberg politisch chiffriert, bietet gerade das entfremdetste Gegenbeispiel zu jener totalen libidinösen Befreiung, als deren radikaler Vorkämpfer der Autor sich einen Namen machte. Die vulgarisierte und verdinglichte Sexualpraxis dient hier als Metaphernform des kriegerischen Imperialismus insgesamt, sie spielt sich ab im ausbeuterischen Nutten- und Zuhältergeschäft, das in der vietnamesischen Zivilbevölkerung nicht zuletzt infolge der Verheerung der ursprünglichen Erwerbswirtschaft ins Blühen kam, und sie füllt also genau jene pornographische Entlastungsfunktion aus, welche die permissive society zur Verfügung hält, um ihre permanenten Frustrations- und Sublimierungszwänge desto unbehelligter durchzusetzen. Marcuse hat an dieser partiell angepaßten Entsublimierung festgestellt, daß sie Gefahr läuft, die gesamte »erotische Energie zu komprimieren«, und sie ist somit wohl auch konkret, nicht nur als dichterische Metapher, als psychologisches Äquivalent zur militärischen Aggression analysierbar.

Während in *Ficknam*, das vor kurzem im Wuppertaler »Club Impuls« veranstaltet wurde, eine Grunderfahrung der politischen Psychologie in rüder Comic-Manier nachgezeichnet wurde, wollten die Heidelberger Studenten, welche Philipe Adriens kurze Szene *Die Offenbarung* uraufführten (nach *Sonntags am Meer* das zweite Opus des französischen Autors, das in Deutschland produziert wurde), Frustrations-Mechanismen unmittelbar im Umgang mit dem Publikum durchprobieren.

Frustration stellte sich zunächst unerwartet infolge von Besucherausfall ein: die Vorstellung, die ich im Kellergewölbe des Collegium academicum zu Heidelberg besuchte, wurde paritätisch zwischen drei Schauspielern und ebensoviel Zuschauern entschieden. Diese letzteren wurden, nachdem man sie eingangs recht unwillig und mit willkürlich taxiertem Eintrittsgeld an der Kasse abgefertigt hatte, in einen stockfinsteren Raum geführt und, noch bevor sie sich ihrer neuen Umgebung vergewissern konnten, mit Salven von kleinen Körnern unter Beschuß genommen. Als es plötzlich hell wurde, befand ich mich zu meinem Schrecken unmittelbar neben dem Aktionszentrum, welches ein verlumptes Weibsbild ausfüllte, das sich in eine mit sehr »natürlichem« Abfall vollgestopfte Mülltonne hineingebeugt und daraus hervor allerhand stinkenden Unrat schaufelte, geradewegs auf mich hernieder, in meine Manteltaschen hinein. Schließlich erwischte sie einem vor Verwesung grün schimmernden und auseinanderfallenden Fischkadaver, den sie sich sogleich in der Bratpfanne zurecht machte. Wenn man sich umsah, herumroch, war man versichert, daß zumindest Ekel zu erregen zum ästhetischen Ehrgeiz der Veranstaltung gehörte: die wenigen Zuschauerbänke, die fest in Plastikfolie (die auch von der Decke herunterhing) eingehüllt waren, die Gänge und das niedrige Bühnenpodest waren übersät mit Konsumschutt, Dreck, Mörtelstücken und Verpakkungsresten, welche insgesamt einen muffig-beißenden Gestank verbreiteten. Gegenüber diesem sinnlichen und die Sinne aufwiegelnden Environment nahm sich, was als Sück in spärlichen Worten und Handlungsrudimenten aufgeführt wurde, dann ganz besonders eindruckslos und verklemmt aus. Das ins Bild und Aroma eingeführte ästhetische Milieu der degoutanten Verunstaltung, das nicht etwa »naturalistisch« die besonders verelendeten Verhältnisse einer Kleinfamilie am Rande der Gesellschaft kennzeichnen sollte, sondern gleichsam als apokalyptische Chiffre das Ende des tüchtigen Konsumbürgers beschwor, welcher von seinem Abfall überschwemmt wird, dieses stumme Milieu brachte eigentlich aus sich selbst heraus, unbeschadet und auch unmotiviert vom gesprochenen Text, seinen Höhepunkt hervor: als nämlich der Sohn, der sich diesem erniedrigenden Vegetieren entheben möchte, tatsächlich seine »Offenbarung« erlebt, und zwar in gestalt einer orgiastischen Kotz-Kaskade, während derer er nicht nur die Mahlzeiten etlicher Vortage, sondern mit alledem auch sein gesammeltes Bildungs- und Erziehungsgut aus sich herausschüttet. So erleichtert, schwebt er in der Tonne, in der er steht, ein wenig auf, plumpst dann aber in den alten Dreck zurück und schlürft, gehorsam und sorgfältig, die erbrochenen Erbsen und Pommes Frites wieder auf — doch richtig ordentlich wird er nicht mehr: er verkündet seinen Eltern den Entschluß, ein »Bulle« zu werden, greift zum Gewehr und legt sie beide um.

Unterdrückung der Form

Das studentische Produktionskollektiv (eine abgespaltene Gruppe der Heidelberger Spielgemeinschaft »Theater im Gewölbe«) hat, um seine Entscheidung, Theater zu spielen statt konkrete Basisarbeit zu leisten, politisch rechtfertigen zu können, die Inszenierungen dieser

Burleske mit strengem Ernst allein auf bestimmte Hypothesen ihrer Rezeptionsweise abgestellt: konsequente Vernachlässigung aller formalen und artistischen Fertigkeiten, strikte Weigerung, sich von der giftenden und flachsenden Komik der Vorlage zum Ulken verleiten zu lassen, und alles dies à conto eines bewußten, ideologisch gestärkten Dilettantismus (welcher sich freilich von jenem verunglückter Studententheaterabende äußerlich kaum unterscheidet), der, je entschlossener er das erwartete Spielvergnügen unterbindet, desto nachdrücklicher den Zuschauer auf seine düpierten Wünsche, seine Frustrationen, seinen Aggressionsherd hinweist. Ich denke, in solch einem erzieherischen Konzept steckt ein grundlegender Irrtum: die Erwartungsenttäuschung dessen, der auf ästhetischen Konsum gefaßt ist, verhält sich triebpsychologisch zu einer realen Bedürfnisverweigerung doch von vornherein metaphorisch; bekommt einer nicht zu sehen, was er aufgrund seiner natürlichen Bedürfnislage gar nicht zu sehen BRAUCHT, so verletzt das seine persönliche Triebstruktur ebensowenig, wie es ihm andererseits auch nicht den rechten Einblick in die tatsächlich repressive Ordnung seiner gesellschaftlich gebundenen Bedürfnisse wird vermitteln können; die Verweigerungen von ästhetischem Genuß, der selbst wohl erst nach geleisteter Sublimierung empfunden werden kann, scheint in Wahrheit kein plausibler Konfliktfall innerhalb der politisch analysierenden Psychologie zu sein.
In dem Maße, wie man sich aus Theateraufführungen heraus auf dergleichen Erörterungen verwiesen sieht, scheint sich die Frage: WARUM hier überhaupt (mit diesem oder jenem Thema) Theater gespielt wurde, vor die untersuchende Feststellung zu drängen, wie im einzelnen die Inszenierung vor sich ging. Diese Verschiebung der Beurteilungsaspekte trifft auch die Theatermacher: die Frage, warum er beispielsweise hier und jetzt Tuli Kupferbergs *Ficknam* aufführt, müßte dem Regisseur eigentlich zur Substanz seiner Inszenierungsarbeit werden, es sei denn, er wäre politisch so indifferent, daß er die FRAGWÜRDIGKEIT dieser Vorlage nicht empfände bzw. nicht durchdenken könne.

Noch ein Underground-Musical?

Die Wuppertaler Aufführung von *Ficknam* (Regie Peter Löscher), die ebenfalls nicht in einem regulären Theater, sondern, um Mitternacht, im engen Keller des Aktionszentrums »Impuls« stattfand, allerdings vor einem massiv andrängenden Publikum, gab über eine solche Frage keinerlei Aufschluß. Sie lief denn auch über zwei Stunden Gefahr, in schwachem Abglanz nachzuerleben, miterfahren zu lassen, wie die Protest-Stimmung in Amerika vor drei Jahren (als nämlich das Stück, noch unter der Ägide »Lyndon B. de Sades«, geschrieben wurde) geklungen hat. Man muß dem »Theaterlaboratorium Elten«, das sich im vergangenen Sommer konstituierte und hier seine erste gemeinsame Produktion veröffentlichte, vorwerfen, daß es sich, insgeheim, auf eine recht gleichgültige Weise des Kupferbergs-Texts bedient hat, um bloß daran das eigene Geschick zu einer kaum erkenntnisfördernden, halbwegs unterhaltlichen Politshow zu erproben.

Was für die Gruppe dabei nicht herstellbar war, ist jener detonierende, kräfig schlagende Befreiungsrhythmus, mit dem seinerzeit die aggressive und extrem freie Rockmusik der Fugs (die Kupferberg 1965 mitbegründete) den allgemeinen Aufbruch der Bewegung begleitete und der selbstverständlich auch *Ficknam* inerviert. Das ist nicht zu konservieren: mit ein paar entblößten Unterleibern, hektischen Tänzen unter der Lichtorgel, ein paar anspielungsreichen Projektionen amerikanischer und anderer Leitbilder und mit all dem formalistischen Krimskrams aus der Underground-Kiste, bereichert um einige experimenta-Erfahrungen, läßt sich nur oberflächlich nachskizzieren, was dieses Stück wirklich einmal artikulieren wollte. Die Phasen der radikalen Emanzipaion sind fortgeschritten, die Musik HAT sich verändert, und doch leben wir keineswegs, wie der angepaßte Sexual-Rebell Kupferberg verkündete, bereits in nachrevolutionären Zeiten.

Diese Distanzen, Widersprüche, Verwechslungen könnten doch, wenn man *Ficknam* spielt, was von vornherein durchaus nicht sinnlos ist, in der Aufführung geklärt, zumindest erläutert werden, und zwar vor allem im Bereich der darstellerischen Arbeit, vielleicht aber auch in offenen, antagonistischen Konfrontationen zwischen den verschiedenen ästhetischen Medien: Musik, Lichtbild, szenischer Darstellung. Stattdessen wurden der Kupferberg-Text, die kurzen schauspielerischen Passagen zuweilen tatsächlich absolviert wie im Musical, lediglich als Überleitung zwischen den einzelnen Musikstücken, zwischen den Songs, instrumentiert von der XHOL CARAVAN, in der es immerhin einen ausgezeichneten Flötisten gibt, die aber ein-, zweimal ziemlich scheußlich Bubble-Gum-Nummern abzog, die in verteufelte Nähe zu *Hair* gerieten. Schöner als die ganze Liedbegleitung erklang die frei improvisierte, lang ausgedehnte Musik, welche die ganze Truppe zu Beginn der Veranstaltung, sich einstimmend, produzierte.

1970

Bürgerdämmerung auf der Bühne

Fleißer "Pioniere in Ingolstadt", Canetti "Hochzeit", Erdman "Der Selbstmörder", Gombrowicz "Operette"

Wir haben uns daran gewöhnt, in Theaterstücken historische, gesellschaftliche, politische und humanistische MODELLE zu erkennen, und es darin soweit gebracht, daß die Methode mechanistisch, also fruchtlos zu werden droht. Schon schreibt man aus Gewöhnung und Bequemlichkeit in eine Rezension den großspurigen Satz: »Er macht den vergangenen Fall als gegenwärtig anwendbares Modell durchsichtig«, ohne auch nur zu bedenken, welche enorme Praktikabilität sich das Theaterspiel in der Tat anmaßen dürfte, träfe die Phrase nur zu.

Statt dessen erscheint es reizvoll, einmal von der vergleichsweise komplizierten Zeitstruktur, über die Theater verfügt, auszugehen, um, ganz allmählich, anhand von verschiedenen Stücken und Aufführungen herauszubekommen, welche Art von SPEZIFISCHEN GESCHICHTLICHEN ERFAHRUNGEN diese Struktur ermöglicht.

Setzen wir als Grundlage solch einer Erfahrung ein interpretierbares System von materiellen Prozessen, Denkweisen, gesellschaftlichen Regeln, Sprachhaltungen und Ideologien voraus, in dessen Wandel wir uns selbst als Subjekte begreifen, d.h. nicht als Konsumenten abgeschlossener ästhetischer Symbole, sondern als komplettierende, teilnehmende, verursachende Zeitgenossen eben dieses andauernden Systems, so wird deutlich, daß diese Fragen auf einen bestimmten gesellschaftlichen, ja klassenspezifischen Rahmen (vorerst) zu beschränken sind: sie konzentrieren sich am besten zunächst auf die Begegnung des bürgerlichen Theaterzuschauers mit der Geschichte des bürgerlichen Dramas, besonders jener nach Gesichtspunkten des historischen Materialismus erkennbaren Tradition der Lenz, Büchner, Horváth. Mindestens zwei der hier behandelten Stücke schließen an diese Tradition an, deren Beendigung sie gleichzeitig heraufbeschwören, indem sie Selbstentfremdung, Krise, Verfall und Untergang des bürgerlichen Individuums teils realistisch vergegenwärtigen, teils visionär verkünden: *Pioniere in Ingolstadt* von Marieluise Fleißer und *Hochzeit* von Elias Canetti.

1927 entstanden die *Pioniere*, im letzten Drittel der Weimarer Republik, kurz vor Beginn der Weltwirtschaftskrise; 1932 schrieb Canetti die *Hochzeit* in Wien, ein Jahr später hob die Regierung Dollfuß die parlamentarische Verfassung auf, und in Deutschland gelangten die Nationalsozialisten an die Macht. Etwa im gleichen Zeitraum, nämlich 1927, wurde in der Sowjetunion die Komödie *Der Sebstmörder* von Nikolaj Erdman geschrieben, eine Satire auf das totgesagte und wiederauferstehende Kleinbürgertum während der NEP-Periode. Das vierte Stück schließlich, *Operette* von Witold Gombrowicz, ist ganze vierzig Jahre später abgeschlossen worden, nämlich 1967, wobei allerdings der Autor schon während seiner argentinischen Emigration mit dem Stoff beschäftigt war. Dieses Stück hat Aspekte der geschichtlichen Erfahrung selber zum Thema und nimmt, innerhalb des hier verfolgten Zusammenhangs, eine gewisse paradigmatische Stellung ein.

Seine Rezension über Niels-Peter Rudolphs Münchner Inszenierung von *Pioniere in Ingolstadt* leitete Joachim Kaiser in der *Süddeutschen Zeitung* folgendermaßen ein: »Die sozialen Voraussetzungen der 1929 im Berliner Theater am Schiffbauerdamm ausgepfiffenen Komödie (!) »Ingolstadt« haben sich so radikal geändert, daß es scheint, als wäre das Stück von der Droste oder von der Sappho... Denn von der Ausbeutung irgenwelcher Dienstmädchen oder abhängiger Hilfskräfte kann heute — ein Blick in den Anzeigenteil jeder Tageszeitung genügt — so direkt gewiß nicht mehr die Rede sein.«

Es scheint, als ob in diesen Sätzen die reaktionäre Interpretation der »sozialen Voraussetzungen« und ihrer Veränderung unmittelbar zusammenhängen mit einem grundlegenden Mißverständnis dessen, was an dem auf dem Theater Gezeigten »aktuell« zu sein habe. Ästhetisch reaktionär ist daran die Zumutung, auf dem Theater müßten zumindest die sozialen Verhältnisse mit jenen, die der Rezensent um sich herum erlebt oder durchschaut, komparabel sein. Wäre es an dem, müßte sich niemand um einen anspruchsvolleren Begriff von geschichtlicher Erfahrung, als er zur Zeit dem Theater abverlangt wird, bemühen. Was aber ist tatsächlich komparabel zwischen Theater und tagtäglichem Leben? Kaum die demonstrierten Sachverhalte, wohl eher deren Ideologien, welche diese nachweislich überdauern.

Das Elend der »Privatperson«

Das Stück der Fleißer erzählt knapp skizzierte Passagen aus der Entfremdungsgeschichte des bürgerlichen Individuums, führt die einfachen emotionalen und mentalen Verkümmerungen, Verstörungen von kleinen Leuten vor, deren privates Glücksbedürfnis inmitten eines in repressiven Beziehungen geregelten gesellschaftlichen Umgangs nur mehr als verschwommene, kitschige Innerlichkeit sich auszudrücken weiß — eine Erfahrung, offenbar eng verbunden mit dem Verfall der Weimarer Republik, die, wenig später, 1931 in Horváths *Kasimir und Karoline*, sich derart verschärft, daß Weltwirtschaftskrise und emotionale Verelendung der »Privatperson« in einen vollends ursächlichen Zusammenhang zu treten scheinen. Hier ist Entfremdung noch weiter ins Innere der Figuren vorgedrungen: in deren Bewußtsein, deren Sprachen, in welcher sie, je inständiger sie über ihr Intimstes Auskunft zu geben versuchen, um so mehr sich einer offiziellen, einer »öffentlichen« Redeweise bedienen, stets von dem schizophrenen Bedürfnis durchdrungen, sich als geschichtlich bestimmte Individuen zu formulieren, wobei Geschichte und Natur zu einem, dem »Eigentlichen« verschmelzen.
In den *Pionieren* erkennt man Vorstufen dieser mentalen Entfremdung. Ihre Grundlage liefert die Materialisierung von erotischen Beziehungen, die sich, als Prostitution, in das Tauschgeschäft zwischen Kleinstadt und Pioniertrupp günstig einschalten läßt: »Die Stadt liefert das Holz, und bauen tun sie (die Brücke) die Pioniere. Dafür muß die Stadt nicht zahlen.«
Doch das Mädchen Berta, geschunden von ihrem Dienstherrn, seinen erpresserischen Anträgen ausgesetzt, ist die Leidtragende der selbständigen Erwerbstätigkeit ihrer Kameradinnen, die den rücksichtslosen Sitten-Kodex der Soldaten aufrechterhalten, indem sie den ihren, den Ehren-Kodex der Bürgertöchter, niederbrechen — Berta erträumt sich die wahre Soldatenliebe und von dieser, daß sie sie zumindestens im Innersten gegen die miesen Verhältnisse stark machen. Doch ihr Korl läßt sich nicht »ansingen«, er weist sie barsch ein in den einzigen für den Soldaten akzeptablen Umgang mit kleinen Mädchen: einmal kräftig hinters Gebüsch, geschwind noch ein Erinnerungsfoto und Abmarsch dann der Pioniere. Die Fleißer hat das Milieu ihres Stücks sehr einfach, sehr lapidar soziologisiert, zeigt eine gelassene Verkettung von Geschäften, Bedürfnis-

sen, Rivalitäten und Aggressionen, und zwar derart, daß eine jede Handlung im Stück eine für das keineswegs harmonische Bündnis der beiden Gruppen, der Zivilbevölkerung und der Pioniere, sozial BEDEUTENDE und folgenhafte Handlung wird: die von ihren Mädchen im Stich gelassenen jungen Männer der Stadt klaun den Pionieren vom Holz, die Pioniere werden daraufhin vom Feldwebel schikaniert, die Pioniere drangsalieren darufhin einen Zivilisten und rühren keinen Finger, als ihr Feldwebel bei einem Bootsmanöver absäuft.

Deutlich erkennbar wird dabei die Autorin als einflußreiches Vorbild einiger Fassbinder-Stücke, in denen — ebenfalls im Gegensatz zur analytischen Methode, die auf den Nachweis von Motiven und Ursachen sich konzentriert — eine Dramaturgie der sich verselbständigenden FOLGEN einige Grundwidersprüche der kapitalistischen Gesellschaftsordnung geduldig expliziert; und nicht von ungefähr erinnert die Rudolphsche Inszenierung vor allem in ihrem einförmigen Zeitduktus, der monotonen, von Pausen, von gar nichts unterbrochenen Reihung lakonischer, banal-sentenziöser Sätze an den Aufführungsstil des antiteaters.

Der kargen, einsilbig-parataktischen Sprechweise entspricht bei Rudolph eine äußerste Minimalisierung der Bewegungen, der Schwerfälligkeit der Überlegungen eine künstlich hergerichtete »Ausdrucksarmut« und Stereotypie der Haltungen und Mienen. In diesem ökonomischen Konzept, in dem nur unbedingt notwendige Personen, also niemals »Volk«, Statisten, klare, bildhafte Arrangements eingehen, wird man gezwungen, von Kleinigkeiten so Notiz zu nehmen, als handle es sich um Symptome: wie ein Pionier Radfahr-Kunststücke vorführt, wie ein Pionier sein Brot vom Messer ißt, wie die Pioniere die Riegen wieder ausrichten, wenn der fette Feldwebel sich durchgezwängt hat. Es gibt in der Aufführung einige sehr komische Stellen, die eigentlich auf sehr billige Weise witzig sind und doch von dem geruhsamen, ungerührten Zeitmaß des Geschehens, das sie hervorbringt, wieder kontrolliert werden.

Die Gefahr der Aufführung ist ihre zuweilen erkünstelte, ironisierte Naivität, eine Gefahr, die aufzieht schon mit der an sich schönen, weiten, leeren und meist grell ausgestrahlten Bühne (Karl Kneidl), die ringsum mit weißer Tuchbespannung ausgehängt ist, deren Boden, mit einem von grün zu gelb changierenden Belag überzogen, in

der Mitte leicht zu einem Uferwall anhebt, die schließlich mit einer einzigen, bauschigen Cirrus-Wolke am Himmel eine überflüssige, verspielte Pointe in ihr schmuckloses Panorama setzt.
Der Vorzug jedoch dieser Inszenierung liegt in ihrer sinnlichen Strenge (zuweilen, infolge der Teilnahmslosigkeit einiger Schauspieler: Sterilität), einem erneuerten Versuch, mit der sparsamen Geste mehr zu bedeuten als mit der realistisch ausgefertigten Darstellungsweise, den Stil der Reduktion selbst zu etwas sozial und ideologisch BEDEUTENDEM zu machen, wobei das BEDEUTETE in den rudimentären sozialen Ereignissen des Stücks sowohl wie auch darin zu finden ist, daß diese einfachen Zeichen ihrer Struktur nach dem sich artikulierenden Bewußtsein der Figuren entsprechen, d.h. daß die Schauspieler nicht mehr Zeichen vermitteln, als es die Ideologie der dargestellten Figuren erlaubt.

Eine realistische Mystifikation

Man muß die versteinerten Verhältnisse dadurch zum Tanzen zwingen, daß man ihnen die eigene Melodie vorsingt: welchen Schrecken müßte, wenn dieser Marx-Satz auch als Motto fürs Theatermachen zu gebrauchen wäre, den Verhältnissen der bürgerliche Totentanz um Triebarbeit und Kapital, zu dem Canettis *Hochzeit* aufspielt, einjagen! Doch die wirklich entsetzliche Selbsterkenntnis ist mit dem Mythos vergangen, hat keine Spuren hinterlassen in der bürgerlichen Kunst. Dort sind die eigenen Melodien den Verhältnissen die liebsten.
Karl Paryla hatte mit seiner Kölner Inszenierung dem bürgerlichen Publikum diesen Horror der Identifikation vielleicht bescheren wollen, diese folgte statt dessen mit Enthusiasmus dem großangelegten, spektakulären Finale, dem apokalyptischen Desaster, das der Regisseur, selbst spürbar davon enthusiasmiert, veranstalten ließ, nichts an Chaos, einstürzenden Gemäuern, zerberstenden Balken, Schutt und Rauch und kreischender Panik auslassend, was die Bühnen-Technik imstande war hervorzubringen.
Die tatsächlichen Ansprüche des Stücks sind nun freilich nicht mit der bühnentechnischen Bewältigung seines düsteren Finales (dem mysteriös herbeigeführten Einsturz eines Mietshauses) befriedigt. Vorangehen der *Hochzeit*, der großen Simultan-Szene in der herr-

schaftlichen Wohnung des Oberbaurats Segenreich, wo eine in Korruption und sexueller Libertinage einander verfallene Honoratioren-Gesellschaft die Vermählung der Tochter feiert, fünf knappe Bilder aus den Etagenwohnungen der übrigen Mietsparteien. Das Leben dieser Leute (auf verschiedenem sozialen Niveau) ist, selbst noch in den verwandtschaftlichen, den Liebesbeziehungen, vollständig auf die Existenz dieses Hauses ausgerichtet und von der Gier ergriffen, es in Besitz zu nehmen. Diese Figuren sind nicht satirisch zu zeigen, sondern realistisch (d.h. BEOBACHTBAR) im Grade ihrer Entstellung und ihrer Obsessionen, als fortgeschrittene Repräsentanten jener Entfremdungsgeschichte. Ihr Innenleben erleidet nicht mehr die Schizophrenien der Horváth-Figuren, es ist vollkommen identisch geworden mit ihrem Kapitalinteresse und wird ausschließlich bewegt von dessen hervorstechendsten Leidenschaften: Haß, Gier, Brutalität und Zynismus.
Sowie das Stück, welches sich in seinem Verlaufe stilistisch verändert, von der realistischen Kurzszene bis zur moralisierenden Allegorie, zunehmend eindeutigere Zeichen setzt, so sind von Anfang an die Figuren aus zweierlei gemacht: aus BEDEUTENDEN, beobachtbaren Verhaltensweisen und einem BEDEUTETEN, festgelegten Programm zugleich. Die Form der Antizipation in der Struktur des Stücks – die Vorwegnahme, ständig präsente Ahnung des Untergangs (schon die Großmutter hört bereits in der ersten Szene einen fernen Donner, der später den Zusammensturz des Hauses begleitet, der Hausmeister liest seiner sterbenden Frau gerade jene Bibelstelle vor, an der Simson über den Pharisäern den Tempel zum Einsturz bringt) – spiegelt sich sowohl im Verhalten der Personen des Stücks, insofern sie nicht nur sie selbst, realistische Gegenwart, sind, sondern zugleich immer schon eine gesellschaftliche Konzeption ihrer bevorstehenden Vernichtung, wie auch in der Ideologie des Stücks, welche auf kaum unterscheidbare Weise von geschichtlich antizipierender Fantasie und mystischer Eschatologie durchdrungen zu sein scheint. Geschichtlich von Interesse wird für die Regisseure eines solchen Stücks ganz gewiß in erster Linie das sein, was es wahrzusagen scheint, statt das, was es WIRKLICH sagt. Doch verdirbt man das Stück ganz, wenn man es als Orakel feilbietet; weder ist im Bild des einstürzenden Wiener Mietshauses der Zusammenbruch des Hitler-Deutschland vorausgesehen, noch verfügt das Stück über die ausreichenden analytischen Grundlagen, um in die-

sem Bild die (Selbst-)Liquidierung des Bürgertums überzeugender denn als pure Mystifikation herbeizuführen.

Statt dessen würde das Stück tatsächlich eine genauere geschichtliche Erfahrung vermitteln, sobald diese Mystifikation um ihr BEDEUTETES Teil gebracht würde und als solche, gleichsam als ein realistisches Produkt der Angst-Neurosen des Besitz-Bürgertums erkennbar würde. Diese Angst befreit sich in der Vernichtung des Besitzes und schließlich in der destruktiven Lust am eigenen Untergang. Das, was im Stück wie ein Gottesgericht heraufbeschworen wird, ereignet sich in Wahrheit als Projektion und als »Todessehnsucht« derer, denen tatsächlich aber ein sehr viel beschwerlicherer Niedergang beschieden ist.

Paryla hat in seiner Inszenierung auf die ersten fünf Bilder so gut wie keine Sorgfalt verwendet; sie hasten, kaum recht verständlich, hinter einer Gaze (auf der eine Projektion des Mietshauses von Stockwerk zu Stockwerk wandert) auch nur schummerig erkennbar, als Präludium voran, retardiert ab und an von Einblendungen auf die bereits tafelnde Gesellschaft im obersten Stockwerk, dies wohl um die Simultaneität ungleicher Verhältnisse hervorzuheben. Werden diese kurzen Szenen nicht beobachtbar und ausführlich genug gespielt, so wird das Stück um ein formales Stadium verarmt, in dessen Entfaltung erst das Beobachten überführt wird ins Deuten und allegorische Erkennen.

Die eigentliche Krux einer *Hochzeit*-Aufführung bildet natürlich die Gruppen-Totale im Hauptstück – wie soll man fünfzehn Leute sich gleichzeitig auf der Bühne verhalten lassen, wenn in dieser Totale meist jeweils nur zwei oder drei in ein Gespräch oder einen Zwischenfall verwickelt sind, jedoch die Dialoge und Begegnungen sprunghaft in der Gruppe umgehen? Paryla behalf sich mit einer Bizarrerie – er ließ die Unbeteiligten in einer Pose erstarren. Irgendwann bei der Probenarbeit muß dem alten Kommunisten Paryla das ganze dekadente Gesindel dieses Stücks auf die Nerven gegangen sein, und dann hat er drei Arbeiter hinzuerfunden, die er mehrmals unvermittelt auf der Bühne aufkreuzen, ein überflüssiges Möbel herbeitragen oder wegräumen läßt, und die guter Dinge von der »flammenden Fahne«, also ein schönes Arbeiterlied singen... damit kein Zweifel verbleibe, auf wen nach überstandener Bürgerdämmerung zu rechnen ist.

Probleme des Anachronismus

Die Inszenierung eines älteren Stücks, die dessen geschichtliche Bedeutung nur zu restaurieren versucht, verfälscht es unweigerlich. Der Russe Nikolaj Erdman, 1902 geboren, befreundet mit Majakowskij und Meyerhold, von Gorkij als »neuer Gogol« gerühmt, schrieb seine »satirische Komödie« *Der Selbstmörder* 1928, zehn Jahre nach der Oktoberrevolution. Von allen vier hier behandelten Stücken ist dieses der Zeit, in der es entstand, den sozialen und ökonomischen Zuständen, die es schildert, am konkretesten verbunden. Die Neue Ökonomische Politik Lenins, die den nicht mehr praktikablen Kriegskommunismus vorübergehend in eine Mischform aus konkurrierenden privaten und sozialisierten Wirtschaftszweigen zu überführen versuchte, bildet den unmittelbaren zeithistorischen Hintergrund der Handlung. Als das Stück geschrieben wurde, war Lenin bereits vier Jahre tot, Stalin hatte mit seinem ersten Fünfjahresplan begonnen, die Landwirtschaft zu kollektivieren. Da ist es nicht verwunderlich, daß dem Zentralen Spielplankomitee Erdmans Komödie nicht nur wenig opportun, sondern auch mit ziemlich abgelebten Problemen beschäftigt zu sein schien — die Aufführung, die Meyerhold bis zur Generalprobe vorbereitet hatte, wurde verboten (die Uraufführung fand erst im vergangenen Jahr in Göteborg statt).
Die allgemeine Depression, die der Eindruck einer nicht vollendeten und nicht voranschreitenden Revolution samt der restaurativen Entwicklungen während der NEP verursachte, verkörpert am sinnfälligsten die »Wiederauferstehung«, der lebendige Anachronismus des Kleinbürgertums, der Erdmans arbeitsloser Held Semjon Podsjekalnikow entstammt, ein Prototyp derer, die »während des ganzen Oktobers das Haus nicht verlassen haben« und nun, sozial und ideologisch außer Funktion und Fasson geraten, an ihren Überlebenschancen irre werden und obendrein den verwirrenden Einflüssen all jener übriggebliebenen »Solisten der Revolution« (Gorkij), den antimarxistischen Kräften des Landes, den Narodniki, der Intelligentsia, dem Popentum und den Volksdichtern ausgeliefert sind, weil sie vom offiziellen Sozialismus nichts zu erwarten haben. Diesem Kleinbürgertum bliebe, um mit der Logik der Geschichte ins Reine zu kommen, wahrhaftig nur der Selbstmord.

Wie das Haus in Canettis *Hochzeit* ist in Erdmans Stück der Selbstmord Paradigma einer geschichtlichen Erfahrung. Semjons durch Mißverständnisse und Zufälligkeiten ihm soufflierte Idee, sich umzubringen, wird allmählich zu einer Konzeption des Selbstmords mit Ziel und Zweck, der den Suizid einer ganzen Klasse repräsentierte, ja buchstäblich in Form einer Selbstmord-Epidemie auch zur Folge hätte: am Schluß des Stücks ist von einem die Rede, der sich bereits aufgrund der Erzählung von Semjons Tat umgebracht habe. Nur: Semjon hat sich gar nicht umgebracht — kurz bevor sie den sich tot stellenden Kleinbürger begraben, lüpft er den Sargdeckel, ist er bereits »wiederauferstanden«.
Dieser Komödienschluß darf nicht als Modell etwa vom Kleinbürger als ewigem Stehaufmännchen der Geschichte mißverstanden werden, er scheint, im Gegenteil, als Aufforderung gemeint, diese Klasse, die ideologisch und wirtschaftlich zu verelenden drohte, in den revolutionären Sozialismus aufzulösen.
Da die Züricher Aufführung eine eher indifferente geschichtliche Haltung gegenüber dem *Selbstmörder* einnahm, mußte der Autor unversehens als Konterrevolutionär erscheinen; es ist merkwürdig: spielt man das Stück selbstgenügsam als Komödie und reflektiert nicht die Diachronie, die geschichtliche Konfrontation zwischen der ehemaligen Bedeutung des Stücks und der jetzt gezeigten Bedeutungen der Handlungen, so wird die Satire unwillkürlich verallgemeinert auf das ganze »System«, wird zum reaktionären Antisowjet-Stück.
Der Regisseur Max Peter Ammann und der Hauptdarsteller Norbert Kappen hätten dieser Gefahr begegnen können, indem sie das gesamte Milieu, die Launen des Semjon, die ganze Serie der Bittsteller, denen der Kandidat seinen Selbstmord »vermachen« soll, tatsächlich als ANACHRONISTISCH gezeigt hätten, und sodann erläutert hätten, daß Semjons komische Verzweiflung (wovon bei Kappen nur ein diffus quengelnder Mißmut bleibt) herrührt von dem Bewußtsein seiner historischen Überfälligkeit.

Das Selbstbewußtsein eines Genres

Wie Becketts Film *Film* heißt und Handkes Hörspiel *Hörspiel*, so heißt Gombrowicz' Operette *Operette*. Diese Titel weisen darauf hin, daß in ihren Werken subjektive Eigenschaften eines Mediums, eines Genres anstelle irgendwelcher »fremder«, vermittelter Formen, hervorgehoben werden. Es ist dann, als würden Formen, Genres, Medien zu ihrem Selbstbewußtsein gebracht, also auf einen Punkt, wo ihre Geschichte und ihre Struktur identisch sind. Der Inhalt von Becketts *Film* ist ein grundlegendes Verfahren des Filmens: Verfolgen und Beobachtetwerden; der Inhalt von Gombrowicz's *Operette* ist eine grundlegende Eigenschaft des Genres Operette: die Sklerose der Formen — »der monumentale Operetten-Idiotismus, Hand in Hand gehend mit einem monumentalen Geschichts-Pathos«. Wenn man das Stück gelesen hat, so ist man verblüfft über die Pariser Inszenierung von Jacques Rosner im TNP, verblüfft über die Einfalt und Perfidie, mit der das Stück fast spurlos in die Schablonen und Posen des Genres überführt wurde, und zwar in dessen denkbar manierlichstes und diszipliniertes Erscheinungsbild, das von Outragen, Anbiederungen und grobem Ulk noch nicht zersetzt wurde. Der erste Akt spielt (»vor dem ersten Weltkrieg, etwa um 1910«) auf dem Kirchplatz einer kleinen Stadt, dessen adretten Kitsch das Bühnenbild (von Max Schöndorff) aus Ansichten einer alten deutschen Stadt mit Giebelhäusern und mittelalterlichen Fassaden zusammensetzte.

Dann tritt auf der Graf Charme, wird sogleich umringt und komplimentiert von den »Herrschaften«, den Aristokraten und der Bourgeoisie, und sieht haargenau so aus wie Daniel Danielowitsch aus der *Lustigen Witwe*: Man merkt schon, Rosner hat das Stück nicht WIE eine Operette, sondern ALS Operette inszeniert. Die Couplets sind eingängig und schmalzig, fast ohne persiflierende Dissonanzen, doch zitieren sie nicht bekannte Melodien, sondern kopieren sie nur als ungefähre Reminiszenz. Die Gruppierungen und Arrangements fallen wie die Posen der Akteure, die ihnen ebenso angepaßt zu sein scheinen wie ihre Kleider, formvollendet und stupide aus und selbst die grotesken Desillisuionismen: der sich ständig von seinem Lakaien kratzen lassende Charme, der marxistische Professor, der vor jedem Satz einen »Kotz, Kotz, Kotz«-Brechreiz bekommt, die infantilen Sprachverballhornungen, die Gombrowicz vorschreibt — selbst die bleiben bei Rosner aparte Drolerien und bringen die stilistische Etikette nicht durcheinander. Diese Vereinheitlichung beschließt sogar die Hauptfigur, das kleine traumhaft schöne Albertinchen mit ein, die (wie früher die Yvonne) eigentlich das Gegenprinzip zur

Hof- und Operetten-Welt, einen magischen und zerstörerischen Mythos des nicht gesellschaftsfähigen verkörpert. Kurz, Rosner unterschlägt in der geschlossenen Form seiner Inszenierung bewußt und sicher mit einiger Berechtigung den anschaulichen Vorgang der Formzerstörung und der Travestie, welche das Thema und die Handlung des Stückes reflektieren. Dort bricht, im Zweiten Akt, im Vestibül des Schlosses Himalaya, unversehens während einer Modenschau die Revolution aus, angeführt von Herrn Hufnagel, einem ehemaligen Lakaien, der nun seine Gefährten agitiert, und instruiert vom kotzsüchtigen Professor des Marxismus. Dabei wird Albertinchen, die von Charme aufs Schloß entführt wurde, von eben jenen »Spitzbuben« gestohlen, von denen einer zuvor dem Grafen, auf dem Umweg eines Medaillon-Diebstahls, die Bekanntschaft mit dem Mädchen vermittelte, wobei er ihren Körper, während sie schlief, offenbar so erotisierend berührte, daß Albertinchen fortan von einer furchtbaren Sehnsucht nach vollkommener Nacktheit ergriffen wird: »Die Gegenüberstellung Kleidung—Nacktheit, das ist der grundsätzliche Leitfaden von Operette«, schreibt der Autor in seinem Vorwort. Über den herrschenden Klassen Aristokratie und Bourgeoisie thront der Meister Flor, der Couturier, er ist der uneingeschränkte »Diktator« dieser Gesellschaft. »Die Mode ist die Geschichte«, verkündet er (als habe er gerade Roland Barthes *Système de la Mode* gelesen), fügt aber sogleich besorgt hinzu, daß er ab nun nicht mehr wisse, was er für die Zukunft kreieren solle. Die Hufnagel-Revolution hat nur die Travestie der Kleidung erbracht: Der Pfarrer läuft als Frau herum, die Prinzessin als Tisch und der Prinz als Lampe. Die einzig wahre Erlösung aber heißt: Albertinchen; an ihrem Sarg schwört die Gesellschaft, der Mode-Diktator wie der Rebell, feierlich der menschlichen Bekleidung ab — und da öffnet sich der Sarg, und Albertinchen, im Glanze völliger Nacktheit (bei Rosner aber immer noch mit der züchtigen Pose der Reglosigkeit bekleidet), präsentiert sich als Idol »ewiger Jugend«.

Die Zeichensetzung in der Handlung der *Operette* ist auf eine dem Genre angemessenen Weise banal und albern, niemand wird ernsthaft die einzelnen Vorgänge und Metaphern für etwas in sich erschöpfend BEDEUTENDES halten. Tatsächlich bekommt die Handlung nur einen Sinn aufgrund zweier aufeinander eingerichteter Bedeutungskomplexe. Zunächst einmal ist die *Operette* selbst ein Kleidungsstück des Witold Gombrowicz, eine Camouflage seiner Ideologie, welche die, sagen wir, eines »mythischen Konservatismus« ist. »Meine Politik ist die Schmähung der Formen — ganz gleich, ob von rechts oder von links her«: die Formzerstörung (Abschaffung der Mode, Mode-Geschichte) versteht sich nicht etwa als gesellschaftlicher Befreiungsprozeß, im Gegenteil, gerade dessen Vergeblichkeit gegenüber der Liquidierung aller Geschichte will sie beweisen, dessen Gebundenheit an eine invariante, allgegenwärtige und geschichtslose Zeit, Natur-Zeit oder auch »nackte« Zeit. Zum zweiten Bedeutungskomplex: die Operette ist ein abgelebtes, nicht mehr produktives Genre; daß es gleichwohl im Theaterbereich das populärste ist, hängt, wie bekannt, gerade mit seiner Derivat-Form zusammen (die vorgespielten Melodien erklingen von vornherein als Wiedererkennungsmelodien, die vorgeführten Geschichten sind geschichtslos). Die lebendige Ideologie der toten Operette ist strukturell mit der lebendigen Ideologie der nackten, geschichtslosen Zeit identisch. Beide leugnen die geschichtlichen Bedeutungen ästhetischer Formen. Daß aber eine jede ästhetische Form eine gesellschaftliche Geschichte hat, kann man um so eher an der Operette und der *Operette* studieren, als sie das strikte Gegenteil davon behaupten.

1970

Komödie aus Todesangst

Thomas Bernhards »Fest für Boris« in Hamburg

Als ich vom Hamburger Flughafen ins Stadtinnere fuhr, mußte ich über eine triviale Pointe lachen. Auf einem Straßenschild stand: »Zum Friedhof Ohlsdorf.« Ohlsdorf liegt aber auch in Oberösterreich, dort wohnt Thomas Bernhard, der in diesem Jahr mit dem Georg-Büchner-Preis ausgezeichnet wurde und von dem es in den Rezensionen beständig heißt, er sei als Schriftsteller vom Thema »Tod und Zerstörung« besessen. Der sinnlos-übersinnliche Hinweis am Straßenrand schien auch zugleich eine kleine Parodie über den Zusammenhang zu geben, den er zufällig andeutet; und es war, als sei die trickhafte Ironie dieser Zeichen-Kombination ihrem makaberen Hintersinn überlegen, so wie die Erzählform in den Büchern Bernhards, diese kunstvoll konservativen und vornehmen Satzbauten nur zu einer schrecklichen Erheiterung über ihren extremen, furchterregenden Gegenstand verführen — der aber dennoch gerade in einer traditionellen Schreibweise am natürlichsten behandelt wird, insofern das Traditionelle selbst ein wichtiges Unglück für die in ihren gesellschaftlichen und geschichtlichen Erfahrungen verstörten Einzelwesen darstellt, deren Bewußtsein in Bernhards Romanen erzählt wird oder sich erzählt.

Diese Bücher handeln genau so wenig vom Tod wie Stifters Bücher von der Natur handeln. Sie dokumentieren vielmehr eine bestimmte BETRACHTUNGSWEISE, eine schmerzhafte MENTALE DISPOSITION, in der, wie etwa bei Novalis und den frühen Romantikern auch, dem Vor-Empfinden von Irrsinn und Krankheit eine Sensibilisierung der Wahrnehmung oder eine erkenntniskritische Methode abgewonnen wurde. Verkrüppelung, Schizophrenie, langausgehaltenes Sterben — diese Zustände bilden eine cartesianische Herausforderung: das Denken versichert sich gerade der reduzierten, entschwindenden Existenz in den vollendetsten Halluzinationen, in den scharfsinnigsten Theorien über die Beendigung des allgemeinen Elends.

Widerstand gegen das Theater

Es scheint, als werde auf dem Theater, in dem Moment, da *Ein Fest für Boris*, Bernhards erstes Theaterstück, aufgeführt wird, die sinnliche Aufregung, die dieses Denken in der Prosa bereitet, von der ungleich rabiater, prompter wirkenden Sinnlichkeit der Szene unterdrückt: von der unmittelbaren Präsenz der Sprechakte und der spontanen Körperbewegungen, von der plötzlichen Anschaubarkeit eines Milieus, das zuvor nur inwendig bzw. syntaktisch in der Sprache existierte und das nun seine realistische Unwirklichkeit – denn als Realität ist das wahnhafte Denken und fiebrige Erkennen ja zu verstehen – im kurios-abnormen Ritual eines Schau-Spiels von Krüppeln und Kretins einzubüßen oder ins doppelt Bedeutungsvolle zu übertreiben droht.

Bernhard aber verfaßt sein Theaterstück bewußt gegen die Zerstörung seiner Fantasie, die ihm das Theater abverlangen möchte: er outriert und verunsichert zugleich das Präsens des Sprechaktes, wenn er über gut die Hälfte seines Stückes mit einem gewaltigen Monolog seiner Hauptfigur, der eine einzige, unaufhörlich kreisende Repetition von Erinnerungen und Bruchstücken aus früheren Sprechakten entfesselt, gegen die aktuelle, einförmige Bühnenzeit sich zur Wehr setzt. Und er befreit sich gleichzeitig weitgehend von dem Zwang zu theaterhaftem Körperausdruck und dramatischen Gängen, indem er beinlose, auf Rollstühle geschnallte Krüppel zu seinen Protagonisten macht. Auf dem Hintergrund solch einschneidender Reduktionen wird dann während des Monologs der Guten, einer Dame offensichtlich aus gehobeneren Kreisen, die sich eine Vorleserin und Haushälterin, die Johanna, leisten kann und einen bereits schwachsinnig gewordenen Krüppel, den Boris, aus dem Asyl an Mannes Statt aufgenommen hat, die Anprobe von Handschuhen und Hüten im ersten »Vorspiel« zu einem Bewegungsexzeß, wird das übermütige Herumfahren (nach dem »Maskenball«, zweites Vorspiel), das sie sich von der nahezu stummen, doch an Gliedern gesunden Johanna besorgen läßt, zum Freiheitstaumel. Ein anderes, gewöhnliches Gebot guter Theaterstücke nimmt Bernhard auf, um es schließlich aufs bitterste zu verhöhnen: es sind die sogenannten »menschlichen Beziehungen«, die sich hier zwischen den eigentlich monomanisch in ihrer Krankheit inhaftierten, sozial ausgegliederten Einzelwesen herstellen, ein von Haß und Fürsorge, Anklage und

Sehnsucht erzitterndes Mit- und Gegeneinander. Doch angesichts der übergeordneten Aussichtslosigkeit und gesellschaftlichen Isolation, in der sich diese Versammlung von Beinlosen und Debilen befindet, wird jede reformistische Anstrengung — der caritative Enthusiasmus der Guten ebenso wie die gerechte Empörung der Krüppel, die nach längeren Betten für ihre Rümpfe verlangen und den Anstaltsdirektor absetzen wollen — in ihrer hilflosen Schlichtheit offenbar. Die normale, gesellschaftsfähige Vernunft, nachgeahmt von einer Schar verzweifelter Idioten, geht aus diesem Spiel nicht unbeschädigt hervor: sie bricht, wie die Gute am Schluß über dem Boris, in grelles, irrwitziges Gelächter aus. »Vorliebe für die Komödie: Todesangst« heißt es in Bernhards Erzählung *Ungenach. Ein Fest für Boris* ist eher eine grimmige Farce, deren schmerzliche Komik den hilflos grotesken Befreiungsversuchen entspringt, welche die Figuren unternehmen, um der mörderischen Klausur, der Inwendigkeit des Denkens zu entkommen, um »gesellschaftliche Realität« teils zu bleiben, teils neu zu erwerben, zu erspielen.

Virtuosität und Stille

Einer etwas unbefangeneren Komik, deren Grundmotiv auf keinen Fall Todesangst gewesen sein kann, bediente sich Claus Peymanns Inszenierung im Deutschen Schauspielhaus, die zwar dem komplizierten Stück einen erstaunlichen Publikumserfolg einbrachte, jedoch kaum etwas noch vom brüskierenden Widerstand, vom insgeheimen Haß verspüren ließ, welches dieses Stück dem üblichen, dem »Theater-Theater« (wie es in einer anderen Erzählung heißt) entbietet. Das beginnt mit der glimpflichen Theatralisierung der spröden, monotonen Eingangsmonologe, welche Judith Holzmeister mit einer auf weite Strecken leider ziemlich gedankenlosen Virtuosität, dafür aber mit vielerlei rhetorischen und psychologisierenden Affektiertheiten vortrug, so daß man dahinter eine (wenn auch nur tautologischen) Interpretation dieser Rolle vermuten mochte: der ältere Burgtheater-Star spielt eine verwöhnte, egozentrische und herrische Diva, die ihre klassenbewußte Souveränität inmitten einer gleichsam demokratisch egalisierten Gemeinschaft der allgemeinen Beinlosigkeit zu bewahren trachtet.

Diese Gute ist »innig verhaßt in eine andere Person«, in die Johanna nämlich, welche noch über beide Beine und somit über ein unduldbares Privileg verfügt. Angela Schmid, für die Moidele Bickel ein altmodisch-schönes, olivgrünes Kleid entworfen hatte, mit eckig angehobenen Schulterteilen und traurigen Stufenvolants, steht mit einem undurchdringlichen, gefaßten Ausdruck von Ängstlichkeit und stiller Renitenz ihrer Herrin zur Seite. Nur einmal zum Schluß, als sie den toten Boris gewahr wird, fährt sie in einem solch jähen Schrei auf, daß das Ende auch ihrer Existenz eingetreten sein könnte. Den Boris, der, bevor er noch auf der Bühne erscheint, als amorpher Menschenrest mit weißgeschminktem Gesicht, struweligem Haar, in sehnsüchtig-klagenden »Johanna«-Rufen nach seiner Pflegerin verlangt, ihn hat die Gute, die ihn tyrannisiert, vielleicht nur aus dem Asyl zu sich genommen, um das aggressiv-erotische Klima zwischen ihr und der Johanna lüstern zu strapazieren. Wolf R. Redl wacht über diesen Boris, den er spielt, den störrischen Kretin mit knapp akzentuierten Reaktionsweisen des für Augenblicke noch erhellten Verstands, des trotzigen Widerstands und schließlich der dumpfen Zerstörungswut, wenn er sich auf seiner Geburtstagstrommel die Seele aus dem Leib klöppelt.

Was Peymanns Inszenierung vom Stück enthält und was sie davon uns vorenthält, gibt sich eindrucksvoll und schließlich doch unbefriedigend im Schlußbild, dem eigentlichen Fest für Boris, zu erkennen. Ins herrschaftliche, doch völlig öde und leergeräumte, in unwirtliche Helle getauchte Zimmer (Bühne Karl-Ernst Herrmann) bricht nun, in ganz unerwarteter sinnlicher Pracht, das Geburtstagsbankett für Boris und seine Asyl-Freunde herein. Peymann hat die dramatische wie die bildhafte Komposition des Finales in seinen einzelnen Sequenzen exakt bemessen; die phantastischen Traumerzählungen der Krüppel, während sie Topfkuchen mampfen und Rotwein in ihre roten aufgedunsenen Gesichter stürzen; die aus einzelnen Protesten zu chorischen Kampfrufen sich entfachende Revolte; Boris' Trommel-Orgie zum Schluß – das folgt alles deutlich phrasiert aufeinander, enthält neben allerlei skurrilen Details auch die nötigen Fermaten des Erschreckens, der Beklommenheit, ja sogar einer apokalyptisch rumorenden Gefahr. Und doch bleibt zum Ende der Eindruck eines etwas steif-präparierten, nur harmlos komischen und leider in nichts UNWAHRSCHEINLICHEN Theater-Bildes.

1970

Über Rührung und Emphase

Was die Vierte Experimenta wirklich wert war

Jemand wird plötzlich zufrieden und trifft die Feststellung: »Man muß wieder auf die einfachen Geschichten, die kompletten Dramaturgien und die ergreifenden Handlungen zurückkommen.« Und es geschieht, daß dieser programmatische Ausspruch besonders aufdringlich und betrügerisch wirkt.

Ein selbstverständliches sinnliches Erlebnis, das jeder gerne haben möchte; und die Inkompetenz der ästhetischen Kritik, es summarisch auszuwerten und zu reflektieren: weil doch ein solches Erlebnis nun gerade als Ort der Erholung von einer überreizten und entkräfteten Reflektionsweise ersehnt und projiziert wird...

Wenn in der Kunstproduktion der letzten Zeit — ausgehend von Bewegungen in der amerikanischen Bildnerei und Musik — Momente der Restitution oder der Erinnerungssucht einen seriösen Ausdruck gefunden haben, so war darin immer etwas Zwanghaftes, etwas Notgedrungenes enthalten: Nostalgie, eine Erlebniskrankheit, die angibt, welch unerträglichen Spannungen jemand entkommen muß, um nicht zum Idioten zu werden.

Es sind natürlich nur die Hypothesen der Wiederherstellung, die Projektionen von Erinnerung und Einfachheit für die ästhetische Arbeit von Interesse; der tatsächlich vollzogene Rückschritt, die tatsächlich erreichte Wiederherstellung bedeuten nichts.

Es ist das Bewußtsein, daß man eine Zeit lang WIDER BESSERES WISSEN denken und empfinden muß, um sich zu entspannen, um produktiv zu sein.

Es wird etwas versuchsweise simuliert, und die Vortäuschung erweist sich als in sich plausibel und wahrhaftig. Von Fassbinders fünfaktigem Melodram über das unglückliche Liebesleben der Modeschöpferin Petra von Kant wird man stark gerührt, obwohl — oder: gerade weil das Stück eine sehr künstliche Nachempfindung einer echten Kitsch-Geschichte ist. Jedoch die Kraft von Sentimentalität und Jammer ist ungebrochen und orginal, genauso wirksam wie in einem Lore-Roman. Das Verfahren ist nicht mehr das »kritische«

Zitieren, sondern das komplette Imitieren, einschließlich der Gefühlsreaktionen, die so eine Geschichte auslöst. Zuerst erlebt man etwas ganz vertrauensselig mit, und später muß man plötzlich sehen, wie man damit fertig wird. Das ist nicht einfach, weil meistens die Scham, daß man sich von ganz gewöhnlichen und routinierten Effekten hat rühren lassen, zu unbeherrschten Urteilen verleitet.

Es zeigt sich, daß der richtige pathetische Augenblick auf dem Theater alle literarischen Wertunterschiede absorbiert und seine eigene ästhetische Seriosität besitzt. Wenn nur die leibhaftige Theaterdarstellung seriös genug ist, so wird es für den wahrhaft Mitleidenden gleichgültig, ob Maria Stuart oder diese kleine Modezicke jammert.

Schwestern der Revolution heißt einer dieser unglaublich wirklichkeitsnahen Filme von Rosa von Praunheim (von dem in Frankfurt eine — nicht vollständige — Retrospektive zu sehen war). Darin sitzt Carla Aulaulu — sicherlich die pathetischste Schauspielerin und der größte Star, den das deutsche Kino seit der Bergner erlebt hat — am Eßtisch in ihrer guten Stube und deklamiert auf klagende und hochtrabende Weise in der Sprache der revolutionären Erziehungs-Literatur über eine ausweglose Notlage: wie kann sie nur ihre gewaltigen Liebesgefühle mit den Anforderungen ihres scharfsinnigen emanzipatorischen Bewußtseins in Übereinstimmung bringen? In ihr erklingt immer wieder ein zärtlicher Melodie-Fetzen aus einem Catarina-Valente-Schlager, und auch sonst ist in ihrem Herzen vieles aufbewahrt aus der Zeit, da die Platten noch 78 Umdrehungen machten und sie unbesorgt gefühlvoll leben durfte. Aber diese Fremd-Sprache, diese kritischen und allgemeingültigen Begriffe, die neu und machtvoll in ihr Bewußtsein eindrangen und sich neben den valentehaften Bedürfnissen und Sehnsüchten, die dort angestammt sind, festgesetzt haben — diese Sprache hält dem Ansturm ihrer Leidenschaft und ihrer Schmerzen nicht stand, sie verdreht sich in ein undurchdringliches, wahnsinnshaftes Kauderwelsch von öffentlicher und intimer Redeweise.

Carlas Sentimentalsphäre und ihre gewaltige Anstrengung des Begriffs denunzieren einander selbstverständlich nie; die travestierte Vereinigung der beiden Bereiche, die eigentlich so sehr entzwei sind, klärt emphatisch darüber auf, daß solange menschenunwürdig gelitten wird, wie diese Vereinigung nicht ohne Travestie möglich ist.

Die Vierte Experimenta hat allerlei hinterbliebenen Kunstkram zusammengebracht und präsentiert, den man oft mit lähmenden Be-

fremden an sich vorüberziehen ließ. Aber was macht das schon? Etwas anderes, als daß schon viel zu viele Hirne verdreht sind, kann kein Theaterfestival zur Zeit beweisen.
Das Überangebot von unsinnlichen Ereignissen erzieht immerhin zu strenger Reduktion und Partikularisierung des Beobachtungsinteresses: eine gute Übung der Rezeption, sich nicht satt und blöde sehen, immer wieder ausspannen. (Aber zwischendurch einmal an Viscontis *Tod in Venedig* sich NICHT satt sehen KÖNNEN.) So ein Festival macht einen ganz hilflos und arrogant, treibt einen hinein in einen Vorstellungenswahn von Theater: wie es sein könnte! Welch fantastische und zeitgemäße Ausdrucksform!
Die wirklichen Darbietungen aber mußte man, mit wenigen Ausnahmen, vergeben und vergessen sein lassen. Wer sich dennoch durch sie zu theoriebildenden Gedanken über das Theater und seine Ästhetik anregen ließ, der mußte zwangsläufig der allgemeinen Verdrehtheit der Hirne zum Opfer fallen. Der Titel von Hellmuth Costards vorletztem Film ist immer wieder zitierenswert: *Und niemand in Hollywood, der versteht, daß schon viel, zu viele Gehirne umgedreht wurden.*
Oh, und dann Luzi Kryn und Dietmar Kracht, die in Praunheims Film *Die Bettwurst* eine so innige und so entstellte Liebe leben. Der schöne Dietmar leidet mitunter an einem kleinen Nervenreißen im Gesicht, vor Schüchternheit, sagt er, weil er nie gesellschaftsfähig war, aus den Heimen entlaufen ist zu den »schwere Jungs und leichte Mädchen«. Hastig und emphatisch, im Mannheimer Dialekt und in verwirrter Grammatik, schüttet er Luzi sein Herz aus und gelobt ihr, daß er sie »unwahrscheinlich sehr« liebe. Ist es eine grausame Komödie oder eine verdrehte Tragödie? Luzi, ein älteres Mädchen in solidem Angestelltenverhältnis, gewährt ihm inmitten ihrer unmenschlichen Versandhaus-Einrichtung die erste Heimstatt seines Lebens.
Kleinbürger-Kultur, Sensibilität der kleinen Verbraucher, Sentimentalität und Pathos im unteren Angestellten-Milieu. Die poetischen und emphatischen Formen schaffen es vielleicht, die betrügerischen Bilder des Fernsehspiel-Verismus zu unterlaufen und wieder eine reichhaltige Anschauung von der Empfindungswelt einer unfreien Klasse zu vermitteln. Das ist vor allem auch eine Chance für die Theaterkunst.

1971

Zehn unfertige Absätze über Tschechow, Noelte und das realistische Theater

1.
Tschechow: Wie die Dinge liegen, hat das Leben eines Künstlers keinen Sinn, und je begabter er ist, desto seltsamer und unbegreiflicher wird seine Rolle, weil es erwiesen ist, daß er zur Belustigung eines unsauberen Raubtiers arbeitet und die bestehende Ordnung damit unterstützt.

2.
Schklowskij: Tschechow vermochte es, das Unrichtige im Gewöhnlichen zu erkennen.

3.
Noeltes *Kirschgarten*-Inszenierung erreicht ihren Grad an Vollkommenheit und realistischer Immanenz, indem sie sich dem Umkreis jener geschichtslosen Offenbarungs-Wörter wie Objektivität, Komplexität und Wahrheit entzieht, in welche die kritische Vernunft der gegenwärtigen Tschechow-Interpretation immer wieder auszumünden droht. Noeltes Inszenierung ist entschieden subjektiv, monistisch und — wahr oder unwahr? Wer will das entscheiden?

4.
Tschechow zum »Shakespeare der Jahrhundertwende« zu erheben, wie Siegfried Melchinger das versucht hat, das unterstellt diesem, er habe an einem universalen Welt- und Menschenbild festgehalten, wo er doch im Gegenteil aus dem historischen Wissen des 19. Jahrhunderts heraus um nichts inständiger bemüht war, als den Empfindungszustand einer besonderen Klasse unmittelbar vor ihrem gesellschaftlichen Tod zu entfalten, das entschwindende Bewußtsein von Realität und Gegenwart, welches in die Euphorie der Erinnerungen übergeht.

5.
Genau genommen, durchdringt dieser Empfindungszustand den *Kirschgarten* in unerbittlicher Totalität und unterwirft sich auch solch scheinbar ihm Widerspruch bietende Existenzen wie Trofimov, Anja oder Lopachin. Weder im positivistischen Materialismus des einen noch im bürgerlichen Kapitalismus des anderen wird man, so wie Tschechow sie zeigt und ins Stück einordnet, reelle Zukunftschancen für den gesellschaftlichen Fortschritt vermuten dürfen.

6.
Beständе Tschechows umfassende Negation der »bestehenden Ordnung«, die die eigene Person, die künstlerisch sie vermittelnde Instanz keineswegs ausschließt, lediglich aus starrem weltanschaulichen Pessimismus, es wäre ihm nie gelungen, in derselben überschärften Empfindsamkeit fürs Vergehende zugleich auch die humane Begabung für die Hoffnung zu erblicken, eine weit größere Hoffnung freilich, als daß sie in irgendeiner der Randperspektiven des realistischen Stücks hervorleuchtete, die aber in ihrer Radikalität die unumwundene Antwort auf die radikale Negation des *Kirschgartens* darstellen mußte. Thomas Mann hat in jenem bekannten Essay von 1954 darauf hingewiesen, daß alle Werke Tschechows bedrängt und bewegt wurden von der zentralen, für den Autor nicht beantwortbaren Frage: »Was tun?«, daß also, könnte man den Gedanken fortführen, ein Stück wie der *Kirschgarten* nicht im Zustand seliger Selbstverlorenheit oder wesenloser »Objektivität« von scheinbaren Widersprüchen verharre, sondern daß dieser Zustand von der langsam wirkenden Kraft der Negation an einen Punkt von solcher Aussichtslosigkeit geführt wird, die jedem Überlebenswilligen diese Frage »Was tun« aufnötigt. Auf genau dieselbe Frage hatte 1902, ein Jahr bevor der *Kirschgarten* entstand, Lenin eine präzise Antwort gegeben: sich nicht auf die Spontaneität der Arbeitermassen verlassend, empfahl er, eine Organisation von Berufsrevolutionären heranzubilden. Mag in der Geschichte eine Klasse von selbst sterben, für die Errichtung einer neuen, besseren Lebensform sind aktive politische Arbeit und revolutionärer Kampf erforderlich.

7.
Ganz unbestreibar hat Noelte seine Inszenierung nicht auf diese dialektische Koinzidenz zwischen dem *Kirschgarten* und der Leninschen Programmschrift abgestellt, im Gegenteil, er hat in seiner rigorosen Textbearbeitung nicht ein Detail stehenlassen, das sich zur gesellschaftskritischen Reflexion des vorgeführten Endspiels anböte. Er hat den Widerspruchs-Umfang der Figuren verkleinert oder ganz beseitigt, um die Geschlossenheit und, bei aller Verzögerung, Zielstrebigkeit dieses Spiels zu sichern — und er hat den Text genau so gestrichen und eingerichtet, daß das, was von ihm verblieb, mit dem, was er an szenischer Handlung dazu erfand, wiederum eine komplette Einheit bildete, ohne Arabesken freilich und ohne Stimmungsvaleurs, denn die Elegie zeigt in ihrem Inneren ein Wunderwerk an klarer geometrischer Ordnung und Gefühlsstrenge, die weder doppelte noch isolierte Zeichen zuläßt.

8.
Indem Noelte aber diese inwendigen, gewissermaßen episodischen Widersprüche entfallen läßt, einen enzigen, einheitlichen Empfindungszustand kreiert, der auch die komischeren und leichtlebigeren Personen (Charlotta, Simeonow) berührt, forciert und verschärft er die im Stück angelgte Tendenz der Negation um jene Wendung ins Endgültige, mit der unsere historische Erfahrung der von Tschechow um 1903 voraus ist: jenes unversöhnliche Finale kann nur zu einem radikalen Neubeginn transzendieren.

9.
Kortners *Clavigo* und Noeltes *Kirschgarten* bilden, jeweils auf andere Art, Glanzpunkte realistischen Theaterspiels, und das inmitten einer Stil-Periode, in der, um eine Formulierung Schklowskijs zu gebrauchen, zu oft halbartifizielle, »verfremdende« und »dekuvrierende« Zeichen auf einen Schauspieler drücken und uns hindern, ihn ANZUSEHN.

10.
Kortners *Clavigo* und Noeltes *Kirschgarten* bleiben als überragende Schauspielinszenierungen der vergangenen Saison in Erinnerung — und für einen Augenblick möchte es scheinen, als erfülle und begrenze sich überhaupt die ästhetische Kompetenz von Theater in

seiner realistischen Tradition — für einen Augenblick! in diesem Zustand von Desorientiertheit und übertriebener Reizbarkeit! — wo die kritische Darstellungsweise auf das Niveau von Hollmanns plakativen Kraftmeiereien herabgekommen ist; wo Steins analytischer Manierismus unmerklich ins Hermetische sich verschob; wo formale Herausforderungen, die es ohnedies kaum noch gibt, immer gleich »modernistisch« und irgendwie seinsvergessen wirken; wo das politische Theater als »Diskussions-Theater« sich mit einem eindrucksvollen Votum für den Dilettantismus aus der ästhetischen Debatte gestohlen hat — da entdeckt man, daß allein das altmodische realistische Theater, wenn es auf Kortners expandierende Dringlichkeit, wenn es auf Noeltes unerbittlichen Diskretionszwang stößt, Aufführungen hervorbringt, die einen nicht in einen Migräneanfall stürzen, sondern, im Gegenteil, die einen erhellen und anregen: über Tradition, Realismus und Theater gründlicher nachzudenken als bisher.

1970

III

Was die Arbeit am Drama erschwert, das uns doch in die großen Konflikte und Fallhöhen hineinreißen soll, die wir sonst nirgends zu spüren bekommen: solche Konflikte und Antithesen lassen sich heute nicht einmal mehr im Gedanklichen auseinandersetzen. Unsere Erlebniswelt ist voll von Ambivalenz und Doppelbindung, voll auch von sinnlicher "Meinungsvielfalt" und von einem ungeheuerlichen medialen Quidproquo. Das läßt ein schieres Gegenüber zweier widersprüchlicher Positionen auf dem Theater zu einer extrem künstlichen und wirklichkeitsfremden Herausforderung werden. Und doch wäre gerade hierin, wenn es gelänge, dem uralten Paradigma des Theaters Genüge getan; denn es kommt immer darauf an zu beweisen, daß die Modelle des Theaters älter, stärker und überlebensfähiger sind als alles, was wir ihnen aus unserer Gegenwart zutragen können. Paare, Passanten

Der Geheime

Über Dieter Sturm, Dramaturg an der Berliner Schaubühne

Die Schaubühne am Lehniner Platz ist ein bekanntes Theater. Der Mann, der es vor bald einem Vierteljahrhundert mitbegründet hat (damals noch am Halleschen Ufer), der seither den größten Einfluß auf seine Regisseure, Schauspieler und Spielpläne nahm, ist eine geheime Figur. Nicht weil er Wesens um sich machte und sich künstlich versteckte, sondern weil die interessierte Öffentlichkeit kaum jemanden bemerken kann, dessen Werk im wesentlichen aus wörtlicher Rede besteht; aus freiem Vortrag, aus rhetorischen Meisterstücken, die über den engen Kreis derer, die mit ihm arbeiten, nicht hinausgelangen. Er stellt nichts her und sich selbst nicht dar. Er spricht an Ort und Stelle. Er ist ein Mann für Anwesende, und seine Rede ist geeignet, nur von unmittelbar Anwesenden empfangen und von ihnen, im Umschluß, angeregt und befördert zu werden. Träte er nur in dem Gespann: der Regisseur und »sein« Dramaturg auf, wäre er lediglich der literarische Betreuer des Theaters und einiger Inszenierungen, so brauchte man nichts weiter zu sagen, als daß er immerhin ein besonders ergiebiges und ausgefallenes Exemplar dieser grauen Berufsart vorstellt, von der außerhalb (und oft genug auch innerhalb) des Theaters niemand so recht weiß, wozu sie gut und nutze ist.

In Wahrheit aber erhält unser reiches, schönes, polychrones Theater in Sturm einen späten Abkömmling aus der Gattung des pflichtlosen Philosophen; jemanden, der davon überzeugt ist, »daß sich durch die Kunst des Schreibens nichts übermitteln läßt« (Borges, *Das Haus des Asterion*). Er setzt fort den Typus des inspirierten Lehrers, des Meisters im esoterischen Zirkel, der in unserem Fall zwar keine Lehre verkündet, wohl aber seine Zuhörer verführt in die Labyrinthe seines unergründlichen Gedächtnisses, wo sie das ganze Gegenteil eines philiströsen, nämlich ein weitläufig phantastisches Wissen empfängt. Dies verschlungene, traumförmige Gedächtnis, dies fließende Geweb der Erfahrung und der Kenntnislust konnte gewiß nur entstehen, weil er sich an die sokratische Tugend hielt, nicht zu

schreiben. Denn Schrift, so meinten die Alten, schaffe nur Vergessen, da sie zur Vernachlässigung, zur Schwächung der Erinnerungskraft führe.
Der verborgene Lehrer, der nicht-öffentliche, spricht nun aber vor einer Schar von Schauspielern, Theaterleuten, die in der Regel nervöse Zeitgenossen sind und sein müssen und nicht als Eingeweihte des schönen Wissens ihren Beruf ausüben. Andererseits sind sie, auch von Berufs wegen, darauf angewiesen, ihr Sehen, Erkennen, Vermuten ständig zu erweitern und zu verbessern. Vielleicht ist mancher von ihnen bei Sturm durch eine Schule der Bedenklichkeiten gegangen, die seiner gesunden Einfalt oder gar seiner Grazie eher geschadet hat. Die meisten anderen aber, da er sie nie belehrte, sondern immer nur anmutete und entführte, werden bemerkt haben, daß sie durch ein unendliches, schwindelndes Bewußtsein hindurch zu einer Art zweiten Grazie gelangten, der sie fester vertrauen dürfen als der ersten.

Strenge und Leidenschaft

Die Schaubühne besitzt ja keinen unverwechselbaren »Stil«. Es gibt jedoch ein sicheres Anzeichen, das alle Aufführungen, ob gut oder schlecht, tragen und dem man erkennt, wo man sich befindet: hier tritt niemand auf die Bühne, der nicht weiß, was er sagt oder tut. Hier gab oder gibt es keine Inszenierung, die ihre Effekte bezöge aus einem schlampigen oder verlegenen Umgang mit dem Text. So wenig wie es je eine gab, die ohne das begründete Interesse, ohne den erklärten Wunsch und den Zuspruch eines Großteils des Ensembles zustandegekommen wäre. Diese inzwischen beinah rührende Rationalität des Wissens-Warum, die jeder Aufführung eingezeichnet ist, hat ziemlich unangetastet allen Wandel der politischen und ästhetischen Befindlichkeiten überstanden. Daß dies möglich wurde, daß die subjektive Reflexion anhielt, gemeinsam blieb, wo sie vielerorts schnell darniederging und durch flüchtige Leihlegitimationen aus Politik und Zeitgeschehen ersetzt wurde, ist gewiß ein entscheidendes Verdienst von Dieter Sturm. Mit ihm, einer von allen verehrten Instanz, einem Kontinuum von Leidenschaft und Strenge, würde niemand in diesem Theater auch nur versuchen, einen faulen Kompromiß zu schließen. Unerbittlich in seinen Vorlieben wie seinen

Abneigungen, verficht er das schwierige, riskante Projekt mit dem gleichen Eifer, mit dem er alles Glatte und bloß Gefällige abweist und verpönt, und das gilt für die literarische ebenso wie für die schauspielerische Hervorbringung.
Durch ihn war und blieb dieses Theater eigentlich immer ein esoterisches, selbst da wo es beim breiten Publikum Erfolg hatte. Das wird heute deutlicher sichtbar als vor zwanzig Jahren, zu Zeiten der frühen, ersten Schaubühne. Ganz einfach deshalb, weil wir alle aus der wunderlichen Ära hervorgingen, da das Progressive noch heil und eins war; da ein allgemeines Bewußtsein überhaupt erst produziert oder weitgehend beeinflußt wurde von dem einer willensstarken Minderheit oder Avantgarde. In jenen Jahren vor '68 wurden am Halleschen Ufer die Stücke der Fleißer entdeckt, wurde — früher als an anderen Theatern — Horváth gespielt; der junge Martin Sperr; die frühen kunstvollen Dramen von Hartmut Lange, der sich eine Zeit lang dem Theater und Sturm verband. Begleitet von ausführlichen Hegelstudien, begannen sie ihre Annäherung an Shakespeare und die deutsche Klassik, entwickelten sie jenen Stil des Kollegs und der langen intimen Erkundungen, der dann später in der Steinschen Schaubühne fortgesetzt wurde.
Sturms politische Interessen waren in den Jahren zwischen '66 und '70 eng verknüpft mit den Geschicken des Berliner SDS, dem er angehörte, aktiv nicht nur im Hintergrund der Theoriediskussionen, sondern auch an den verschiedenen Fronten der Straße und der Institutionen, überall eben, wo man damals als übermütiger Marxist die Schwelle zur Weltrevolution betrat. Lange bevor ich ihn kennenlernte, war er mir wiederholt als Legende vorgestellt worden. Er stand ja in dem Ruf, unter den Berliner Revolutionären nicht nur über die großzügigste historische und politische Bildung zu verfügen, sondern dazu noch über eine einzigartige Bibliothek.
Um '68 ließ er die Theaterarbeit sein und war nur noch in der »politischen Aufklärung« tätig, wie man das seinerzeit, feierlich-nüchtern, zu nennen pflegte. Beides ließ sich auf die Dauer nicht mehr miteinander vereinen, jedenfalls dann nicht, wenn man beides gebührend ernst nahm. Es begann die Zeit der unversöhnlichen Widersprüche — inmitten der eigenen Person, der Spaltung von Interesse und Begabung. Aber es ist nicht ganz richtig zu sagen, er sei nur noch im Dienst des Politischen gestanden. Das ausschließlich Eine hat es bei ihm nie gegeben. Gerade in der aufregendsten Zeit besorgten

Dämonen und Vampire, mit denen er sich literarisch beschäftigte, den nötigen Ausgleich zur hellichten Aufklärung. Die phantastische Literatur, der er sich von jeher, einschließlich Trivialroman und Gruselfillm, mit besonderer Vorliebe und Kennerschaft gewidmet hatte, brachte es nun sogar fertig, daß er seine tiefe Schreib-Hemmung vorübergehend überwand und zwei umfangreiche Nachworte verfaßte, eins zu Maturins *Melmoth der Wanderer*, das andere zu einer Anthologie mit Vampirgeschichten.

Das ist nun alles, was man von ihm lesen kann. Wenn man von etlichen ungezeichneten Begleittexten in den Programmheften der Schaubühne einmal absieht — was man aber keineswegs tun sollte, denn es handelt sich dort in der Regel um besonders kostbare Vermerke und Hinweise. Seine längeren Texte sind ungewöhnlich dicht in ihrem literarkritischen Beziehungsreichtum sowohl wie in ihrer Sprachfügung. Sie besitzen indessen jene prunkvolle Ausdehnung nicht, jenes abenteuerliche Abschweifen und freie Perorieren, mit denen der Redner Sturm seine glänzende Wirkung erzielt; die gedankenlösende Ornamentik des unschlüssigen Satzes, der über und über gestaffelten Parenthesen; das bis zum Zerreißen gespannte Sowohl-Als-Auch auf den verschlungenen Pfaden der Erörterung, die an jedem Gegenstand das beidseitige sucht als das wahre Gesicht — ganz gleich, ob er über Stalin spricht oder über Marivaux.

Gesprochene Sprache führt, wie die Hirnforscher feststellen, zu erhöhter Durchblutung des Brocaschen Systems, des motorischen Sprachzentrums. Bei Sturm scheint es förmlich anzuschwellen, und erst im Zuge des klaren Verlautens (vor einem nicht zu kleinen, nicht zu großen Publikum), erst wenn die Rede eine gewissen Tonstärke und Dauer, einen bestimmten Rhythmus und Schwingungsgrad erreicht hat, hebt das Bewußtsein an zu singen, gibt das Gedächtnis seine verschollenen Schätze preis. Man könnte sogar behaupten, die Rede, die selbstverständlich eine RedeLUST ist, sei auch für den Sprecher selbst das einzige Medium, um zu der großen Sammlung, zu seinem schönsten Wissen Zugang zu finden.

Weder Schreiben noch Sinnen noch auch der gedämpfte Dialog könnten in vergleichbar tiefe Zonen hineinführen oder sie beleben. Herauszustehen und zu reden in seines Deutsches Überfluß, das heißt natürlich auch, daß er währenddem nicht ansprechbar, nicht »dialogfähig« ist. Unterbricht ihn jemand und fragt dazwischen, so wird er wohl nicht übergangen, aber auf das Gesicht des Redners legt sich ein kurzer Schatten der erkälteten Sympathie, auch der schmerzlichen Verhaltung, denn eine solche Rede versteht sich ja nicht als Meinungsbeitrag, sondern vollbringt, wie andere Formen der Ekstase auch, in sich schon einen Akt der communio, der gemeinsamen Verständigung.

Oppositioneller und Phantast

Es ist daher unmöglich, mit Dieter Sturm ein knappes Gespräch zu führen. Jedes seiner großen Plädoyers für ein Stück, einen Autor oder sonst eine erhöhte Angelegenheit bedient sich, um Feuer zu gewinnen, eines herbeizitierten Gegners, der um so schonungsloser befehdet wird, als er persönlich nicht anwesend ist, sondern vielmehr in Gestalt einer weit verbreiteten Meinung, einer schlechten Konvention, eines einflußreichen Schwachsinns durch die Sphäre geistert.

Er findet seine Argumente zuerst in der Opposition. Diese ist seinem Charakter tief eingeprägt und hat schon früh die persönliche Lebensgeschichte bestimmt. Es war mutig oder doch zumindest ein unübliches Abenteuer, im Adenauer-Deutschland eine kommunistische Jugendgruppe anzuführen und sie bei den Ostberliner Weltjugendfestspielen vor Ulbricht aufzubauen. Es zeigt aber auch, daß seine Widersetzlichkeit nie ungebunden sein wollte, sondern immer darauf ausgerichtet war, im Namen und im Schutz des Gegenvaters, des anstößigen, den eigenen Vater zu bestreiten.

Dem entspricht, daß er von Herkunft und Naturell kaum je die Neigung besaß, sich von Autorität an sich zu lösen. Das Fantasma der revolutionären Macht, Zentralgewalt und Orthodoxie hat ihn zu gegebener Zeit sicher stärker beschäftigt als die Utopie der repressionsfreien Gesellschaft. Folglich umkreist es heute den Escorial auch begehrlicher als die (geschliffene) Bastille. Die Anti-Haltung, der tief eingeimpfte, unüberwindliche Affekt der ersten Protestgeneration, wandert durch die persönliche Gemütsgeschichte, kehrt sich gegen die eigenen Anfänge und erhält sich schließlich als eine antirevolutionäre. Kaum anzunehmen, daß diese Haltung jemals die Befangenheit, den Bannzirkel des provokativ Oppositionellen verlassen und eine gelöste, souveräne Konfession hervorbringen könnte.

Wie auch immer, die Opposition, die nimmermüde, bildet nur den Sockel der Sturmschen Gedankenkunst und -fantastik. Schließlich kommt es darauf an, was über dem Sockel hervortritt und herausragt. Wenn man bedenkt, wie viele Künstler in diesem Jahrhundert einen Teil ihres Gewissens damit beruhigen konnten, daß sie erklärte Kommunisten waren, und auf diesem Sockel doch oder gerade unermeßlich schöne und freie Werke errichteten! Sturm, der in seinem Kreis, im Kreis weniger, Verständigung schuf wie andere ein Kunstwerk, beherrscht das Mittel des beißenden Spotts ebensogut wie das der herzbewegenden Erzählung, der inständigen Erörterung. Es ist stets seine eigene Begeisterung, die die Vermittlung stiftet, die es vermag, daß den staunend Unbelesenen ein islamischer Mystiker, eine Borchardtsche Swinburne-Übersetzung so nahe kommt wie sonst nur die Texte, die sie für die Bühne gebrauchen. Wie jedem echten Sammler ist ihm selbstverständlich das entlegene Objekt des Wissens sehr viel begehrenswerter als das allgemein zugängliche.

Vielleicht ist der Typ des Esoterikers, den er verkörpert, weniger unzeitgemäß, als es zunächst scheinen mag. Vielleicht weist er im Gegenteil erst recht in die Zukunft. Der Geheime ist heute schon der einzige Ketzer, der einzige wahrhaft Oppositionelle gegenüber der allesdurchdringenden, allesmäßigenden Öffentlichkeit. Gegen den totalen Medienverbund, gegen die Übermacht des Gleich-Gültigen wird und muß sich eine Geheimkultur der versprengten Zirkel, der sympathischen Logen und eingeweihten Minderheiten entwickeln. Kunst und schönes Wissen werden die Kraft der Verborgenheit, die Rosenkreuzer-Vereinigung dringend benötigen, um fortzubestehen und der verrückten, tödlichen Vermischung zu entgehen. Was sonst noch ist, gehört den Gewitzten und Amüsierten. Oder gehört einer plündernden, brandschatzenden Kultursoldateska, deren Gelalle schon jetzt aus den Journalen dröhnt, den *Spiegel, tempo, tip* und *taz*.

Kunst ist nicht für alle da. Dies sollte durchaus nicht ihr unfreiwilliges Schicksal sein, sondern formbewußt ihrem Entstehungsgrund eingegeben.

Nun mag wohl ein Maler, ein Lyriker, vielleicht auch ein kompromißloser Filmer esoterische Überzeugungen vertreten, aber ein Theatermann? Noch dazu jemand, der wie Sturm ein enger Mitarbeiter von Peter Stein ist, der doch sein Lebtag niemals Theater für

wenige veranstalten wollte. Niemand am Theater wird eine Ästhetik daraus fabrizieren, daß das Publikum ausbleibt oder nur in kleiner Schar erscheint. Auch Sturm hat das nie getan.
Aber er hat sich immer wieder für Projekte eingesetzt, Inszenierungen unterstützt und begleitet, die mit geringerer Publikumsgunst zu rechnen hatten als andere. Zum Beispiel hat er zusammen mit Klaus Michael Grüber 1972 eine Einrichtung von Horváths *Geschichten aus dem Wiener Wald* besorgt, die sicherlich zu den schönsten Arbeiten dieses Regisseurs wie auch der vergangenen Schaubühnen-Geschichte zählt — wenn auch keineswegs zu den beliebtesten, meistbesuchten. Im Gegenteil, sie gab damals schon einigen Kritikern Anlaß, das Ende, den Tod der Schaubühne auszurufen, noch bevor sie recht zu existieren begonnen hatte.
Diese Totsage-Rituale wiederholten sich seitdem in regelmäßigen Abständen. Daran hat man sich gewöhnt, wie auch an die häufig damit verbundenen Aufforderungen, dem Theater die Subventionen zu kürzen. Früher wurden sie vom Fraktionschef der CDU, Heinrich Lummer, vorgebracht, wegen des Verdachts auf kommunistische Unterwanderung; heute werden sie von den Propagandisten der Alternativ-Kultur erhoben, wegen des Verdachts der elitären Verachtung von Dummheit und vitalen Identifikationsansprüchen.
Über all die Jahre gab es Aufführungen, die nur von einer Minderheit besucht, von ihr aber hochangesehen wurden; neben solchen, die dem Geschmack der Mehrheit zusagten, jener Minderheit aber weniger bedeuteten.

Paradoxien und Vielfalt

Diese Aufteilung der Gewogenheit verlief auch, aber nicht nur, zwischen den Arbeiten der Regisseure Stein und Grüber. Eine Teilung, die sich heute beinahe umgekehrt hat, da das sogenannte Radikale zur vorherrschenden und beliebtesten Sensation des Kunstbetriebs geworden ist. Während die geduldig erkundenden Schritte, die etwa Peter Stein in letzter Zeit unternimmt, die Reflexionen der Reife, der erfahrenen Menschenbeobachtung, der ergründeten Konvention zu der eigentlich verkannten, unpassenden Kunst dieser Tage zählen. Nach wie vor müssen wir uns als heftige Jünglinge gebärden, um überzeugen zu können, selbst wenn wir wie Radio-Diskjockeys

nur künstliche Frische versprühen nach Art eines Deodorants. Der festangestellte Dauerjüngling will die Kunst subversiv oder gar nicht. Je abhängiger er lebt, je braver er sich krümmen muß in seiner Redaktionsstube, um so entschiedener will er anderswo das Radikale genießen. Das Alter der Reife ist ein zeitgenössisches pudendum; schwer, es zu gewinnen; noch schwerer, es zu guter Entfaltung zu bringen.
Dieter Sturm wird nun in diesen Tagen fünfzig Jahre alt. Er wie wir alle gehört schließlich mit zu den Erfindern des Zeitalters der Jugendlichkeit, diesem einzigen Hort des guten deutschen Gewissens, den wir schon deshalb nicht mehr verlassen können.
In derselben kleinen Epoche, über 24 Jahre hin, hat sich das Theater der Schaubühne nur zusammen mit Sturm als ein »zeitgenössisches«, wie es sich im Titel nennt, behaupten können. Die Paradoxien und Gegensätze seines Wesens sind nicht nur in den Spielplänen wiederzufinden, sie haben auch das innere Selbstverständnis des ganzen Unternehmens ständig in Bewegung gehalten und es vor Erstarrung, Antriebsleere und billiger ZeitGEMÄSSHEIT verschont. Anders als es vergeßliche oder verleumderische Chronisten gern wahrhaben möchten, hat die Schaubühne (unter Steins Leitung) keineswegs eine Verfallsgeschichte vom linksradikalen Agitationstheater zum elitären Musentempel durchgemacht. Sie hat vielmehr von Anfang an ein duales, niemals ein einförmig-lineares oder gar ausgewogenes Prinzip verfolgt. Es stand zu Beginn Handkes *Ritt über den Bodensee* neben Enzensbergers *Verhör von Habana* auf dem Programm. Es gab später das sprachlose Schauspiel des Bob Wilson neben dem hoch und einsam in der Sprache hausenden Hölderlin-*Empedokles*. Nichts ging aus EINER Linie oder Richtung hervor, alles wurde einander mit gleichem Ernst entgegengesetzt, wenn auch gezielt und bewußt, niemals zufällig.

Sammler und Rufer

Und das wird auch nicht anders werden, solange Dieter Sturm dort arbeitet. Zur Zeit scheint ja nichts dringender benötigt zu werden als gerade die anachronistischen Energien, über die er verfügt, die Leidenschaft des Sammlers und des Rufers in der Geschichte, die nun um das Theater ein neues Kraftfeld von Anziehung und Ablehnung aufbauen werden. Und die ihm jeden Weg abschneiden, zur frivolen Amüsieranstalt oder emanzipatorischen Kasperbude zu verkommen. Diese Entscheidungen sind weit davon entfernt, selbstgefälligen, liebhaberischen Zwecken zu dienen. Es handelt sich um Kampf und Hoffnungsdrang, nicht anders als zu Beginn. Es ging nie nur um gutgespieltes Theater.

Dieter Sturm ist natürlich nicht immer nur der esoterische Pädagoge — wahrlich, alles andere als ein stets kühles, drohendes Gewissen. Seine Schwächen, tragikomische Züge, närrischen Eigenheiten sind sicher verwandt mit denen eines kynischen Wanderphilosophen. Seine partiellen Blindheiten und Verstiegenheiten erinnern mitunter an den bibliomanen Eremiten aus Marivaux' *Triumph der Liebe*. Nur kann er selber leichter darüber lachen als dieser. Er liebt den Schauspieler; jemanden, der seinen Leib und seine Seele zu übertreiben versteht. Ihm oder ihr stundenlang zuzusehen, die belebende Langeweile einer Probe zu erfahren, dies sonderbarste Zeitgeschehen — irgend etwas zwischen Joch und Laster muß es wohl sein, das ihn dort festhält und nie ermüdet. Er reist nicht, kauft kein Paar Schuh (sondern leiht sie aus dem Fundus). Er besitzt weder Kreditkarte noch Fernsehapparat. Sein Buchhändler empfängt die Hälfte seines Monatsgehalts. Ein Asket in allen äußeren Dingen, führt er einen verschwenderischen Haushalt mit imaginären Krankheiten, unkurierbaren Beschwerden. Jedes hochentwickelte Individuum begibt sich, um seine geschichtliche Einsamkeit ertragen zu können, in den Schutz irgendeines Typus', der uralt und unvergänglich ist.

Seit fünfzehn Jahren gehen wir miteinander; verharren, zögern, streiten, verirren uns; setzen unseren Weg fort. Langes unentwegtes Gespräch. Hier und da unterbrochen von einem schallenden Gelächter.

Ich wäre allein einen anderen Weg gegangen. Und könnte diesen — unseren — schwer einhalten ohne seine verläßliche Begleitung und Unterstützung. Ohne die diskrete Sorge, die er an jemanden wendet, der sich nun einmal dafür entschieden hat, sein Leben mit Schrift zu füllen und zu tilgen.

1986

Anhang

Editorische Notiz

In den Jahren 1967 bis 1970, vor seinem Eintritt in die Dramaturgie der Schaubühne am Halleschen Ufer und vor dem eigenen Debut als Dramatiker, veröffentlichte Botho Strauß Theaterkritiken in verschiedenen Tageszeitungen, vor allem jedoch in der Zeitschrift *Theater heute*, deren Redaktion er angehörte.
Der vorliegende Band versammelt, gleichsam als Kompendium einer Strauß'schen Ästhetik des Theaters, alle grundsätzlicheren Kritiken und Essays zu Autoren, Stücken und Aufführungen, die über den aktuellen Anlaß und das Tagesinteresse hinausweisen.
Eine vollständige Bibliographie der in *Theater heute* erschienenen Aufsätze von Botho Strauß findet sich auf den nachstehenden Seiten.

Bibliographische Hinweise

Aufsätze und Kritiken von Botho Strauß in »Theater heute«

Die vertierte Vernunft und ihre Zeit. Zu Ödön von Horváths Stück »Sladek, der schwarze Reichswehrhauptmann«, Heft 8, 1967.

Paul Verhoeven als Baugeschäftsinhaber Otto Laiper (Zu Martin Sperrs Stück »Landshuter Erzählungen«), Heft 11, 1967.

Lust...spiel. Traugott Krischke, »Die Liebenden von Vouvray«, Heft 11, 1967.

Die Kraft der Diskretion. Peter Stein inszeniert »Kabale und Liebe« am Bremer Theater, Heft 12, 1967

Luther als Luther. Leopold Ahlsen, »Der arme Mann Luther«, Heft 12, 1967.

Dreckige Dritte Welt. Roger Blin inszeniert »Die Wände« von Jean Genet in Essen, Heft 1, 1968.

Viele Francos. In Kassel wurde Armand Gattis »General Francos Leidenswege« uraufgeführt, Heft 1, 1968.

Den Traum alleine tragen. Versuch über »Die Trauung« von Witold Gombrowicz und die deutsche Erstaufführung am Schiller-Theater Berlin, Heft 2, 1968.

Arrabal und Arrabaleskes. »Der Architekt und der Kaiser von Assyrien« in Bochum, Heft 4, 1968.

Ein Stück ist ein System. Bonds »Gerettet« in Dortmund, Hannover, Kassel und Ulm, Heft 5, 1968.

»Kasper«-Aufführungen in Frankfurt und Oberhausen, Heft 6, 1968.

Bond ohne Milieu. Peter Zadek inszeniert »Gerettet«, Heft 8, 1968.

Schicksals-Possen. Wolfgang Deichsels »Agent Bernd Etzel«, Uraufführung am Deutschen Theater Göttingen, Heft 8, 1968.

Bilderbuch der Schauspiel-Saison 1967/68, Jahressonderheft 1968.

Anläßlich »Kaspar«, Jahressonderheft 1968.

Beckett — unser Zeitgenosse? Jahressonderheft 1968.

Neue Stücke, Heft 9, 1968.

Verhör über Widersprüche. Armand Gatti, »Die Schlacht der sieben Tage und Nächte«, Heft 10, 1968.

Das Ende einer Clique. Zu Wolfgang Bauers »Magic Afternoon« und der hannoverschen Uraufführung, Heft 10, 1968.

Profis und Amateure. Vier Gastspiele in drei Sprachen, Heft 11, 1968.

»Sladek, der schwarze Reichswehrhauptmann von Horváth in Kassel, Heft 11, 1968.

Die Einsamkeit des Herrenmenschen. Zu »Böse Tierchen« von Norbert Herholz, Heft 12, 1968.

Brechts Frühwerke: Ist das Chaos aufgebraucht? Imaginäres Gespräch über Aufführungen von »Trommel in der Nacht« und »Im Dickicht der Städte«, Heft 1, 1969.

Wenn Theaterleute Zeitungen machen, Heft 1, 1969.

Stücke nach der Revolte. Sechs neue Theaterstücke, Heft 2, 1969.

Kunst^2. »Philoktet« von Heiner Müller in München, Frankfurt und Hannover, Heft 3, 1969.

Peter Handke, »Das Mündel will Vormund sein«, Theater am Turm Frankfurt, Heft 3, 1969.

Albee, der Broadway und der Tod. Die deutschen Erstaufführungen von »Alles im Garten« und »Kiste — Worte des Vorsitzenden Mao Tse Tung — Kiste« in München, Heft 3, 1969.

Maß für Masse. Peter Terson »Zicke-Zacke« in Heidelberg und Bremen, Heft 4, 1969.

Alsob-Action. Gombrowicz, »Yvonne«, Wuppertal. Heft 5. 1969.

Das schöne Umsonst. Peter Stein inszeniert »Tasso« in Bremen, Heft 5, 1969.

Versammlungsverbot. Marginalie zu »Frauenvolksversammlung« von Aristophanes/Bremer, Heft 5, 1969.

Überdruck. Triana, »Nacht der Mörder«, in Braunschweig, Heft 6, 1969.

Bilderbuch-Horváth. Horváths »Dorf ohne Männer«, Heft 6, 1969.

Peter Handkes Drinnen- und Draußenwelt, Heft 7, 1969.

Ein Autor korrigiert sich selbst. Armand Gatti, »Die Geburt« in Kassel, Heft 8, 1969.

Die Liebe zu Stalltieren. Neue Stücke von Owens und Mercer, Heft 8, 1969.

Geschichte ist nicht, was geschah (Tankred Dorst, »Toller«), Jahressonderheft 1969.

Anschauung oder Erster Versuch, neue Spielweisen und Darstellungsformen zu rezipieren, Jahressonderheft 1969.

Für Gombrowicz, Heft 9, 1969.

Ein Traum von einem Stück und böse kleine Leute (Fassbinder, »Das Kaffeehaus«, Sperr, »Jagdszenen aus Niederbayern«), Heft 10, 1969.

Menschendarstellung. Peter Luke »Hadrian VIII« in Hamburg, Romulus Linney »Armer alter Fritz« in Düsseldorf, Heft 11, 1969.

Bad Trip. »Dantons Tod« in Heidelberg, Heft 11, 1969.

Melodram und Mikropsychologie. Wolfgang Bauers »Change«, Heft 11, 1969.

Swifting Gulliver. Kenny/Frow, »Gullivers Reisen«, Hamburg, Heft 12, 1969.

Das emotionslose Glück der Geschicklichkeit. Martin Benrath als Arrabals »Kaiser von Assyrien«, Heft 1, 1970.

Die schönen und die schlechten Szenenbilder: Sie hängen alle schief... Aufzeichnungen von einer längeren Theaterreise, Heft 1, 1970.

Erinnerung an ein Stück von heute. Wolfgang Bauers »Magic Afternoon« in Berlin und Hamburg, Heft 2, 1970.

Die neuen Grenzen. Anarchismus-Kritik und Theater-Aktion, Heft 2, 1970.

Was heißt Frustration? Tuli Kupferbergs »Ficknam«, Philippe Adriens »Offenbarung«, Heft 3, 1970.

Bürgerdämmerung auf der Bühne. Fleißer, »Pioniere in Ingolstadt«, Canetti, »Die Hochzeit«, Erdman, »Der Selbstmörder«, Gombrowicz, »Operette«, Heft 4, 1970.

»Wenn ein Stein nur ein Stein wäre, so würden wir ihn nicht Stein nennen«. Über Lars Gustafsson, sein Stück »Die nächtliche Huldigung« und dessen Zürcher Uraufführung, Heft 6, 1970.

Archaik und Empfindsamkeit. Zu »Ferai« vom Odin Teatret, Heft 8, 1970.

Komödie aus Todesangst. Thomas Bernhards »Fest für Boris« in Hamburg, Heft 8, 1970,

Zehn unfertige Absätze über Tschechow, Noelte und das realistische Theater, Jahressonderheft 1970.

Weltflucht und Mord. Edward Bond und sein frühes Stück »Hochzeit des Papstes«, Jahressonderheft 1970.

Versuch, ästhetische und politische Ereignisse zusammenzudenken. Neues Theater 1967-1970, Heft 11, 1970.

Über Rührung und Emphase. Was die Vierte Experimenta wirklich wert war, Heft 7, 1971.

Die Besprechung von Rainer Werner Fassbinders *Kaffeehaus*-Inszenierung (*Ein Traum von einem Stück und böse kleine Leute*) erschien, in leicht abgeänderter Fassung, unter dem Titel *Subkultiviert. Fassbinder renoviert das »Kaffeehaus«* in der *Stuttgarter Zeitung* vom 3.10.1969. Der für *Theater heute* geänderte 1. Absatz lautet:
»Als ich Fassbinder das erste Mal sah, steckte er in einer Mönchskutte wie ich. Wir waren Komparsen in einer Everding-Inszenierung in den Münchner Kammerspielen. Heute sagt er, das habe ihm den Rest gegeben. Dann machte er 'antiteater', das damals noch 'action-Theater' hieß und nur in die Presse kam, weil einer mal auf eine Kollegin mit dem Messer losging, dabei hat da Straub inszeniert, Bruckners *Krankheit der Jugend* reduziert auf etwa zehn Minuten Auf- und Abtritts-Dramaturgie, woraus dann sein Film *Der Bräutigam, die Komödiantin und der Zuhälter* entstand, und auch sonst verdankt Fassbinder Jean-Marie Straub allerhand, nicht nur einige Filmmeter, auch die Überempfänglichkeit für lange Einstellungen und für die sparsame Bewegung in der Totale.«

Der Aufsatz *Der Geheime. Über Dieter Sturm, Dramaturg an der Berliner Schaubühne*, erschien in der *Zeit* vom 23. Mai 1986.

Personenregister

Botho Strauß, geboren 1944 in Naumburg an der Saale, studierte Germanistik, Theatergeschichte und Soziologie in Köln und München, arbeitete von 1967-1970 als Redakteur und Theaterkritiker, danach als dramaturgischer Mitarbeiter an der Berliner Schaubühne am Halleschen Ufer. Er lebt als Schriftsteller in Berlin.
Preise: Hannoverscher Dramatikerpreis 1974; Förderpreis des Schiller-Preises des Landes Baden-Württemberg 1977; Literaturpreis der Bayerischen Akademie der Schönen Künste 1981; Mülheimer Dramatikerpreis 1982.

Buchpublikationen: *Schützenehre* Erzählung, Düsseldorf 1975; *Marlenes Schwester* Zwei Erzählungen, München 1975; *Trilogie des Wiedersehens* Theaterstück, München 1976; *Die Widmung* Erzählung, München 1977; *Groß und klein* Szenen, München 1978; *Rumor* Roman, München 1980; *Paare Passanten*, München 1981; *Der Park* Schauspiel, München 1983; *Der junge Mann* Roman, München 1984; *Die Erinnerung an einen, der nur einen Tag zu Gast war*, München 1985; *Die Fremdenführerin* Stück in zwei Akten, München 1986; *Niemand anderes*, München 1987; (außer *Schützenehre* sämtlich im Carl Hanser Verlag).

Theaterstücke: *Die Hypochonder* U: Deutsches Schauspielhaus Hamburg 1972; *Bekannte Gesichter, gemischte Gefühle* U: Württembergisches Staatstheater Stuttgart 1975; *Trilogie des Wiedersehens* U: Deutsches Schauspielhaus Hamburg 1977; *Groß und klein* U: Schaubühne am Halleschen Ufer Berlin 1978; *Kalldewey Farce* U: Deutsches Schauspielhaus Hamburg 1981; *Der Park* U: Schaubühne am Lehniner Platz Berlin 1984; *Die Fremdenführerin* U: Schaubühne am Lehniner Platz Berlin 1986.

Aufführungsrechte beim Verlag der Autoren: *Die Hypochonder; Bekannte Gesichter, gemischte Gefühle; Trilogie des Wiedersehens; Groß und klein; Kalldewey Farce; Der Park; Die Fremdenführerin.*
Außerdem, in der Bearbeitung von Botho Strauß: Eugène Labiche, *Das Sparschwein*; Maksim Gorkij, *Sommergäste*, zusammen mit Peter Stein.

Theorie, Essay, Kritik in der Theaterbibliothek

Heiner Müller
Gesammelte Irrtümer
Interviews und Gespräche 1974-1986
212 Seiten Englische Broschur ISBN 3-886661-072-1

»Einmal sind mir Interviews im Grunde lästig. Es ist aber viel anstrengender für mich, Theoretisches auszuformulieren, also zu schreiben, und deswegen bin ich manchmal auch wider besseres Wissen oder manchmal wider Willen, bereit, mich in Gespräche einzulassen. Das andre ist sicher, daß man in Gesprächen etwas leichtfertiger formulieren kann, als wenn man schreibt. Man ist nicht so sehr in die Pflicht genommen. Man kann am nächsten Tag das Gegenteil sagen. Und natürlich hängt das, was da an Aussagen herauskommt, sehr von der Situation und vom Gesprächspartner ab, vom Verhältnis zum Gesprächspartner usw. Insofern sind es mehr performances, es hat vielleicht mehr mit Theater zu tun als mit Literatur. Man produziert sich auch in dem Sinne, wie sich Leute auf der Bühne produzieren.« (Heiner Müller)

Aus dem Inhalt:

Literatur muß dem Theater Widerstand leisten — Mich interessiert die Verarbeitung von Realität — Ich glaube an den Konflikt. Sonst glaube ich an nichts — Ein Grund zum Schreiben ist Schadenfreude — Was ein Kunstwerk kann, ist Sehnsucht wecken — Was gebraucht wird: mehr Utopie, mehr Phantasie und mehr Freiräume für Phantasie — Solange wir an unsere Zukunft glauben, brauchen wir uns vor unserer Vergangenheit nicht zu fürchten

»Witzig, wütig — und seriös: Viel Geistreiches und Hochwitziges bieten Heiner Müllers 'Gesammelte Irrtümer': 14 Interviews mit dem Dichter, aus den letzten 12 Jahren, über Poesie und Politik, Theater, Tod und Leben. Ein überaus empfehlenswerter Müller-Reader als Ergänzung zur Werkausgabe bei Rotbuch.« *Theater heute*

Theorie, Essay, Kritik in der Theaterbibliothek

Wim Wenders
Emotion Pictures
Essays und Filmkritiken 1968-1984
176 Seiten Englische Broschur ISBN 3-88661-078-0

Wenders hat immer wieder über Filme geschrieben – aus Wut über den Zustand der Filmkritik und -kultur in Deutschland, mit Aufmerksamkeit und Betroffenheit über exemplarische Werke, bei denen einem das Hören und Sehen vergehen oder, im Gegenteil, an denen man es lernen kann. Dabei hat Wenders Filmkritik nie als Journalismus betrieben. Er schildert vielmehr Augenblicke der Wahrnehmung im Kino, den »Filmtraum«, und setzt ihn ins Verhältnis zur Filmgeschichte und zu aktuellen Erlebnissen, die eine ganze Generation beschäftigt haben: der neueste Godard wie die jüngste LP der Rolling Stones, Opas Kintopp wie die ersten Versuche des Neuen Deutschen Films, Kultfilme, Western oder das Kino des Rock'n Roll.

Aus dem Inhalt:

Die phantastischen Filme von Werner Schroeter – Kelek – One plus one – Vom Traum zum Trauma: Der fürchterliche Western »Spiel mir das Lied vom Tod« – »Easy Rider«: Ein Film wie sein Titel – Hitchcock, am Schneidetisch – Van Morrison – L'enfant sauvage (Über Truffaut) – Ein Genre, das es nicht gibt – Alte Narben, neuer Hut: Eddie Constantine – »Nashville«: Ein Film, bei dem man Hören und Sehen lernen kann (Robert Altman) – That's Entertainment: »Hitler« (von Joachim Fest) – Der Tod ist keine Lösung. Der deutsche Filmregisseur Fritz Lang – Die Männer in der Rodeo-Arena: Gierig (Über Nicholas Ray) – Der Amerikanische Traum

»Es ist das, was er geschrieben hat, mit den Jahren nur schöner und wichtiger geworden.«
Peter Handke

THEATERBIBLIOTHEK

Philippe Adrien, Mein lieber Molière. *Aus dem Französischen von Heinz Schwarzinger*
Augusto Boal, Mit der Faust ins offene Messer. *Aus dem brasilianischen Portugiesisch von Henry Thorau und Peter Urban*
Stefan Dähnert, Herbstball. *Schauspiel*
Wolfgang Deichsel, Bleiwe losse
Wolfgang Deichsel, Loch im Kopf. *Komödie nach Motiven von Labiche*
Wolfgang Deichsel, Die Schule der Frauen. *Hessisch nach dem Französischen des Molière*
Ernst-Jürgen Dreyer, Die goldene Brücke
Helmut Eisendle, Die Gaunersprache der Intellektuellen. *Sechs Dialoge*
István Eörsi, Das Verhör. Jolán und die Männer. *Zwei Stücke, aus dem Ungarischen von Hans-Henning Paetzke und Hans Skirecki*
Gustav Ernst, Ein irrer Haß
Euripides, Medeia. *Übersetzt und herausgegeben von Peter Krumme*
Rainer Werner Fassbinder, Anarchie in Bayern und andere Stücke
Rainer Werner Fassbinder, Antiteater. *Fünf Stücke nach Stücken*
Rainer Werner Fassbinder, Die bitteren Tränen der Petra von Kant. Der Müll, die Stadt und der Tod. *Zwei Stücke*
Rainer Werner Fassbinder, Bremer Freiheit. Blut am Hals der Katze. *Zwei Stücke*
Rainer Werner Fassbinder, Katzelmacher. Preparadise sorry now. *Zwei Stücke*
Ludwig Fels, Der Affenmörder. *Komödie*
Ludwig Fels, Lämmermann
Dario Fo, Wer einen Fuß stiehlt, hat Glück in der Liebe. *Aus dem Italienischen von Peter O. Chotjewitz*
Dario Fo, Diebe, Damen, Marionetten. *Vier Farcen in einem Akt. Aus dem Italienischen von Peter O. Chotjewitz und Renate Chotjewitz-Häfner*
Maksim Gorkij, Kleinbürger. *Übersetzt und herausgegeben von Andrea Clemen*
Heinrich Henkel, Still Ronnie
Gerhard Kelling, Heinrich
Fitzgerald Kusz, Derhamm is derhamm. *Ein fränkisches Volksstück*

Fitzgerald Kusz, Sooch halt wos. *Szenen*
Fitzgerald Kusz, Stücke aus dem halben Leben
Pierre Chamblain de Marivaux, Das Spiel von Liebe und Zufall. *Übersetzt und herausgegeben von Anneliese Botond*
Henry Monnier, Aufstieg und Fall des Joseph Prudhomme. *Übersetzt und herausgegeben von Eugen Helmlé*
Heiner Müller, Der Auftrag. Erinnerung an eine Revolution
Heiner Müller, Leben Gundlings Friedrich von Preußen Lessings Schlaf Traum Schrei. *Ein Greuelmärchen*
Heiner Müller, Macbeth. *Nach Shakespeare*
Heiner Müller, Gesammelte Irrtümer. *Interviews und Gespräche*
Aleksandr Ostrovskij, Der Wald. *Komödie in fünf Akten, übersetzt und herausgegeben von Peter Urban*
Robert Pinget, Was wissen Sie über Mortin? *Aus dem Französischen von Gerda Scheffel*
Klaus Pohl, Das Alte Land. *Schauspiel in fünf Akten*
Klaus Pohl, La Balkona Bar. Hunsrück. *Zwei Stücke*
Jean Racine, Phädra. Andromache. *Zwei Stücke, aus dem Französischen von Simon Werle*
Gerlind Reinshagen, Himmel und Erde
Friederike Roth, Ritt auf die Wartburg. Klavierspiele. *Zwei Stücke*
Peter Sattmann, Der Erzbischof ist da
Peter Sattmann, Der Fallschirmspringer
Evgenij Schwarz, Der Schatten. *Märchen in drei Akten, aus dem Russischen von Andrea Clemen*
William Shakespeare, Der Kaufmann von Venedig. *Übersetzt und herausgegeben von Klaus Reichert*
William Shakespeare, Maß für Maß. *Übersetzt und herausgegeben von Klaus Reichert*
Hjalmar Söderberg, Gertrud. *Übersetzt und herausgegeben von Walter Boehlich*
Martin Sperr, Die Spitzeder
Martin Sperr, Die Kunst der Zähmung. *Nach Shakespeare*
Peter Steinbach, Kusch und Platz
Botho Strauß, Versuch, ästhetische und politische Ereignisse zusammenzudenken. *Texte über Theater 1967-1986*
August Strindberg, Mit dem Feuer spielen. *Komödie in einem Akt, übersetzt und herausgegeben von Heiner Gimmler*

Aleksandr Suchovo-Kobylin, Tarelkins Tod oder Der Vampir von St. Petersburg. *Farce in drei Akten, übersetzt und herausgegeben von Hans Magnus Enzensberger*

Willi Thomczyk, Feuerkarussell

Ivan Turgenev, Ein Monat auf dem Lande. *Komödie in fünf Akten, übersetzt und herausgegeben von Peter Urban*

Wim Wenders, Emotion Pictures. *Essays und Filmkritiken 1968-1984*

Urs Widmer, Die lange Nacht der Detektive. *Kriminalstück*

Urs Widmer, Nepal. Der neue Noah. *Zwei Stücke*

Oscar Wilde, Salome. *Drama in einem Akt, Nachdichtung von Gerhard Rühm*

Stücke für das Kinder- und Jugendtheater

Norberto Ávila, Hakims Geschichten. *Deutsche Fassung von Thomas Brasch*

Ken Campbell, Fazz und Zwoo. Die Schlündelgründler. *Zwei Nonsens-Stücke, aus dem Englischen von F.K. Waechter und Wolfgang Wiens*

Michael Fackelmann, Roboter lachen nicht

Dirk H. Fröse (Hrsg.), Schwedisches Kindertheater. *Fünf Stücke*

Wilfrid Grote, Hinter den sieben Tapeten. *Fünf Stücke*

Rainer Kirsch, Das Feuerzeug. *Märchenkomödie nach Grimm und Andersen*

Melchior Schedler, Lazarillo oder Wie man Kaiser wird

Friedrich Karl Waechter, Kiebich und Dutz. Pustekuchen. *Zwei Stücke*

Friedrich Karl Waechter, Schule mit Clowns. Ausflug mit Clowns. *Zwei Stücke*